中国创业孵化发展报告
2021

科学技术部火炬高技术产业开发中心　编

科学技术文献出版社
SCIENTIFIC AND TECHNICAL DOCUMENTATION PRESS
·北京·

图书在版编目（CIP）数据

中国创业孵化发展报告.2021 / 科学技术部火炬高技术产业开发中心编. —北京：科学技术文献出版社，2022.3

ISBN 978-7-5189-8985-0

Ⅰ.①中…　Ⅱ.①科…　Ⅲ.①创业—研究报告—中国—2021　Ⅳ.① F249.214

中国版本图书馆 CIP 数据核字（2022）第 040753 号

中国创业孵化发展报告2021

策划编辑：丁芳宇　　责任编辑：张　丹　邱晓春　　责任校对：张吲哚　　责任出版：张志平

出　版　者	科学技术文献出版社
地　　　址	北京市复兴路15号　邮编　100038
编　务　部	（010）58882938，58882087（传真）
发　行　部	（010）58882868，58882870（传真）
邮　购　部	（010）58882873
官 方 网 址	www.stdp.com.cn
发　行　者	科学技术文献出版社发行　全国各地新华书店经销
印　刷　者	北京时尚印佳彩色印刷有限公司
版　　　次	2022年3月第1版　2022年3月第1次印刷
开　　　本	889×1194　1/16
字　　　数	338千
印　　　张	15.5
书　　　号	ISBN 978-7-5189-8985-0
定　　　价	128.00元

编　委　会

前言

党的十八大以来，以习近平同志为核心的党中央紧抓实施创新驱动发展战略这一重大命题，科学把握时代趋势和国际局势重大变化，对我国科技创新面临的新形势、新任务作出了一系列科学判断，形成了一系列关于科技创新的新理念、新思想、新战略，推出了一系列科技创新改革与发展的重大举措。党中央、国务院及时作出了大众创业、万众创新的重大战略部署。习近平总书记指出"创新是社会进步的灵魂，创业是推动经济社会发展、改善民生的重要途径"，并强调"要营造有利于创新创业创造的良好发展环境。要向改革开放要动力，最大限度释放全社会创新创业创造动能，不断增强我国在世界大变局中的影响力、竞争力"。

科技创新创业推动着大众创业、万众创新不断迈上新台阶，成为引领和支持"高质量创新创造、高水平创业就业"的重要力量。近年来，科技部火炬中心坚持以习近平新时代中国特色社会主义思想为指导，牢牢把握新发展阶段，贯彻新发展理念，构建新发展格局，以创新谋发展、谋未来，创造性地不断丰富火炬工作的内涵，有效发展了新时期科技创新创业工作。

科技创业孵化事业的蓬勃发展为科技创新创业奠定了坚实基础。科技企业孵化器、加速器、众创空间等创业孵化载体近年来数量屡创新高、服务能力提升、技术创新旺盛，成为应对各种风险挑战，破解多重发展难题，推动经济高质量发展的重要载体和有生力量。特别是在不平凡的 2020 年，全国科技创业孵化机构以习近平总书记一系列重要指示、批示为指针，深入贯彻落实党中央、国务院关于统筹推进疫情防控和经济社会发展的总体部署，一手抓疫情防控，一手抓复工复产，深入推进大众创业、万众创新，持续推动高质量创业就业，全面落实"六稳""六保"，在危机面前抢抓机遇、创新发展，为进一步做好新时期科技创新创业工作积累了宝贵经验。

科技部火炬中心组织力量编写了《中国创业孵化发展报告 2021》，系统回顾了 2020 年科技创业孵化载体的总体情况、科技企业孵化器及众创空间发展情况和各地区创业孵化发展情况，总结了"十三五"期间科技创业孵化事业的发展成就和经验，提出了面向"十四五"的重点发展任务，为相关决策部门和创业孵化领域从业者、研究者等提供了重要参考。

持续推进科技创新创业是新时期科技部火炬中心的重点工作任务。科技兴则民族兴，科技强则国家强，国内外形势发展对我们深入实施创新驱动发展战略、激发全社会创新创业创造活力、不断为科技自立自强蓄势聚能提出了更高要求。在"十四五"开局、全面建设社会主义现代化国家新征程开启之时，站在新的起点上，我们要更好地发挥创新第一驱动力的作用，在更大范围、更高层次和更深程度上推进科技创新创业，使之成为我国经济社会高质量发展的新引擎。

C目录
Contents

概 况 篇

监 测 篇

专 题 篇

附 录

中国创业孵化发展报告2021

概况篇

第一章　总体发展概况

2020 年是我国全面建成小康社会和"十三五"规划收官之年，也是实现第一个百年奋斗目标的决胜之年。2020 年又是极其不平凡的一年，突如其来的新冠肺炎疫情深刻改变了全球政治、经济和人们的生活。面临严峻复杂的国际形势、新冠肺炎疫情的严重冲击和起步迈向高质量发展的艰巨繁重任务，我国科技创业孵化事业应势而动、迎难而上，以习近平总书记一系列重要指示、批示为指针，深入贯彻落实党中央、国务院关于统筹推进疫情防控和经济社会发展的总体部署，坚持稳中求进工作总基调，深入推进大众创业万众创新，持续推动高质量创新创业，扎实做好"六稳"工作、全面落实"六保"任务，推动新时期科技创新创业取得新成就。

2020 年，全国创业孵化机构发奋进取，牢固树立新发展理念，着力营造创新创业生态系统，一手抓疫情防控，一手抓复工复产，创业孵化机构整体发展稳定、健康，呈现出机构数量再创新高、服务进入更高水平、科技创新势头不减、高质量就业作用凸现、机构运营成效显著的发展态势。截至 2020 年年底，全国创业孵化机构总数超过 1.44 万家，科技企业孵化器（以下简称"孵化器"）为 5843 家，同比增长 12.24%，国家级孵化器为 1285 家[①]；众创空间为 8507 家，同比增长 6.34%，国家备案众创空间为 2202 家[②]；全国创业孵化机构积极整合创新资源为在孵企业发展全面赋能，孵化服务能力不断增强，全国孵化器中有 3674 家孵化器建立了种子基金、孵化基金额度达 1894 亿元，有 2489 家孵化器建设了专业技术服务平台、平台实现年总收入达 49 亿元；建立合作的中介服务机构约有 5.7 万家；全国创业孵化机构不断强化科技创新的引领和支撑作用，坚定创新信心，主动化危为机，孵化器内在孵企业研发（R&D）经费支出达 808.6 亿元，企业研发强度保持在 7.9% 的较高水平；全国创业孵化机构统筹疫情防控和复工复产，千方百计强双创平台、增创业活力、保市场主体、稳社会就业，在孵企业和创业团队共吸纳就业 481.5 万人，其中应届毕业大学生 51.6 万人；全国创业孵化机构总体运营成效良好，其中孵化器总收入 497.7 亿元，众创空间总收入 227.3 亿元，孵化器内在孵企业年总收入达 1.03 万亿元，同比增长 24.78%。

---

① 截至 2020 年年底，国家级孵化器数量为 1306 家，其中纳入火炬统计的国家级孵化器数量为 1285 家。

② 截至 2020 年年底，国家备案众创空间数量为 2386 家，实际参加年报的是 2202 家。

一、持续推动企业复工复产

2020 年，为统筹推进疫情防控和经济社会发展，扎实落实"六稳""六保"工作，保就业、保民生、保市场主体，以保促稳、稳中求进。科技部先后发布了《关于疫情防控期间进一步为各类科技企业提供便利化服务的通知》《关于做好创业孵化机构科学防疫推进创业企业有序复工复产保持创新创业活力的通知》《科技助力经济 2020》等一系列政策措施。2020 年，全国孵化器一手抓疫情防控，一手抓复工复产，到一季度末孵化器复工率达到 95.7%，在孵企业复工率达 74.4%，到二季度末基本恢复至正常水平。孵化器积极响应政府号召，为在孵企业减免房租近 40 亿元，支撑科技双创在疫情期间保持活力，推动对复工复产有直接带动作用的成果转化落地，帮助优秀科技企业克服疫情带来的短期困难。江苏红枫科技创业园孵化的诺唯赞医疗科技有限公司，以疫情为契机开发相关检测原材料，为全世界 300 多家诊断企业累计提供酶原料与预混液近 3 亿人份。福建平潭大闽科技孵化器培育的福建强坤机械公司，利用自身在机械制造领域的技术积累，瞄准抗疫刚需转型研发口罩切片机，仅 2020 年 2~3 月口罩业务收入就达到 100 多万元，相当于该初创企业转型前一年的销售收入总额。

二、深化服务赋能科技创业

孵化机构面向在孵企业的投资服务能力显著增强，截至 2020 年，全国创业孵化机构内获得投融资的创业企业和团队累计超过 12 万个，撬动社会投资超过 5809 亿元，仅众创空间自身投资就超过 353.6 亿元。创业孵化机构针对创业企业的咨询辅导和培训能力稳步提升，孵化器全年对在孵企业共培训 499.96 万人次，开展创新创业活动 10.45 万场次，拥有创业导师超过 24 万人，精准对接辅导创业企业 19.9 万余家。众创空间采取"网络化、智能化"等科技手段，管理水平和效益不断提升，呈现良性发展的新局面，众创空间全年开展创业教育培训 9.8 万场次，促进了创业企业快速成长。青岛 68% 的孵化机构通过自建或合建方式设立投资基金，585 家在孵企业获得投资，总金额 22.31 亿元，平均单个企业获得投资 381 万元。上海市科技创业中心迅速打造了"上海科技创业导师网上平台"，通过"三位一体"数据库为企业提供便利化导师服务。

三、带动高质量就业机会

2020 年，中国创业孵化事业以创业带动就业效果突出，全国创业孵化机构从业人员达到 17.2 万人，其中孵化器从业人员 7.7 万人，众创空间从业人员 9.5 万人；全国孵化器在孵企业和创业团队共吸纳就业 481.5 万人，与 2019 年基本持平，其中孵化器在孵企业吸纳就业 296.9 万人（应届毕业大学生24.1万人）；众创空间在孵企业和团队吸纳就业184.6万人（应届毕业大学生27.5万人），众创空间内大学生创业、留学归国人员创业、科技人员创业、大企业高管离职创业、外籍人士创业等团队和企业数量共计24.4万个，其中大学生创业团队和企业的数量13.1万个，同比增长3.15%，众创空间内高层次创业群体呈现增长趋势，在促进大学生创业就业方面持续发挥积极作用。吉林充分发挥省内科技企业孵化器引才聚才作用，切实解决高校毕业生就业难、留才难问题，组织150余家企业发布就业岗位近千个，成功促成637名本科以上学历人员就业。青岛生物科技创新园克服疫情带来的不利影响，全年新增注册企业40余家，新增就业人数超过500人，稳就业效果显著。

四、引导培育区域经济新动能

截至2020年年底，全国创业孵化机构内在孵企业和团队共有67.27万家，累计培育了约40%的科创板企业。其中，孵化器在孵企业有23.34万家，同比增长7.62%，累计毕业企业18.9万家，培育出寒武纪、国盾量子、碳元科技、科大讯飞、大疆创新、达安基因等一大批科技领军企业；众创空间当年孵化的创业团队和初创企业有43.94万个，与2019年基本持平，培育了沃尔德、天宜上佳、天智航、山石网、长阳科技、亿华通、杰普特等一大批科创板上市企业。2020年，全国孵化器内在孵企业年总收入达1.03万亿元，同比增长24.78%，在孵企业的研发（R&D）经费支出达到808.6亿元，企业研发强度保持7.9%的较高水平，在孵企业（含团队）知识产权拥有量达到114.8万件，其中发明专利18万件；全国众创空间当年孵化的企业拥有有效知识产权42万件，其中发明专利6.62万件。同时，越来越多的毕业企业进入国家高新区，成为国家高新技术企业，涌现出一批知名上市科技企业，在光伏、小核酸、石墨烯、物联网、纳米、半导体等新兴产业领域发挥着创新引领作用，成为区域战略性产业发展的源头力量。

中国创业孵化发展报告2021

监测篇

第二章　科技企业孵化器发展情况

本章对 2020 年全国科技企业孵化器的总体发展情况、孵化绩效情况、整体运营情况进行统计分析。其中，总体发展情况包括孵化器数量、孵化面积、在孵企业情况、毕业企业情况等；孵化绩效情况包括在孵企业经营情况、技术创新情况、创造的就业机会和获得投融资情况等；整体运营情况包括孵化器性质、获得的投资情况、财税支持情况、收支情况、孵化服务情况和管理人员情况等。

2020 年，全国科技企业孵化器发展数量保持稳步增长态势，总数达 5843 家。孵化器使用总面积增幅趋缓，孵化场地面积 1.1 亿平方米，占比达 82.45%。孵化器作为全社会创新型中小企业的重要来源，在孵企业和毕业企业数量实现明显增长。在孵企业经济收入增幅明显，增长近 25%；在孵企业研发投入强度继续提升，达 7.88%。孵化器继续释放创业带动就业的社会效应，累计创造就业岗位近 300 万个。企业化运营的孵化器规模不断壮大，数量占比达到 87%。国家级孵化器引领带动全国创业孵化行业不断强化投资孵化功能，孵化基金总额高达 1894 亿元。全国高新区普遍成为各地方孵化器高质量发展的高地，高新区内国家级孵化器占比明显高于高新区外。

一、总体发展情况

（一）孵化器数量

全国孵化器保持适度增长态势，国家级孵化器数量增势明显。2020 年，全国孵化器数量为 5843 家，比 2019 年增加 637 家，同比增长 12.24%。其中，国家级孵化器数量为 1306 家[①]，同比增长 10.96%。对比 2016 年，全国孵化器的数量从 3255 家增加到 5843 家，年均增长率为 15.75%；国家级孵化器从 863 家增加到 1306 家，年均增长率为 10.91%（图 2 – 1）。

---

① 截至 2020 年年底，国家级孵化器数量为 1306 家，实际上报统计年报的国家级孵化器为 1285 家，故本报告以 1285 家国家级孵化器进行分析。

图 2-1 2016—2020 年孵化器数量情况

从全国来看，广东、江苏、浙江、山东和河北等 5 个地区的孵化器数量继续领跑全国，累计占全国孵化器数量的 51.96%，占据全国孵化器的"半壁江山"。2020 年，广东和江苏两地孵化器数量居前 2 位，分别从 2019 年的 1013 家和 832 家增长到 1079 家和 928 家，分别增长了 6.52% 和 11.54%。北京市的孵化器数量增幅最高，达 89.23%，全国排名从 2019 年的第 13 名提高到第 7 名（表 2-1、图 2-2）。

表 2-1 全国各地区孵化器数量统计情况

地区	2019 年		2020 年	
	孵化器数量	全国排名	孵化器数量	全国排名
合计	5206	—	5843	—
北京	130	13	246	7
天津	81	18	104	18
河北	251	5	274	5
山西	62	22	68	23
内蒙古	50	24	50	24
辽宁	67	21	93	20
吉林	93	16	94	19
黑龙江	182	7	198	9
上海	175	8	165	12
江苏	832	2	928	2
浙江	363	3	437	3
安徽	170	9	208	8

续表

地区	2019 年		2020 年	
	孵化器数量	全国排名	孵化器数量	全国排名
福建	135	12	134	14
江西	62	23	79	21
山东	358	4	318	4
河南	167	11	181	11
湖北	216	6	250	6
湖南	89	17	107	17
广东	1013	1	1079	1
广西	106	15	116	15
海南	8	31	8	30
重庆	77	20	116	16
四川	168	10	192	10
贵州	42	25	47	25
云南	40	26	44	26
西藏	1	32	4	32
陕西	122	14	151	13
甘肃	79	19	77	22
青海	14	29	15	29
宁夏	15	28	23	28
新疆	29	27	29	27
新疆生产建设兵团	9	30	8	31

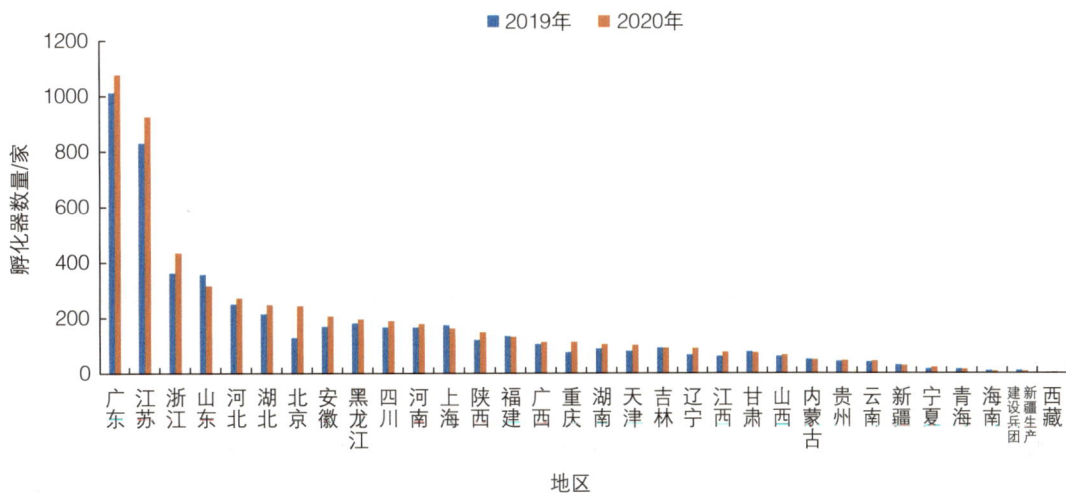

图 2-2　全国各地区孵化器数量对比

从国家级孵化器数量看，江苏、广东、山东、浙江和北京等 5 个地区的孵化器数量位列全国前 5 名，累计拥有国家级孵化器 646 家（表 2-2）。

表 2-2 全国各地区国家级孵化器数量统计情况

地区	2019 年		2020 年	
	国家级孵化器数量	全国排名	国家级孵化器数量	全国排名
合计	1155	—	1285	—
北京	61	5	65	5
天津	33	12	35	13
河北	33	10	40	9
山西	14	22	16	22
内蒙古	12	24	13	24
辽宁	30	14	31	14
吉林	22	16	23	16
黑龙江	19	18	21	19
上海	55	6	61	7
江苏	201	1	219	1
浙江	82	4	94	4
安徽	32	13	38	11
福建	15	20	18	21
江西	21	17	22	17
山东	96	3	97	3
河南	44	8	50	8
湖北	53	7	62	6
湖南	24	15	25	15
广东	150	2	171	2
广西	15	21	19	20
海南	2	31	3	31
重庆	19	19	22	17
四川	34	9	40	9
贵州	8	27	9	27
云南	13	23	15	23
西藏	1	32	2	32
陕西	33	11	36	12
甘肃	10	25	12	25
青海	6	28	7	28
宁夏	4	29	5	29
新疆	9	26	10	26
新疆生产建设兵团	4	30	4	30

2020 年，全国孵化器的区域发展趋向平衡，东部地区仍是孵化器的高度聚集区，中部地区、西部地区孵化器数量增幅显著高于全国平均水平，东部地区和东北地区的孵化器数量稳定增长（图2-3）。

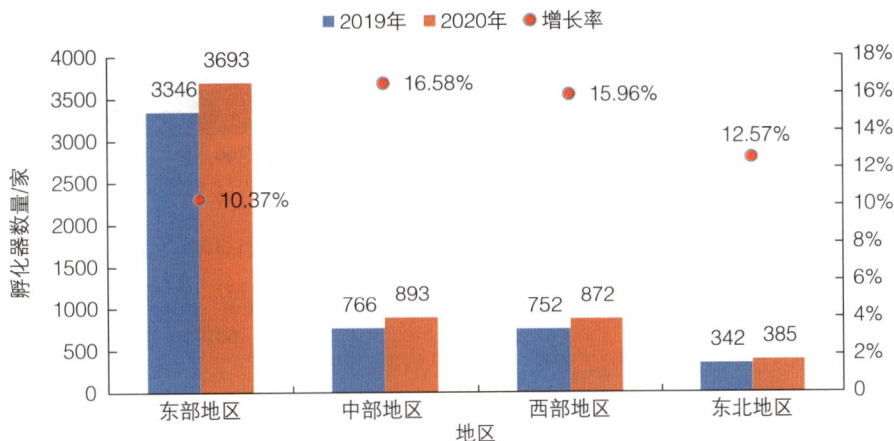

图2-3 全国各地区孵化器分布情况

（二）孵化面积

2020 年，全国孵化器使用总面积为 130.89 百万平方米，同比增长 1.24%，孵化器使用总面积增幅放缓。国家级孵化器的孵化面积增幅高于全国孵化器孵化面积的增长水平，2020 年全国孵化器孵化场地面积达到 107.92 百万平方米，同比增长 2.87%，占孵化器使用总面积的 82.46%；2020 年，全国国家级孵化器的孵化场地面积为 43.90 百万平方米，同比增长 2.57%（表2-3、图2-4）。

表2-3 全国孵化器孵化面积情况　　　　　　　　　　　　　　　　　　单位：百万平方米

年份	孵化器使用总面积	其中			国家级孵化器总面积
		办公用房	孵化场地面积	其他	
2019	129.28	8.34	104.91	16.03	42.80
2020	130.89	7.69	107.92	15.28	43.90

图2-4 2016—2020 年孵化器面积对比情况

从全国来看，江苏、广东、浙江、山东和湖北等 5 个地区孵化器使用总面积位列全国前 5 名，占全国孵化器使用总面积比例的 52%（表 2-4、图 2-5）。

表 2-4　全国各地区孵化器孵化面积情况　　　　　　　　　　单位：千平方米

地区	2019 年		2020 年	
	孵化器使用总面积	孵化场地面积	孵化器使用总面积	孵化场地面积
北京	329.15	280.71	399.58	351.57
天津	132.17	116.72	152.93	134.89
河北	499.9	402.85	533.86	438.71
山西	124.34	104.91	132.79	115.57
内蒙古	161.03	94.72	160.71	98.10
辽宁	173.17	154.96	175.01	154.00
吉林	250.48	201.58	229.25	188.90
黑龙江	271.27	182.93	271.12	187.35
上海	233.7	199.96	216.79	188.22
江苏	2508.77	2076.08	2492.73	2075.88
浙江	900.03	770.82	960.19	839.54
安徽	395.66	318.82	438.78	365.01
福建	338.6	241.81	331.18	236.44
江西	202.07	160.1	300.15	253.12
山东	1335.05	1033.42	897.12	756.56
河南	396.86	342.87	373.41	321.03
湖北	460.51	375.29	574.91	447.52
湖南	308.84	259.1	320.32	283.11
广东	1868.64	1483.94	1902.52	1518.59
广西	200.21	167.19	190.12	161.29
海南	15.94	12.17	12.84	11.99
重庆	123.43	104.46	158.76	133.78
四川	336.33	287.63	390.30	329.22
贵州	345.28	299.69	394.10	337.84
云南	81.58	73.29	91.86	82.50
西藏	0.24	0.22	7.87	3.39
陕西	332.13	288.17	443.39	372.89
甘肃	299.46	211.63	201.43	160.59
青海	118.89	106.76	128.08	93.44
宁夏	41.32	36.43	75.29	62.67
新疆	89.25	76.48	78.29	63.17
新疆生产建设兵团	53.58	25.32	52.84	24.62

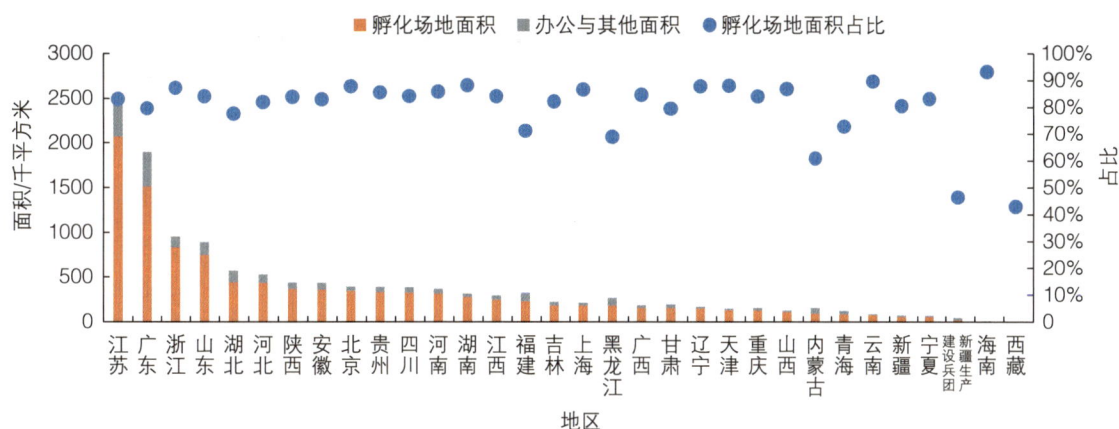

图 2-5　2020 年全国各地区孵化器面积及占比情况

（三）在孵企业情况

孵化器在孵企业数量和当年新增在孵企业数量持续保持较好发展趋势。2020 年，全国孵化器内共有在孵企业 23.3 万家，同比增长 7.62%。其中，当年新增在孵企业数为 6.3 万家，同比增长 7.88%。

国家级孵化器在孵企业稳定增长，非国家级孵化器在孵企业增幅显著。2020 年，全国国家级孵化器中的在孵企业数为 10.1 万家，同比增长 5.44%；非国家级孵化器中的在孵企业数为 13.3 万家，同比增长 9.34%。

2020 年，孵化器内在孵企业数量较多的前 5 个地区分别为江苏、广东、浙江、山东和北京。与2019 年排名相比，北京数量增加 3564 家，增长 37.74%，跻身前五位。2020 年，单位孵化面积的在孵企业数量较多的地区有海南、上海、天津、北京等地（表 2-5）。

表 2-5　全国各地区在孵企业与孵化面积对比统计表　　　　　　　　单位：个/万平方米

地区	2019 年	2020 年
北京	28.69	32.55
天津	32.60	32.94
河北	15.45	16.18
山西	20.45	21.42
内蒙古	11.44	12.16
辽宁	22.79	25.25
吉林	12.90	14.86
黑龙江	23.27	25.40
上海	35.87	34.26
江苏	13.87	14.83

续表

地区	2019 年	2020 年
浙江	18.54	19.29
安徽	15.72	15.83
福建	10.32	11.31
江西	17.36	12.65
山东	12.22	16.29
河南	22.65	24.93
湖北	24.51	21.64
湖南	18.37	20.09
广东	17.62	18.14
广西	17.07	22.52
海南	47.32	46.97
重庆	22.14	22.99
四川	24.35	23.00
贵州	3.62	3.30
云南	27.95	26.09
西藏	70.99	15.63
陕西	14.24	11.66
甘肃	8.58	12.48
青海	3.96	4.12
宁夏	13.51	10.19
新疆	18.94	20.54
新疆生产建设兵团	10.12	10.20

孵化器的在孵企业数量保持在合理区间内。2020 年，31.68% 的孵化器在孵企业数量在 1～20 家；39.35% 的孵化器在孵企业数量在 21～50 家；24.20% 的孵化器在孵企业数量在 51～100 家；仅有 4.77% 的孵化器在孵企业数量超过 100 家（图 2－6）。

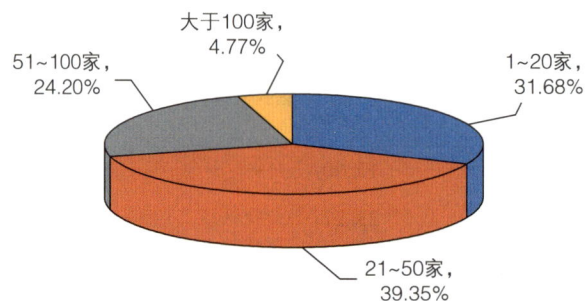

图 2－6 2020 年孵化器在孵企业数量规模分布情况

（四）毕业企业情况

孵化器孵育企业成效显著。2020 年，全国孵化器累计毕业企业有 18.9 万家。其中，当年毕业企业 2.7 万家，当年上市（挂牌）企业 980 家，当年被兼并和收购企业 785 家，主板上市 57 家、海外主要交易中心上市 27 家、创业板及新三板上市共 94 家、中小板及地方四板上市共 802 家，当年营业收入超过 5000 万元的企业 4370 家（表 2-6）。

表 2-6 全国孵化器毕业企业统计情况　　　　　　单位：家

指标	2019 年	2020 年
累计毕业企业	160 850	188 723
毕业企业累计上市（挂牌）企业	4675	5897
当年毕业企业	26 152	26 855
当年上市（挂牌）企业	971	980
当年被兼并和收购企业	743	785
当年营业收入超过 5000 万元企业	3272	4370

从毕业企业情况看，发达地区的孵化器表现更佳。2020 年，全国各地区孵化器累计毕业企业数量前 5 名分别为江苏、广东、北京、浙江和山东，与 2019 年排名保持一致。其中，北京增长幅度最大，同比增长 42.01%，其次，广东增幅为 23.63%，江苏增幅为 16.91%。累计毕业企业数量最多的前 5 个地区总占比达 55.48%（表 2-7、图 2-7）。

表 2-7 全国各地区孵化器毕业企业统计情况　　　　　　单位：家

地区	2019 年		2020 年	
	累计毕业企业	全国排名	累计毕业企业	全国排名
合计	160 850	—	188 723	—
北京	15 091	3	21 430	3
天津	2479	19	2626	19
河北	4401	10	5642	9
山西	2025	21	2414	20
内蒙古	1890	23	1707	23
辽宁	4114	12	4305	12
吉林	2114	20	2255	22
黑龙江	3345	16	3452	16
上海	3837	13	4064	14
江苏	26 197	1	30 626	1
浙江	13 893	4	16 393	4

续表

地区	2019 年		2020 年	
	累计毕业企业	全国排名	累计毕业企业	全国排名
安徽	3720	15	4196	13
福建	3772	14	3929	15
江西	2647	18	3174	17
山东	12 529	5	12 942	5
河南	6698	7	7517	7
湖北	8409	6	9251	6
湖南	4189	11	4948	11
广东	18 858	2	23 314	2
广西	1952	22	2410	21
海南	171	31	237	31
重庆	2756	17	2912	18
四川	5464	8	6533	8
贵州	789	27	996	26
云南	1416	24	1699	24
西藏	60	32	100	32
陕西	4728	9	5503	10
甘肃	1358	25	1588	25
青海	502	28	662	28
宁夏	387	29	644	29
新疆	811	26	946	27
新疆生产建设兵团	248	30	308	30

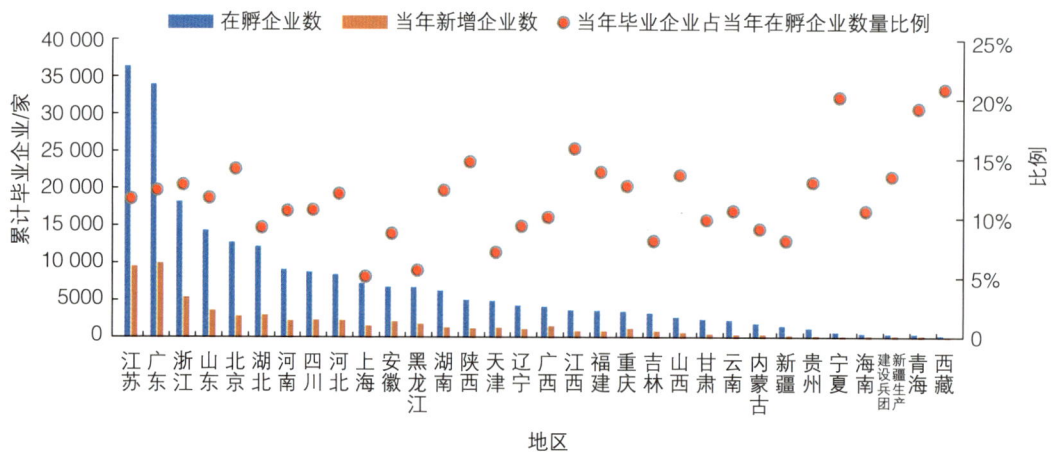

图 2-7　全国各地区孵化器当年毕业企业与在孵企业数量情况

（五）计划单列市孵化器整体情况

从主要指标数量变化上看，2020 年，大连、宁波、厦门、青岛和深圳等 5 个计划单列市的主要指标有增有减，且不同城市变化差异较大。深圳市在多个指标上都占据显著优势地位，规模和数量上都远超其他几个单列市（表 2-8）。

表 2-8　5 个计划单列市孵化器主要指标对比情况

指标	大连		宁波		厦门		青岛		深圳	
	2019 年	2020 年	2019 年	2020 年	2019 年	2020 年	2019 年	2020 年	2019 年	2020 年
孵化器总数量/家	35	35	22	28	36	37	51	50	187	206
孵化器使用总面积/万平方米	81	52	72	80	98	90	99	94	395	439
孵化器内企业总数/家	1909	1742	2229	2256	1938	2174	3174	3058	8321	9649
在孵企业数/家	1666	1615	1721	1798	1455	1667	2353	2183	6235	6968
当年新增在孵企业/家	424	406	515	469	447	525	537	421	2018	2223
当年毕业企业/家	180	194	404	217	238	218	297	258	1064	1095

二、孵化绩效情况

（一）在孵企业经营状况

2020 年，全国孵化器在孵企业总收入 10 256.6 亿元，同比增长 24.79%；国家级孵化器在孵企业总收入 5008.2 亿元，占比 48.83%，同比增长 25.96%（表 2-9）。

表 2-9　孵化器在孵企业总收入统计情况　　　　　　　　　　　　　　　单位：亿元

年份	在孵企业总收入	平均每家国家级孵化器在孵企业总收入	平均每家非国家级孵化器在孵企业总收入
2019	8218.9	3.4	1.1
2020	10 256.6	3.8	1.2

2020 年，在孵企业总收入排名前 5 位的地区为广东、江苏、北京、山东和浙江。其中，广东该指标从 2019 年的第 2 名变为 2020 年的第 1 名，总收入增长 45.01%，成绩喜人（表 2-10）。

表 2-10　全国各地区孵化器在孵企业总收入情况　　　　　单位：百万元

地区	2019 年		2020 年	
	在孵企业总收入	在孵企业平均收入	在孵企业总收入	在孵企业平均收入
合计	821 986.0	3.8	1 025 660.4	4.4
北京	68 013.1	7.2	156 628.2	12.0
天津	8559.1	2.0	11 616.6	2.3
河北	18 819.5	2.4	17 038.1	2.0
山西	6390.3	2.5	8533.8	3.0
内蒙古	7517.9	4.1	13 547.5	6.9
辽宁	9391.0	2.4	10 311.0	2.3
吉林	15 288.3	4.7	12 455.3	3.7
黑龙江	9401.1	1.5	10 182.7	1.5
上海	51 944.1	6.2	54 307.6	7.3
江苏	168 879.4	4.9	179 260.3	4.9
浙江	48 961.2	2.9	54 848.2	3.0
安徽	15 659.1	2.5	21 739.6	3.1
福建	13 333.5	3.8	13 514.5	3.6
江西	14 009.5	4.0	13 231.7	3.5
山东	58 887.0	3.6	63 630.3	4.4
河南	24 099.0	2.7	24 629.9	2.6
湖北	26 658.5	2.4	29 977.9	2.4
湖南	24 235.0	4.3	27 085.8	4.2
广东	129 846.5	3.9	188 291.8	5.5
广西	7811.9	2.3	10 645.4	2.5
海南	3944.5	5.2	11 411.6	18.9
重庆	5285.6	1.9	8008.8	2.2
四川	33 936.4	4.1	31 759.6	3.5
贵州	6474.2	5.2	5878.4	4.5
云南	5579.5	2.4	5473.2	2.3
西藏	127.0	7.5	40.1	0.3
陕西	24 208.6	5.1	28 191.2	5.5
甘肃	4395.8	1.7	4768.0	1.9
青海	2585.2	5.5	2349.5	4.4
宁夏	1305.1	2.3	2027.9	2.6
新疆	4317.6	2.6	3305.8	2.1
新疆生产建设兵团	2121.5	3.9	970.1	1.8

（二）在孵企业技术创新情况

全国在孵企业的研究与试验发展经费保持增长。2020年，全国在孵企业的研发经费总支出为808.58亿元，同比增加14.69%。在孵企业研发经费支出排名前5位的地区分别为江苏、广东、北京、浙江和上海，研发经费总支出占全国比例为69.24%（图2-8）。

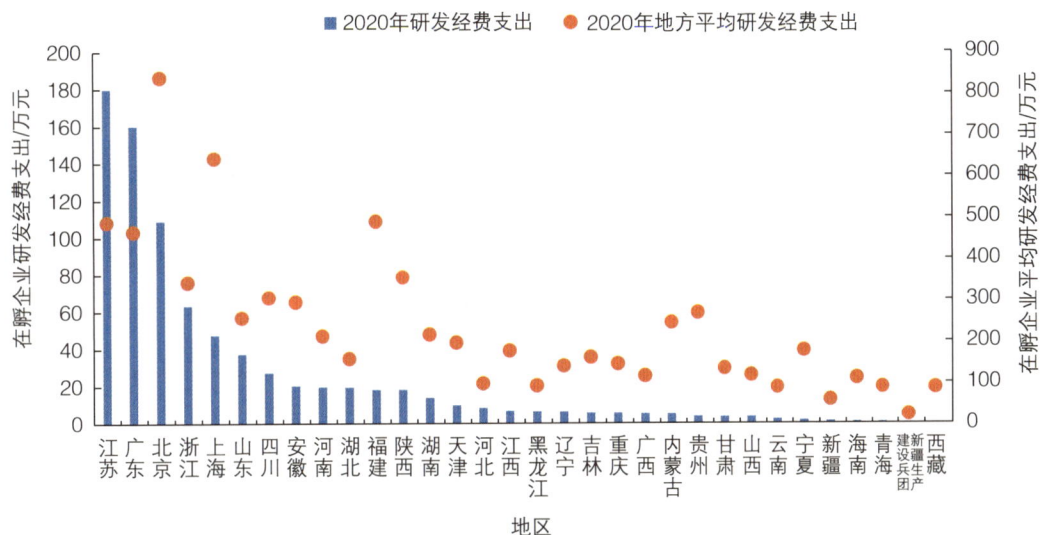

图2-8　2020年全国各地区孵化器在孵企业研发经费支出情况对比

京沪两地在孵企业平均研究与试验发展经费支出领跑全国，分别为83.78万元和64.14万元。但在研发投入强度上排名前5位的为西藏、福建、浙江、江苏和安徽（表2-11）。

表2-11　全国各地区孵化器在孵企业平均研发经费支出情况

地区	2019 年		2020 年	
	平均研发经费支出/万元	研发强度	平均研发经费支出/万元	研发强度
北京	68.67	9.54%	83.78	6.96%
天津	19.05	9.59%	19.60	8.50%
河北	12.12	4.97%	9.72	4.93%
山西	10.80	4.30%	11.72	3.90%
内蒙古	13.29	3.26%	24.37	3.51%
辽宁	18.92	7.95%	13.93	5.97%
吉林	18.79	3.97%	16.00	4.37%
黑龙江	12.23	8.22%	9.15	6.19%
上海	51.80	8.36%	64.13	8.77%
江苏	44.88	9.25%	48.69	10.04%
浙江	34.36	11.71%	34.16	11.54%
安徽	21.86	8.68%	29.41	9.40%

续表

地区	2019 年		2020 年	
	平均研发经费支出/万元	研发强度	平均研发经费支出/万元	研发强度
福建	45.58	11.94%	48.97	13.57%
江西	15.46	3.87%	17.61	5.05%
山东	20.24	5.61%	25.60	5.88%
河南	19.43	7.25%	21.21	8.01%
湖北	13.08	5.54%	15.71	6.52%
湖南	25.53	5.98%	21.57	5.12%
广东	40.84	10.35%	46.39	8.50%
广西	14.86	6.50%	11.50	4.62%
海南	4.72	0.90%	11.00	0.58%
重庆	15.27	7.89%	14.40	6.56%
四川	26.65	6.43%	30.47	8.61%
贵州	30.17	5.83%	26.71	5.91%
云南	11.74	4.80%	8.76	3.84%
西藏	70.30	9.41%	8.70	26.69%
陕西	98.35	19.22%	35.40	6.49%
甘肃	10.92	6.38%	13.30	7.01%
青海	8.75	1.59%	8.83	1.99%
宁夏	12.44	5.32%	17.66	6.68%
新疆	7.91	3.10%	5.79	2.81%
新疆生产建设兵团	6.00	1.53%	2.13	1.18%

全国孵化器在孵企业研发投入强度保持较高水平。2020 年，研发投入强度排名前 5 位的地区分别为西藏、福建、浙江、江苏和安徽。其中，西藏研发投入强度达到 26.69%，福建、浙江和江苏三地研发投入强度也均在 10% 以上，分别为 13.57%、11.54% 和 10.04%（图 2 - 9）。

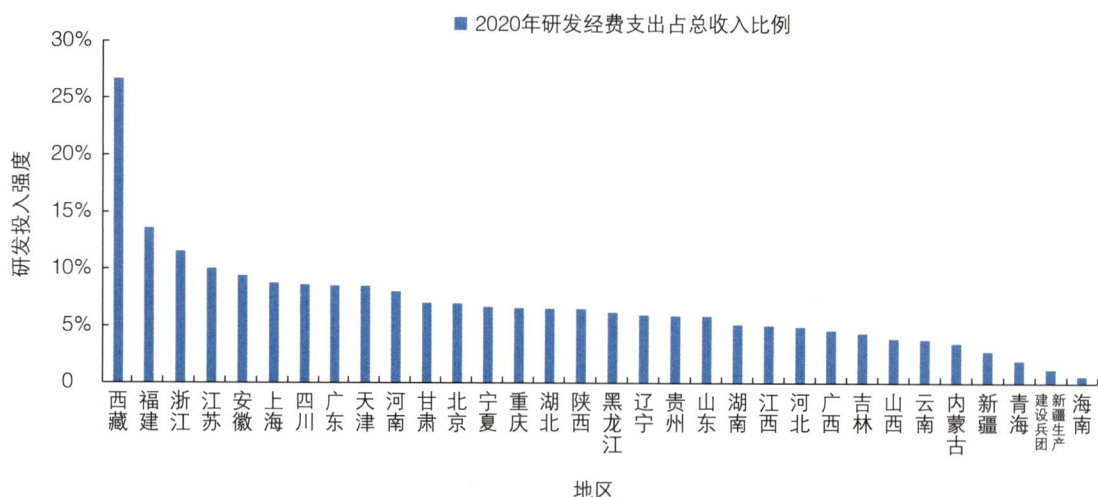

图 2 - 9　全国各地区孵化器在孵企业研发投入强度对比情况

2020 年，全国知识产权申请数为 30.4 万件，同比增长 12.43%。当年知识产权授权数 19.14 万件，同比增长 24.46%。拥有的有效知识产权数为 72.79 万件，其中发明专利 11.43 万件，占比 15.71%，同比增长 16.46%（表 2 – 12）。

表 2 – 12　全国孵化器在孵企业知识产权情况　　　　　　　　　　　单位：件

年份	当年知识产权申请数	当年知识产权授权数	拥有有效知识产权数				
			总数	发明专利	软件著作权	集成电路布图	植物新品种
2019	270 390	153 779	563 016	98 182	219 903	3259	772
2020	304 008	191 393	727 901	114 340	298 000	3681	691
增长率	12.43%	24.46%	29.29%	16.46%	35.51%	12.95%	– 10.49%

2020 年，江苏、广东、浙江、北京和山东知识产权申请数量与拥有有效知识产权数量均位列全国前 5 名，其中知识产权申请数量占全国的 57.72%，拥有有效知识产权数量占全国的 59.38%（图 2 – 10）。

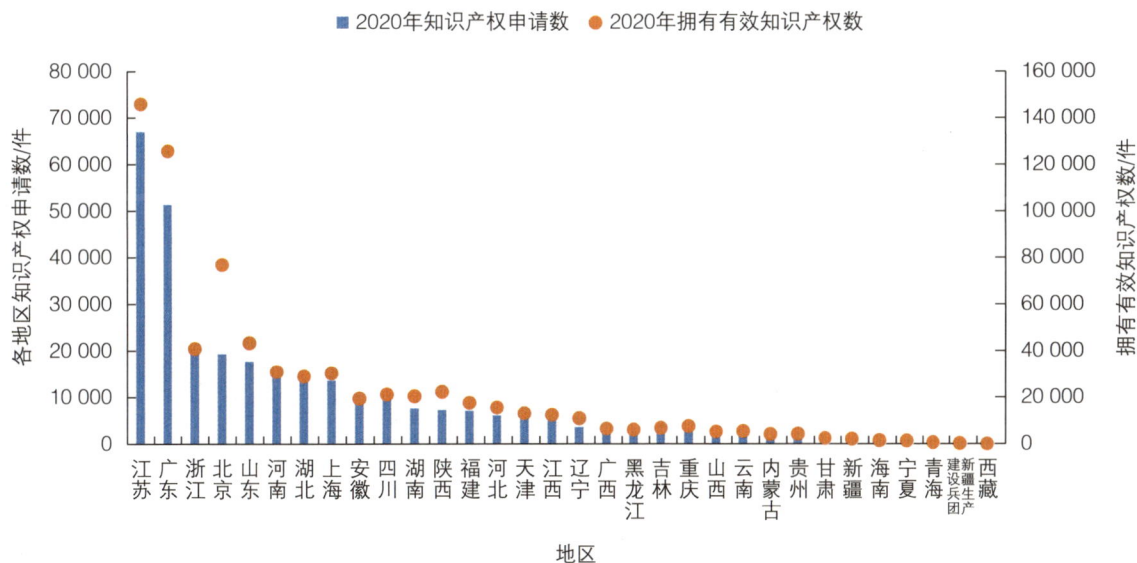

图 2 – 10　全国各地区孵化器知识产权对比情况

河南、上海和北京三地平均每个孵化器当年知识产权的申请和授权情况领先全国，明显高于全国平均水平（表 2 – 13）。

表 2-13　全国孵化器在孵企业获得知识产权情况　　　　　　　　　　　　　单位：件

地区	平均每个孵化器当年知识产权申请总数				平均每个孵化器当年知识产权授权总数			
	2019 年	全国排名	2020 年	全国排名	2019 年	全国排名	2020 年	全国排名
全国平均水平①	51.9	—	52.0	—	29.5	—	32.8	—
北京	112.8	1	78.3	3	67.3	1	50.8	3
天津	47.1	14	57.1	9	26.7	16	36.1	10
河北	23.5	26	22.0	27	15.6	24	14.5	25
山西	30.1	21	34.1	19	20.0	20	23.3	19
内蒙古	23.2	27	33.4	20	14.1	27	18.7	22
辽宁	37.8	18	37.7	18	28.7	13	30.2	15
吉林	29.7	22	29.1	22	18.8	21	19.5	21
黑龙江	10.1	32	15.3	31	6.5	31	10.2	30
上海	64.8	6	81.6	2	38.2	7	54.1	2
江苏	72.9	5	72.1	4	38.4	6	43.6	5
浙江	51.7	10	46.6	16	29.3	12	29.2	16
安徽	51.5	11	47.2	15	29.3	10	32.7	12
福建	42.9	17	52.4	11	26.0	17	35.9	11
江西	78.2	4	62.3	7	43.5	5	37.1	8
山东	43.9	16	55.5	10	26.0	18	37.8	6
河南	89.7	2	90.5	1	52.9	3	57.6	1
湖北	64.0	7	58.3	8	29.3	11	37.4	7
湖南	84.4	3	70.2	6	54.1	2	50.0	4
广东	46.5	15	47.5	14	26.8	15	27.6	17
广西	29.1	23	27.3	23	17.1	23	18.0	23
海南	61.9	9	70.3	5	34.4	9	36.9	9
重庆	25.3	25	22.1	25	14.9	26	13.7	26
四川	48.0	13	50.9	12	27.6	14	30.7	14
贵州	31.1	20	31.5	21	23.6	19	24.6	18
云南	36.2	19	38.9	17	17.8	22	20.3	20
西藏	48.0	12	4.8	32	44.0	4	4.5	32
陕西	62.8	8	47.7	13	36.2	8	31.2	13
甘肃	14.7	30	18.9	29	6.5	32	10.4	29
青海	19.6	28	22.1	26	14.1	28	11.9	27
宁夏	10.7	31	16.2	30	8.5	29	11.0	28
新疆	26.3	24	26.4	24	15.0	25	15.0	24
新疆生产建设兵团	15.4	29	22.0	28	6.9	30	7.9	31

---

①　此处"全国平均水平"是由全国孵化器当年知识产权情况与孵化器数量做比计算而来。

孵化器持续成为各类知识产权的聚集地，北京、湖南和上海三地持续领跑全国（表2-14）。

表2-14　全国孵化器在孵企业拥有知识产权对比情况　　　　　　单位：件

地区	2019 年	全国排名	2020 年	全国排名
全国平均水平①	108. 1	—	124. 6	—
北京	382. 4	1	312. 1	1
天津	96. 0	14	124. 8	11
河北	55. 6	26	56. 4	26
山西	82. 3	20	76. 0	21
内蒙古	54. 9	27	82. 4	20
辽宁	110. 5	10	117. 1	13
吉林	63. 9	23	72. 0	23
黑龙江	24. 0	31	30. 4	30
上海	149. 2	4	182. 8	3
江苏	134. 5	6	157. 0	6
浙江	95. 2	15	93. 4	17
安徽	93. 1	17	92. 8	18
福建	93. 9	16	130. 5	10
江西	125. 8	8	156. 4	7
山东	90. 6	18	136. 2	9
河南	148. 8	5	170. 2	5
湖北	86. 3	19	115. 3	15
湖南	193. 8	2	189. 6	2
广东	103. 0	11	116. 4	14
广西	49. 1	28	55. 4	27
海南	120. 1	9	182. 6	4
重庆	72. 7	21	64. 6	24
四川	98. 4	13	109. 7	16
贵州	72. 5	22	90. 3	19
云南	101. 0	12	122. 2	12
西藏	128. 0	7	12. 3	32
陕西	154. 2	3	147. 2	8
甘肃	24. 2	30	31. 5	29
青海	38. 7	29	40. 4	28
宁夏	63. 5	24	57. 9	25
新疆	58. 9	25	73. 1	22
新疆生产建设兵团	16. 2	32	28. 0	31

① 此处"全国平均水平"是由全国孵化器在孵企业拥有知识产权情况与孵化器数量做比计算而来。

（三）在孵企业创造的就业机会

全国孵化器创（就）业情况持续释放巨大的社会效益。2020 年，全国孵化器内在孵企业从业人员近 297 万人，其中大专以上人员近 232 万人（表 2 – 15）。

表 2 – 15　全国孵化器在孵企业从业人员情况　　　　　　　　　　　　　　　　　　　单位：人

年份	在孵企业从业人员	大专以上人员	留学人员	应届大学毕业生
2019	2 948 707	2 313 586	27 565	264 611
2020	2 968 675	2 316 888	27 394	240 979

2020 年，孵化器内在孵企业从业人员数量较多的地区为江苏、广东、浙江、山东和北京。其中，排名第一的江苏孵化器内在孵企业从业人员达 50 万余人。排名前 5 位的地区之和占总数比达 50.01%（图 2 – 11）。

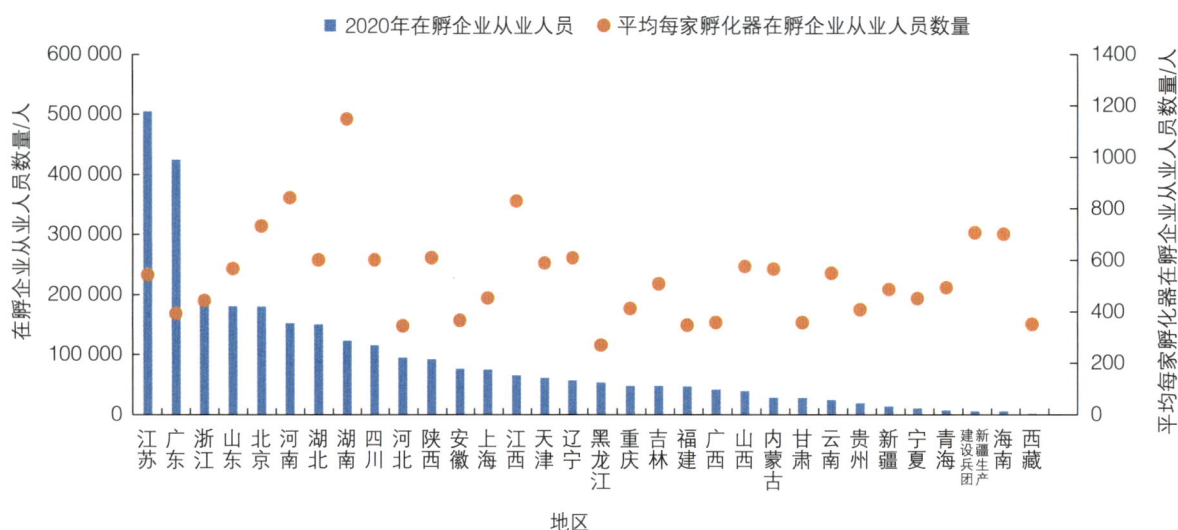

图 2 – 11　全国各地区孵化器在孵企业人员数对比情况

2020 年，全国各地区孵化器内在孵企业从业人员中大专以上人员占比平均值为 78.04%。在孵企业从业人员中大专以上人员占比排名前 5 位的地区为上海、北京、天津、辽宁和海南。

（四）在孵企业获得投融资情况

2020 年，在孵企业获得投融资共计 844.4 亿元，同比增加 54.79%；累计获得投融资的企业数量为 6.4 万家，同比增加 20.11%。其中，当年获得投融资的企业数量为 1.4 万家，国家级孵化器当年获得投融资的企业数量为 7923 家，占比 56.92%。国家级孵化器在孵企业获得 459 亿元，占总获得投融资金额的 54.36%，获得投融资的在孵企业及资金聚集在国家级孵化器内（表 2 – 16、图 2 – 12）。

表 2 – 16　全国孵化器在孵企业投融资情况

指标	2019 年	2020 年
孵化器孵化基金总额/亿元	1264.29	1893.79
当年获得孵化基金投资的在孵企业数量/家	10 117	10 660
国家级孵化器内当年获得孵化基金投资的在孵企业数量/家	5627	6611
累计获得投融资的企业数量/家	53 369	64 103
国家级孵化器内累计获得投融资的企业家数量/家	38 732	45 336
其中：当年获得投融资的企业数量/家	10 770	13 919
国家级孵化器当年获得投融资的企业数量/家	6737	7923

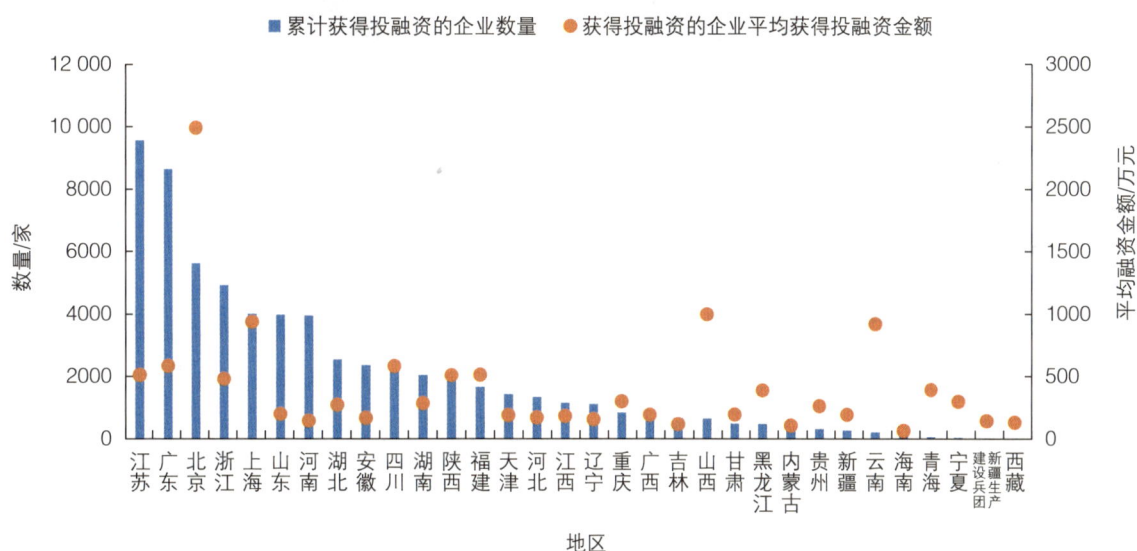

图 2 – 12　全国各地区孵化器在孵企业获得投融资情况

国家级孵化器投融资情况保持较好发展趋势。2020 年，获得孵化基金投资的在孵企业数量为10 660 家，同比增加 5.37%。其中，国家级孵化器当年获得孵化基金投资的在孵企业数量为6611家，占比 62%，同比增加 17.5%。

2020 年，孵化器内累计获得投融资的企业数量排名前 5 位的地区分别为江苏、广东、北京、浙江和上海。其中，江苏累计获得投融资的企业数量达 9576 家，总占比 15%，同比增长 14.3%，居第 1 位。

三、总体运营情况

（一）孵化器性质

企业运营的孵化器持续攀升。2020 年，企业法人性质的孵化器依然占据主体地位，占比

86.36%，同比上升 2.26%；事业法人性质的孵化器占比 10.65%，同比下降 1.84%；社会法人性质的孵化器占比 0.51%，同比下降 0.06%；民办非企业法人性质的孵化器占比 1.75%，同比下降 0.3%；其他法人性质的孵化器占比 0.74%，同比下降 0.21%（图 2 – 13）。

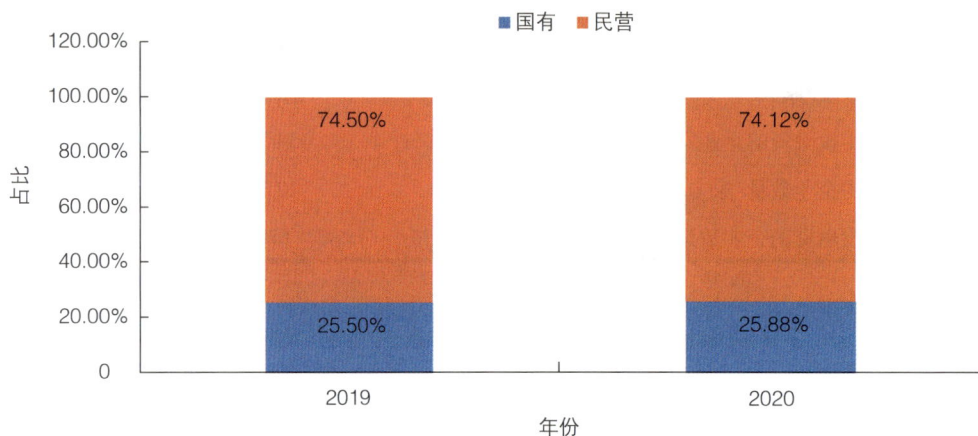

图 2 – 13　全国孵化器主体性质分布情况

（二）孵化器获得的投资情况

社会化投资持续助力孵化器健康发展。2020 年，全国孵化器获得投资总额为 2632.2 亿元，同比增长 6.44%。其中，财政投入为 910.2 亿元，占比 34.58%，减少 0.83 个百分点；企业投资为 1633.7 亿元，占比 62.07%，增长 1.61 个百分点；社会组织投资为 30.3 亿元，占比 1.15%，减少 0.33 个百分点；其他投资 58.0 亿元，占比 2.20%，同比减少 0.46 个百分点。2020 年，国家级孵化器投资总额为 1244.7 亿元，占比 47.29%，同比上升 0.59 个百分点（表 2 – 17、图 2 – 14）。

表 2 – 17　全国孵化器获得投资情况　　　　　　　　　　　　　　　　　　　　单位：亿元

年份	投资总额	其中				国家级孵化器投资总额
		财政投入	企业投资	社会组织投资	其他投资	
2019	2473.1	875.6	1495.1	36.6	65.8	1154.9
2020	2632.2	910.2	1633.7	30.3	58.0	1244.7

2020 年，孵化器获得投资总额较高的前 5 个地区分别是江苏、广东、山东、浙江和河南，与 2019 年保持一致，占全国投资总额的 57%（图 2 – 15）。

（三）孵化器获得的财税支持情况

全国各地对孵化器的财政支持额与孵化器数量同步增长。2020 年，全国有 3126 家孵化器获得各级财政资助（其中国家级孵化器 1066 家，非国家级 2060 家），累计获得各级财政资助额 76.2 亿元，同比增加 5.59%，其中国家级孵化器获得财政支持达 42 亿元，非国家级孵化器获得财政支持

财政投入　企业投资　社会组织投资　其他投资

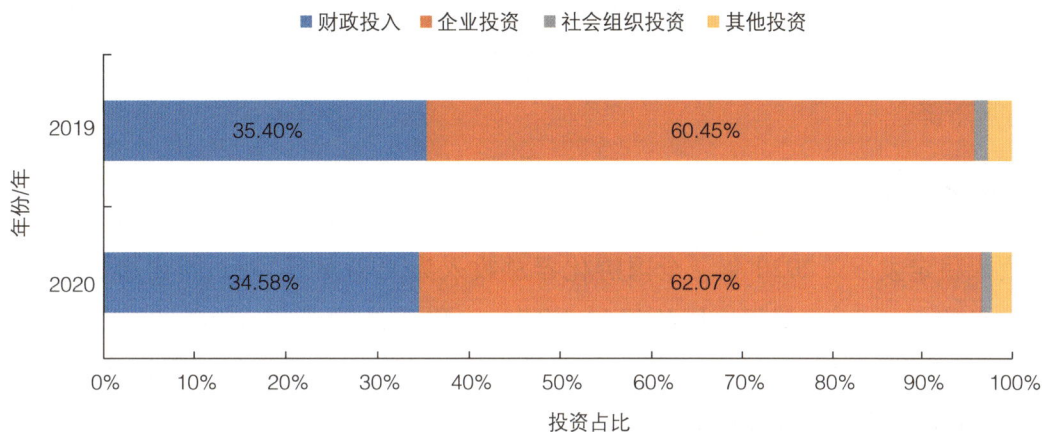

图2-14　全国孵化器获得投资来源分布情况

江苏　广东　山东　浙江　河南　其他

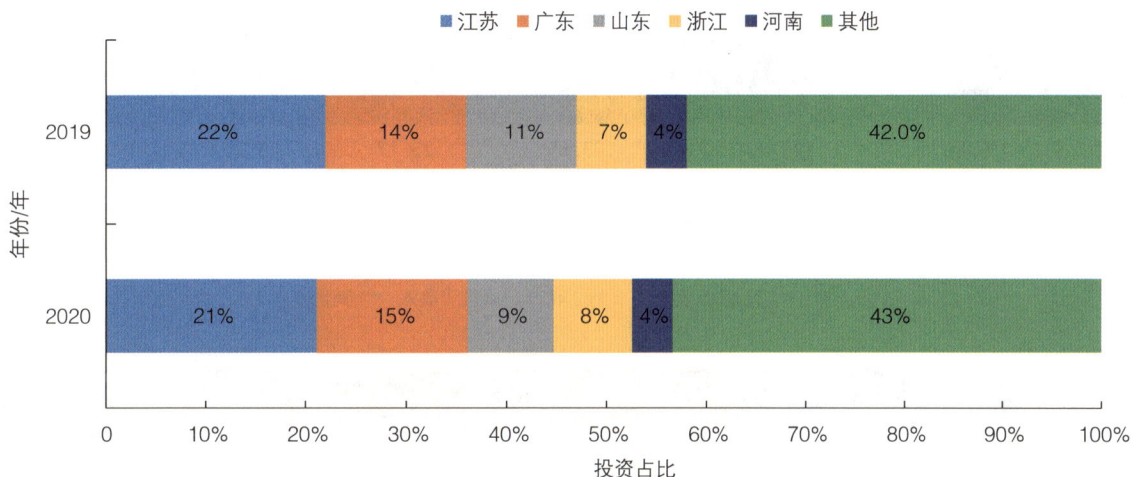

图2-15　全国前5名的地区孵化器获得投资总额情况

为34.2亿元。获得各级财政资助额较多的地区分别为广东、江苏、四川、浙江和山东（图2-16）。

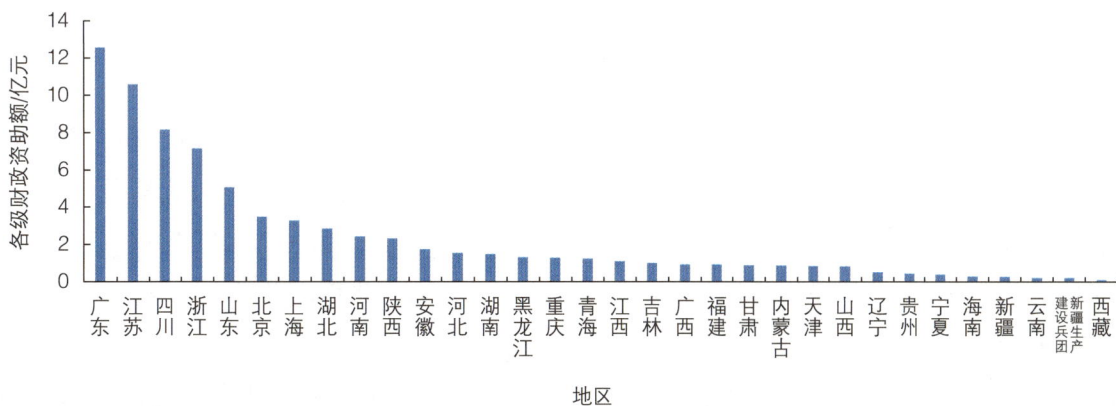

图2-16　2020年全国各地区孵化器获得各级财政资助额情况

2020 年，为支持中小企业发展，全国各地纷纷出台大量免税减税政策，当年享受孵化器税收优惠政策免税的孵化器数量达到 1250 家，免税总金额达 8.5 亿元，全国孵化器累计缴纳税收 36.2 亿元，同比有所下降。

（四）孵化器收支情况

投资收入稳定发展。2020 年，全国孵化器总收入为 497.69 亿元，同比增加 10.63%。其中，综合服务收入 140.21 亿元，同比增加 9.68%；房租及物业收入 246.29 亿元，同比增加 10.12%；投资收入 23.23 亿元，同比增加 0.26%；其他收入 87.96 亿元，同比增加 16.97%。全国有 3537 家孵化器当年为在孵企业进行了减免房租，减免金额达 39.6 亿元，平均每家孵化器减免房租 112 万元（表 2 - 18、图 2 - 17）。

表 2 - 18　全国孵化器收入情况　　　　　　　　　　　　　　　单位：亿元

年份	孵化器总收入	其中				国家级孵化器总收入
		综合服务收入	房租及物业收入	投资收入	其他收入	
2019	449.86	127.84	223.65	23.17	75.20	189.14
2020	497.69	140.21	246.29	23.23	87.96	201.66

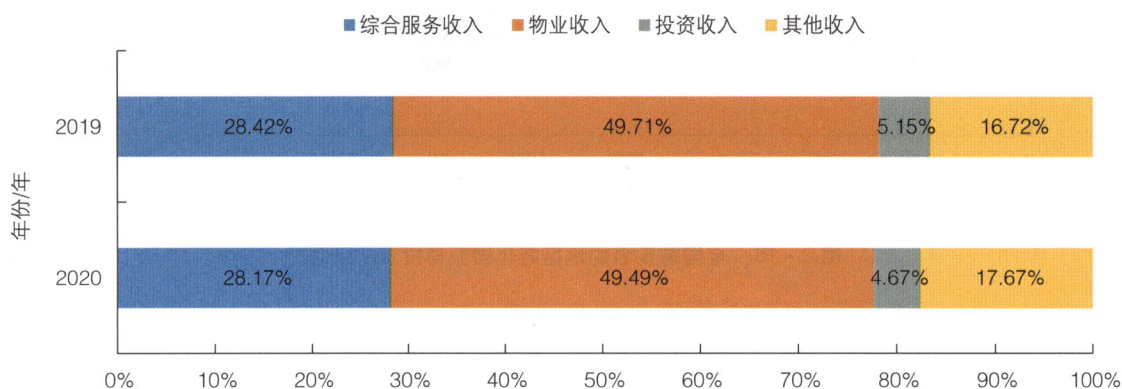

图 2 - 17　全国孵化器收入情况分布

2020 年，孵化器总收入排名居前 5 位的地区分别为广东、江苏、北京、浙江和上海。5 个地区收入占全国总收入的 61.73%。其中，广东占比达 22.91%，是唯一一个孵化器总收入超百亿元的地区（图 2 - 18）。

2020 年，各地区孵化器平均总收入排名前 5 位的地区分别为北京、贵州、上海、新疆生产建设兵团和陕西。

2020 年，全国孵化器的运营成本为 407.1 亿元，同比增长 9.79%。其中人员费用 79.2 亿元，占比 19.44%；场地费用 112.7 亿元，占比 27.67%；管理费用 92.4 亿元，占比 22.69%；其他费用 86.8 亿元，占比 21.32%；纳税额 36.2 亿元，占比 8.88%（表 2 - 19、图 2 - 19）。

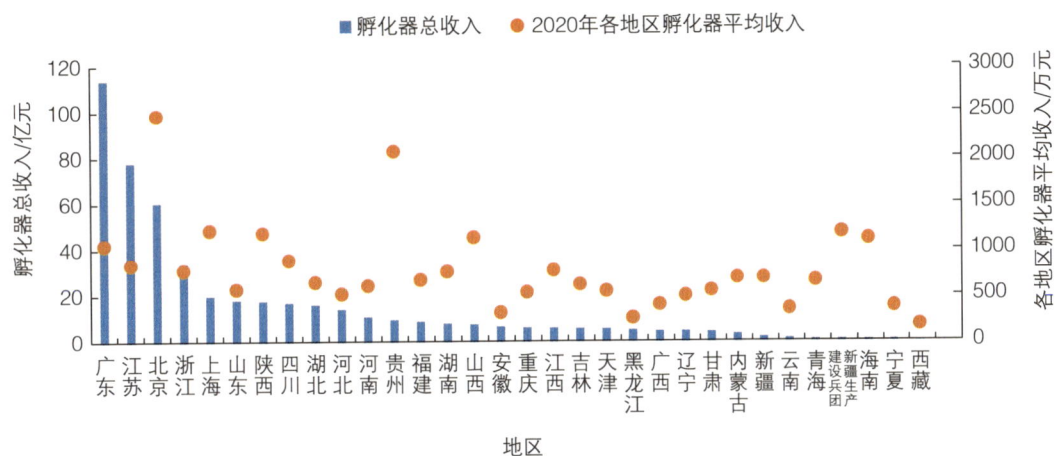

图 2-18 全国各地区孵化器总收入及平均收入情况

表 2-19 全国孵化器运营成本统计情况   单位：亿元

年份	孵化器的运营成本	其中				纳税额
		人员费用	场地费用	管理费用	其他费用	
2019	370.78	68.05	101.23	81.60	80.81	39.07
2020	407.14	79.17	112.66	92.37	86.79	36.15

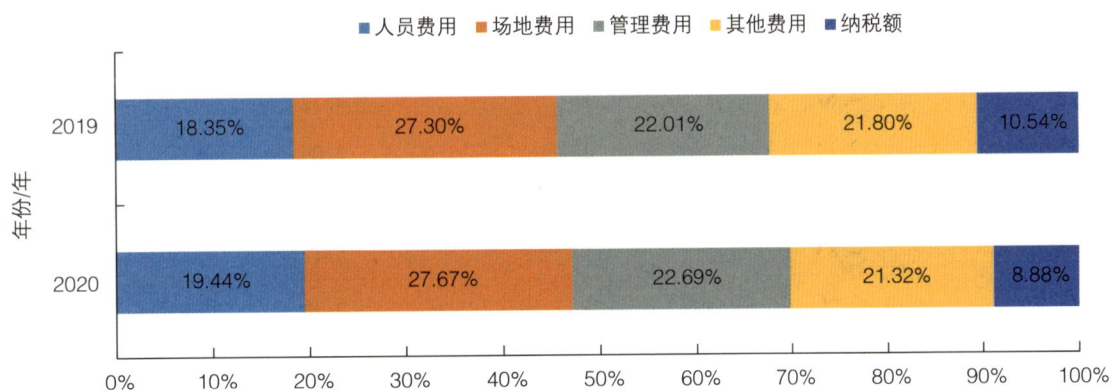

图 2-19 全国孵化器运营成本分布情况

和 2019 年相比，场地费用仍然是运营成本中占比最高的一项，和 2019 年相比基本持平。人员费用、纳税额和其他费用占比基本保持不变。

2020 年，孵化器运营成本较高的地区分别为广东、江苏、北京、浙江和上海，5 个地区总运营成本超 257 亿元，其中广东和江苏两地的运营成本均超 60 亿元（图 2-20、表 2-20）。

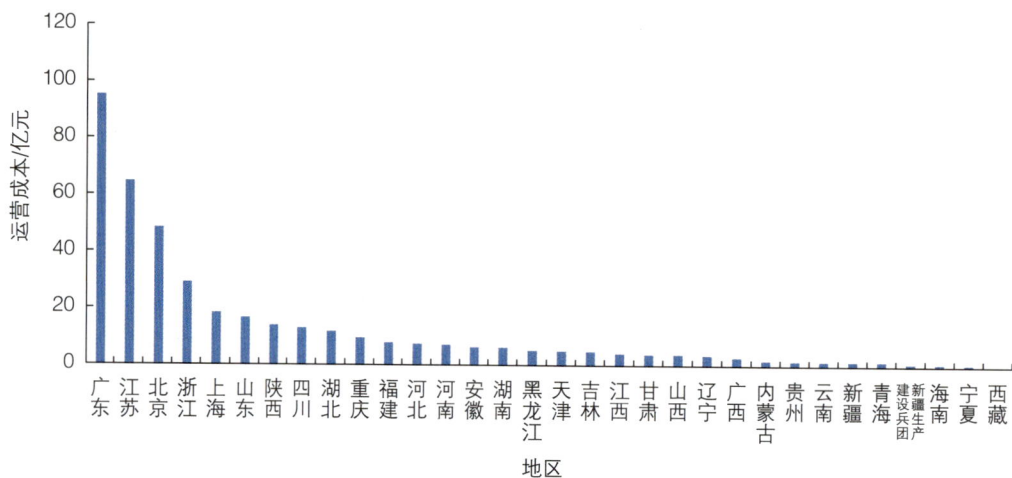

图 2-20　全国各地区孵化器运营成本分布情况

表 2-20　全国各地区孵化器运营成本统计情况　　　　　　　　　　　单位：亿元

地区	2019 年		2020 年	
	孵化器运营成本	全国排名	孵化器运营成本	全国排名
合计	370.78	—	407.14	—
北京	37.99	3	48.70	3
天津	3.85	19	5.28	17
河北	7.41	11	7.75	12
山西	4.67	16	4.12	21
内蒙古	2.14	25	2.04	24
辽宁	3.67	20	3.83	22
吉林	4.83	14	5.12	18
黑龙江	4.66	17	5.46	16
上海	18.66	5	18.60	5
江苏	61.50	2	65.00	2
浙江	31.04	4	29.25	4
安徽	4.72	15	6.56	14
福建	7.78	10	8.10	11
江西	3.37	21	4.42	19
山东	17.54	6	16.86	6
河南	6.83	13	7.44	13
湖北	12.27	7	12.00	9
湖南	6.86	12	6.52	15

地区	2019 年		2020 年	
	孵化器运营成本	全国排名	孵化器运营成本	全国排名
广东	87.86	1	95.55	1
广西	3.19	22	3.11	23
海南	1.00	29	0.92	30
重庆	2.96	23	9.77	10
四川	12.04	8	13.20	8
贵州	1.19	28	1.92	25
云南	1.94	26	1.82	26
西藏	0.03	32	0.10	32
陕西	11.07	9	14.15	7
甘肃	4.50	18	4.14	20
青海	1.53	27	1.73	28
宁夏	0.63	31	0.87	31
新疆	2.26	24	1.78	27
新疆生产建设兵团	0.79	30	1.03	29

（五）孵化器开展孵化服务情况

孵化器不断深化孵化服务，助力初创企业发展。2020 年，孵化器对在孵企业共培训 499.96 万人次，同比增长 13.53%；孵化器开展创新创业活动 10.45 万场次，与 2019 年基本持平；拥有创业导师 8.1 万人，累计对接企业达 19.9 万个，平均每位导师对接 2.5 家企业。孵化器充分整合各类创新资源，为在孵企业赋能。2020 年，孵化器签约中介机构数量 5.74 万个，同比增长 16.19%（表 2 - 21、表 2 - 22）。

表 2 - 21　全国孵化器开展创业辅导情况

年份	对在孵企业培训人次/万人次	开展创新创业活动场次/万场次	创业导师数量/万人	创业导师对接企业的数量/万个	孵化器签约中介机构数量/万个
2019	440.36	10.51	7.06	17.58	4.94
2020	499.96	10.45	8.06	19.90	5.74

表 2－22　创业导师平均对接企业数量对比情况　　　　　　　　　　单位：家

地区	2019 年	2020 年
全国平均水平①	2.5	2.5
北京	2.2	1.9
天津	3.1	3.2
河北	2.0	2.3
山西	1.9	1.9
内蒙古	1.1	1.2
辽宁	2.2	2.2
吉林	2.3	2.2
黑龙江	2.3	2.5
上海	2.6	2.5
江苏	3.1	3.6
浙江	2.6	2.3
安徽	2.8	3.1
福建	1.7	1.8
江西	2.3	1.9
山东	2.4	2.4
河南	3.2	3.2
湖北	2.4	2.5
湖南	3.0	2.9
广东	2.8	2.7
广西	2.2	3.2
海南	4.2	4.4
重庆	2.2	2.1
四川	2.0	2.1
贵州	3.3	3.2
云南	1.9	1.7
西藏	1.0	0.9
陕西	2.0	1.8
甘肃	2.5	2.3
青海	1.0	1.1
宁夏	1.8	2.5
新疆	2.6	2.3
新疆生产建设兵团	3.6	3.5

①　此处"全国平均水平"是由全国孵化器创业导师对接企业数量与创业导师做比计算而来。

　　2020 年，对在孵企业培训较多的 5 个地区分别为广东、北京、江苏、山东和湖北。其中，广东孵化器对在孵企业培训 78.98 万人次，占全国的 15.8%，位列第一。开展创新创业活动较多的 6 个地区分别为广东、江苏、北京、浙江、上海和山东，开展的创新创业活动均超过 6000 场次，远高于全国其他地区（图 2 – 21、图 2 – 22）。

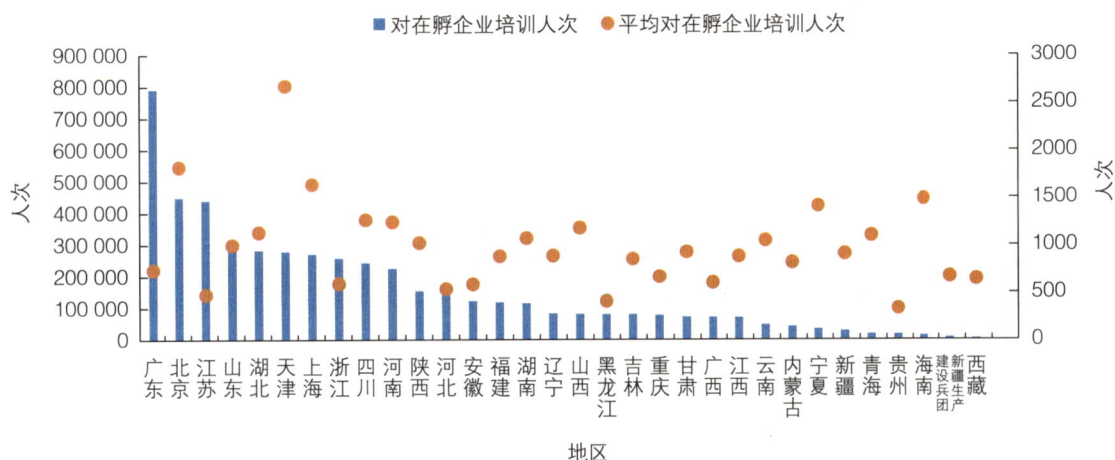

图 2 – 21　全国各地区对在孵企业培训情况

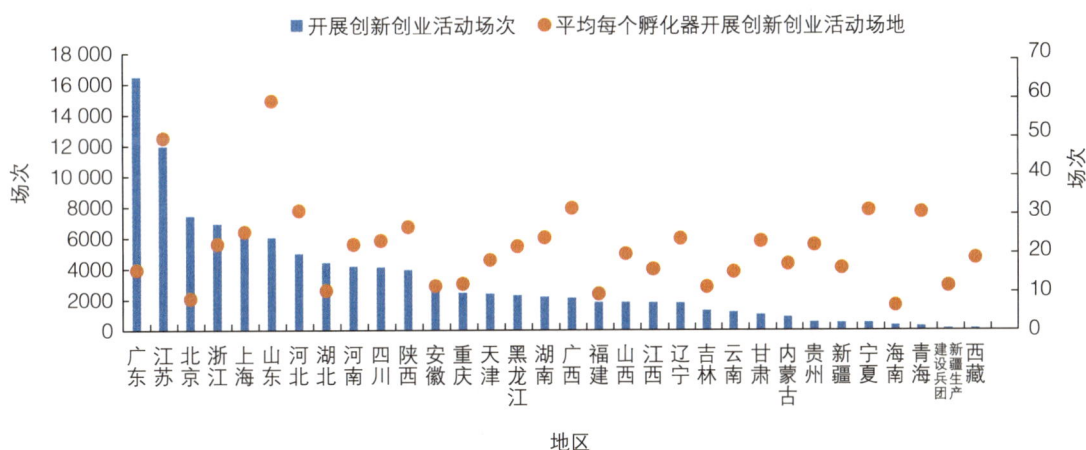

图 2 – 22　全国各地区开展创新创业活动情况

　　孵化器的公共服务平台效应持续释放。孵化器对公共技术服务平台投资额为 78.88 亿元，同比增长 1.6%；公共技术服务平台总收入 49.0 亿元，同比增长 20.39%（表 2 – 23）。

表 2 – 23　全国孵化器公共服务平台运行情况

年份	孵化器对公共技术服务平台投资额/亿元	公共技术服务平台总收入/亿元
2019	77.6	40.7
2020	78.9	49.0

（六）孵化器管理人员情况

2020 年，全国孵化器管理机构从业人员共计 7.7 万人，同比增加 4.23%。其中，大专以上人员 7 万余人，占比为 91.66%，同比增加 4.83%；接受专业培训人数近 4 万人，占比为 51.88%，同比增加 8.28%；国家级孵化器管理机构从业人员超过 2.4 万人，同比增加 4.67%，占比 31.39%。全国各地高度重视孵化器管理人员专业化培训工作，不断提升行业人才专业化能力。

孵化器管理机构从业人员较多的 5 个地区分别是广东、江苏、浙江、北京和山东；其中，广东和江苏 2 个地区的孵化器管理机构从业人员数量均突破万人，继续领跑全国（表 2 - 24）。

表 2 - 24　全国各地区孵化器管理机构从业人员统计情况

地区	管理机构从业人员/人	接受专业培训人数/人	平均服务企业数/个
北京	4765	1966	2.7
天津	1223	691	4.1
河北	3553	1933	2.4
山西	1006	488	2.8
内蒙古	1499	411	1.3
辽宁	1371	660	3.2
吉林	1685	871	2.0
黑龙江	2233	1012	3.1
上海	2218	1287	3.3
江苏	11 365	6185	3.3
浙江	4843	2437	3.8
安徽	2097	1300	3.3
福建	1762	699	2.1
江西	1653	963	2.3
山东	4069	2363	3.6
河南	2484	1736	3.7
湖北	3143	1777	4.0
湖南	1805	1015	3.6
广东	11 422	5617	3.0
广西	1212	705	3.5
海南	163	43	3.7
重庆	1263	616	2.9
四川	2546	1522	3.5
贵州	1045	455	1.2

地区	管理机构从业人员/人	接受专业培训人数/人	平均服务企业数/个
云南	659	393	3.6
西藏	61	29	2.0
陕西	2778	1400	1.9
甘肃	1320	640	1.9
青海	272	76	1.9
宁夏	404	178	1.9
新疆	443	168	3.6
新疆生产建设兵团	178	72	3.0

2020年，全国各地区孵化器管理机构从业人员中，大专以上人员占比为91.66%，同比增长0.52个百分点。海南孵化器管理机构从业人员中大专以上人员占比达99.4%。2020年，共有21个地区孵化器管理机构从业人员中大专以上人员占比超过全国平均值。

第三章　众创空间发展情况

本章从总体情况、孵化绩效情况、众创空间运营情况三大板块对 2020 年中国众创空间进行统计分析。其中，总体情况包括众创空间数量、场地面积、服务团队和企业情况等；孵化绩效情况包括新注册企业情况、创业团队和企业类型、创业团队和企业获得投融资情况、创业团队和企业财政支持情况、创业团队和企业创造的就业机会、创业团队和企业技术创新情况；众创空间运营情况包括众创空间性质、专注孵化领域情况、运营收入和成本情况、服务人员情况、提供服务情况、融资和上市（挂牌）情况等。

2020 年，众创空间发展数量保持稳步增长态势，总数达 8507 家。众创空间使用总面积达 3650 万平方米，增幅 2.22%。其中，服务场地面积达 3095 万平方米，占总面积比例达 84.8%。众创空间继续发挥创业带动就业的社会效应，当年服务的创业团队和企业共吸纳就业人数超过 184 万人，其中应届大学生 27.5 万人。

一、总体情况

（一）众创空间数量

众创空间数量保持增长趋势。2020 年，全国共有 8507 家众创空间，同比增长 6.34%。其中，国家备案众创空间达到 2386 家[①]，同比增长 26.38%，远高于平均增长率（图 3 – 1、表 3 – 1）。

从各地区情况来看，大部分地区的众创空间发展情况持续向好。其中，广东已连续 4 年居于全国之首，共计 993 家众创空间，占全国总数的 11.67%。排名前 10 位的地区是广东、江苏、浙江、河北、山东、湖北、山西、福建、陕西、河南，共占全国众创空间数量的 63.54%（表 3 – 1）。

---

① 截至 2020 年年底，国家备案众创空间数量为 2386 家，实际上报统计年报的国家备案众创空间为 2202 家，故本报告以 2202 家国家备案众创空间进行分析。

图 3 - 1　2016—2020 年全国众创空间数量对比情况

表 3 - 1　全国各地区众创空间数量统计情况　　　　　　　　　单位：家

地区	2019 年		2020 年	
	众创空间数量	全国排名	众创空间数量	全国排名
合计	8000	—	8507	—
北京	245	11	232	16
天津	191	16	209	18
河北	513	5	645	4
山西	314	8	343	7
内蒙古	148	21	144	20
辽宁	194	15	250	15
吉林	110	24	121	23
黑龙江	54	27	47	27
上海	164	20	144	20
江苏	836	2	898	2
浙江	709	3	735	3
安徽	272	10	252	14
福建	352	6	336	8
江西	174	19	183	19
山东	626	4	525	5
河南	229	12	286	10
湖北	337	7	346	6
湖南	186	17	282	11
广东	952	1	993	1

续表

地区	2019 年		2020 年	
	众创空间数量	全国排名	众创空间数量	全国排名
广西	136	22	121	23
海南	24	30	19	31
重庆	214	13	258	12
四川	175	18	255	13
贵州	82	25	78	25
云南	122	23	133	22
西藏	2	32	22	30
陕西	284	9	298	9
甘肃	207	14	217	17
青海	46	28	36	28
宁夏	6	31	6	32
新疆	63	26	62	26
新疆生产建设兵团	33	29	31	29

从国家备案众创空间数量看，广东、江苏、山东、浙江、北京 5 个地区的数量位列全国前 5 名，累计备案国家众创空间数量为 977 家。其中，浙江国家备案众创空间的数量从 2019 年的 113 家增加到 154 家，增长率高达 36.28%，增幅领跑全国。

全国东部、中部、西部、东北地区的众创空间数量分布结构基本不变。东部地区仍然是众创空间的集聚区域，在全国众创空间数量的前 10 名地区，有 6 个位于东部地区；对比 2019 年，中部地区增加数量最大、增加 180 家；东北地区增长速度最快，增幅为 16.76%（图 3 - 2）。

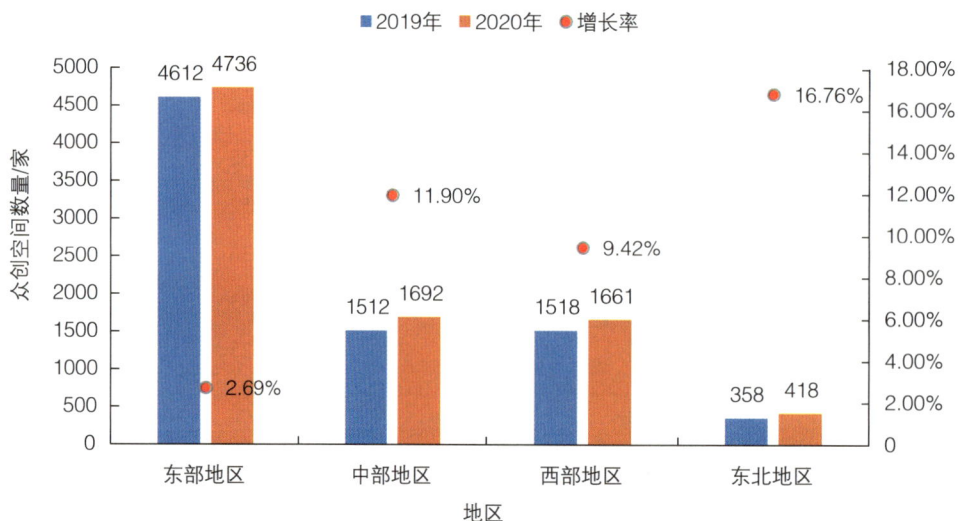

图 3 - 2　全国各地区众创空间分布情况

（二）场地面积

众创空间四类功能用地的面积及结构稳定（图3-3）。2020年，众创空间提供于常驻团队和企业使用的面积为2295万平方米，占比63%，较2019年小幅提升；公共服务使用面积和管理办公使用面积总计达到1040万平方米，与2019年基本持平（表3-2）。

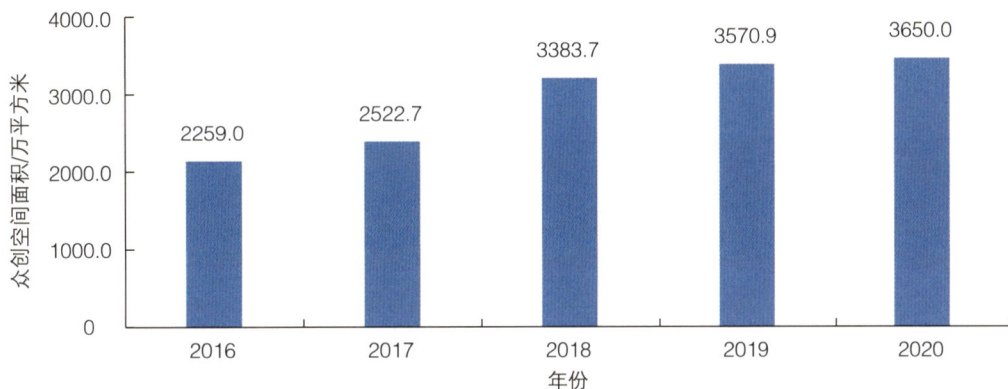

图3-3 2016—2020年全国众创空间面积情况

众创空间的所有权保持原有格局。2020年，众创空间的自有面积与租赁面积分别达到14.18百万平方米和22.32百万平方米，比例结构与2019年基本一致（表3-2）。

表3-2 全国各地区众创空间提供场地情况　　　　　　　单位：百万平方米

年份	众创空间使用总面积	其中				自有面积	租赁面积	提供工位数/万个
		管理办公	常驻团队和企业使用	公共服务	其他			
2019	35.71	2.30	22.18	7.87	3.36	14.07	21.64	148.65
2020	36.50	2.40	22.95	8.01	3.15	14.18	22.32	149.32

众创空间提供工位数再创新高。2020年，众创空间累计提供工位数为149.3万个。广东、北京、浙江、江苏、陕西、山东、河北、江西、山西、重庆共提供全国63.5%的工位。四川众创空间提供工位数从2019年的3.7万个提高到4.6万个，增幅24.32%（表3-3）。

表3-3 全国各地区众创空间提供工位情况　　　　　　　单位：万个

地区	2019年	2020年
合计	148.6	149.3
北京	17.4	14.5
天津	3.6	4.1
河北	6.2	6.8
山西	5.6	6.0

续表

地区	2019 年	2020 年
内蒙古	2.4	2.6
辽宁	3.8	4.4
吉林	1.7	1.6
黑龙江	0.6	0.6
上海	5.4	4.5
江苏	11.4	10.8
浙江	12.6	12.9
安徽	3.5	2.9
福建	5.6	5.3
江西	7.2	6.6
山东	9.2	8.1
河南	4.7	5.1
湖北	5.5	5.4
湖南	4.0	5.0
广东	14.9	15.4
广西	1.3	1.3
海南	0.5	0.5
重庆	4.7	5.4
四川	3.7	4.6
贵州	1.0	1.1
云南	2.0	2.3
西藏	0.0	0.2
陕西	7.0	8.1
甘肃	2.0	1.8
青海	0.3	0.2
宁夏	0.0	0.2
新疆	0.6	0.6
新疆生产建设兵团	0.2	0.4

从全国来看，浙江、江苏、山东、北京和广东 5 个地区众创空间总面积位居全国前 5 名，占全国众创空间总面积的 37.81%（图 3 - 4）。

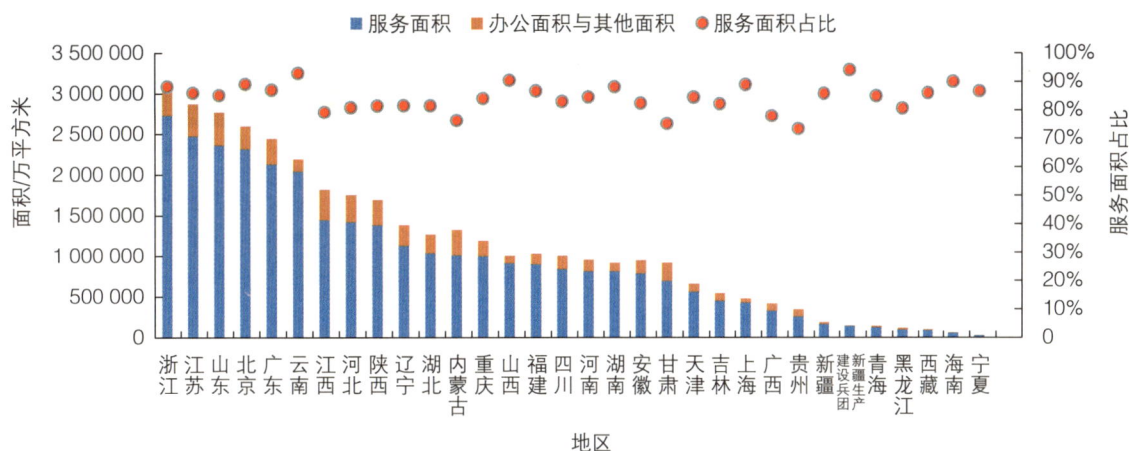

图 3-4　全国各地区众创空间面积及服务面积占比情况

（三）服务团队和企业情况

服务团队和企业保持稳定。2020 年，全国众创空间共服务团队和企业近 44 万个，其中当年服务的创业团队数量 22.11 万个，当年服务的初创企业达 21.83 万个。广东、北京、江苏、浙江和湖北 5 个地区当年服务的创业团队和初创企业数量排名前 5 位，占到全国总数的 38.74%，其中湖北该指标从 2019 年的 2.17 万个增加到 2.26 万个，排名跃升至全国第 5 位（表 3-4、表 3-5）。

表 3-4　全国各地区众创空间服务团队和企业情况　　　　　　　　　　　　　单位：万个

年份	当年服务的团队和企业数量	当年服务的创业团队数量	当年服务的初创企业数量
2019	44.08	23.38	20.71
2020	43.94	22.11	21.83

表 3-5　全国各地区众创空间服务团队和企业情况　　　　　　　　　　　　　单位：个

地区	2019 年		2020 年	
	当年服务的创业团队和初创企业数量	全国排名	当年服务的创业团队和初创企业数量	全国排名
北京	42 162	2	38 592	2
天津	12 634	14	14 011	14
河北	18 686	9	22 026	7
山西	18 250	11	21 722	8
内蒙古	8149	21	6879	22
辽宁	19 076	7	14 452	13
吉林	4462	24	5541	23
黑龙江	2717	27	2938	27
上海	12 282	16	10 014	18

续表

地区	2019 年		2020 年	
	当年服务的创业团队和初创企业数量	全国排名	当年服务的创业团队和初创企业数量	全国排名
江苏	33 943	3	35 567	3
浙江	30 541	4	30 597	4
安徽	10 757	17	8812	20
福建	13 272	13	11 517	17
江西	18 370	10	17 835	10
山东	27 052	5	22 380	6
河南	18 719	8	20 500	9
湖北	21 719	6	22 620	5
湖南	10 099	19	12 416	16
广东	43 361	1	42 834	1
广西	5183	23	4737	24
海南	2152	29	1608	29
重庆	12 618	15	14 894	12
四川	10 161	18	12 591	15
贵州	3741	26	3210	26
云南	7785	22	7380	21
西藏	165	32	1286	31
陕西	14 860	12	15 214	11
甘肃	9802	20	9034	19
青海	2247	28	1712	28
宁夏	376	31	492	32
新疆	4383	25	4474	25
新疆生产建设兵团	1125	30	1468	30

2020 年，全国各地区众创空间平均服务创业团队 6908 个，全国有 11 个地区超出平均值，广东、北京、江苏 3 个地区共服务创业团队 53 712 个，数量接近全国服务总数的 1/4。另外，从单位众创空间平均服务创业团队情况看，北京、江西两地服务能力更强，分别为 76.8 个和 68.9 个，位居全国前 2 名（表 3 - 6）。

表3-6 全国众创空间服务创业团队情况 单位：个

地区	当年服务的创业团队数量	其中	
		常驻创业团队数量	平均服务创业团队数量
北京	17 816	6652	76.8
天津	6620	3199	31.7
河北	11 689	8450	18.1
山西	10 967	6798	32.0
内蒙古	3653	2545	25.4
辽宁	8159	4529	32.6
吉林	3414	1685	28.2
黑龙江	1333	667	28.4
上海	3504	1488	24.3
江苏	16 208	10 502	18.0
浙江	14 172	9551	19.3
安徽	4260	2748	16.9
福建	6119	4085	18.2
江西	12 604	6372	68.9
山东	11 361	7557	21.6
河南	12 367	6514	43.2
湖北	11 557	5184	33.4
湖南	5913	3401	21.0
广东	19 688	12 851	19.8
广西	2603	1549	21.5
海南	619	372	32.6
重庆	6739	3949	26.1
四川	6237	3451	24.5
贵州	1924	1068	24.7
云南	4823	2835	36.3
西藏	551	300	25.0
陕西	6610	3826	22.2
甘肃	5129	3009	23.6
青海	912	465	25.3
宁夏	314	123	52.3
新疆	2300	1063	37.1
新疆生产建设兵团	918	396	29.6

众创空间服务的常驻创业团队占比情况稳定。2020年，全国众创空间共服务常驻创业团队12.72万个，非常驻创业团队有9.39万个，常驻创业团队的比重较2019年有所增加，占比57.53%（表3-7）。

表 3-7　全国众创空间服务创业团队情况　　　　　　　　　　单位：万个

年份	当年服务的创业团队数量	其中	
		常驻创业团队数量	非常驻创业团队
2019	23.38	13.22	10.16
2020	22.11	12.72	9.39

2020 年，全国众创空间服务初创企业 21.83 万家，同比增长 5.4%。广东省众创空间服务初创企业的数量仍领先其他地区，排名第一，与北京、江苏三地累计服务初创企业达 63 281 家，约占全国总数的 1/3。另外，单从众创空间平均服务初创企业情况看，北京排名全国第一，达 89.6 家（表 3-8、表 3-9）。

表 3-8　全国众创空间服务初创企业情况　　　　　　　　　　单位：万家

年份	当年服务的初创企业数量	其中	
		常驻初创企业数量	非常驻初创企业数量
2019	20.71	13.16	7.55
2020	21.83	14.22	7.61

众创空间对常驻初创企业的吸引能力进一步提升。2020 年，全国众创空间服务常驻初创企业有 14.22 万家，非常驻初创企业有 7.61 万家，其中常驻初创企业比例有所增加，达到 65.13%（表 3-9）。

表 3-9　全国众创空间服务初创企业情况　　　　　　　　　　单位：个

地区	当年服务的初创企业数量	其中：常驻初创企业数量	平均服务初创企业数量
北京	20 776	10 182	89.6
天津	7391	3443	35.4
河北	10 337	8080	16.0
山西	10 755	7539	31.4
内蒙古	3226	2029	22.4
辽宁	6293	3585	25.2
吉林	2127	1390	17.6
黑龙江	1605	926	34.1
上海	6510	3680	45.2
江苏	19 359	14 567	21.6
浙江	16 425	12 146	22.3
安徽	4552	3198	18.1
福建	5398	3767	16.1
江西	5231	3676	28.6
山东	11 019	7763	21.0
河南	8133	5221	28.4

地区	当年服务的初创企业数量	其中：常驻初创企业数量	平均服务初创企业数量
湖北	11 063	5944	32.0
湖南	6503	4243	23.1
广东	23 146	16 148	23.3
广西	2134	1460	17.6
海南	989	690	52.1
重庆	8155	5847	31.6
四川	6354	3793	24.9
贵州	1286	845	16.5
云南	2557	1657	19.2
西藏	735	463	33.4
陕西	8604	5374	28.9
甘肃	3905	2595	18.0
青海	800	544	22.2
宁夏	178	148	29.7
新疆	2174	868	35.1
新疆生产建设兵团	550	357	17.7

（四）计划单列市众创空间总体情况

2020 年，大连、青岛、宁波、厦门和深圳 5 个计划单列市众创空间相关指标与 2019 年对比相对稳定。其中，常驻初创企业拥有有效知识产权数量增势明显。2020 年，常驻初创企业共拥有有效知识产权数量为 2.5 万件，同比增长 5.96%（表 3 - 10）。

表 3 - 10　5 个计划单列市众创空间总体情况

众创空间指标	大连		青岛		宁波		厦门		深圳	
	2019 年	2020 年	2019 年	2020 年	2019 年	2020 年	2019 年	2020 年	2019 年	2020 年
数量/个	71	59	137	98	67	61	150	118	325	316
总收入/亿元	0.81	0.58	1.74	1.23	3.14	2.06	3.78	3.18	14.42	14.65
运营成本/亿元	1.11	0.82	2.13	1.23	2.74	1.92	4.09	2.98	17.44	16.44
当年享受众创空间税收优惠政策免税金额总计/千元	262.85	164.25	45.95	111.93	1065.88	4676.85	319.33	999.61	13 464.49	6155.9
使用总面积/万平方米	30.19	19.03	26.87	18.49	89.37	77.12	46.6	35.71	112.02	105.65
提供工位数/万个	0.88	0.68	1.92	1.21	2.21	1.79	3.21	2.64	7.34	7.44
服务人员数量/人	563	451	1025	853	1054	836	1453	833	3028	3187
创业导师队伍/人	1543	1113	1866	1490	1825	1624	2735	2047	4722	4348

众创空间指标	大连		青岛		宁波		厦门		深圳	
	2019 年	2020 年	2019 年	2020 年	2019 年	2020 年	2019 年	2020 年	2019 年	2020 年
当年上市（挂牌）企业/个	11	0	4	0	14	11	41	7	5	8
当年新注册企业数量/个	2213	787	1022	825	1182	768	1240	973	2303	1862
当年服务的创业团队数量/个	3461	2422	2966	2039	4177	3275	3695	2157	5865	5024
常驻创业团队拥有有效知识产权数量/项	294	218	1977	1502	1617	1380	1751	1272	3111	2972
当年服务的初创企业数量/个	2793	1449	2154	2046	3674	3123	2812	2525	7618	7617
常驻初创企业拥有有效知识产权数量/项	1096	1409	1697	1411	2012	2150	4343	4328	14 277	15 522

二、孵化绩效情况

（一）新注册企业情况

越来越多的创新性企业在众创空间内孕育而生。2020 年，全国众创空间共孵化新企业数量超过 8 万家，各地区平均孵化新企业 2503 家。其中，广东、江苏、浙江和北京 4 个地区孵化企业都超过 5000 家，总数占全国比例为 34.75%。从众创空间平均孵化新企业数量看，北京以 25.3 家位居全国第一（图 3-5）。

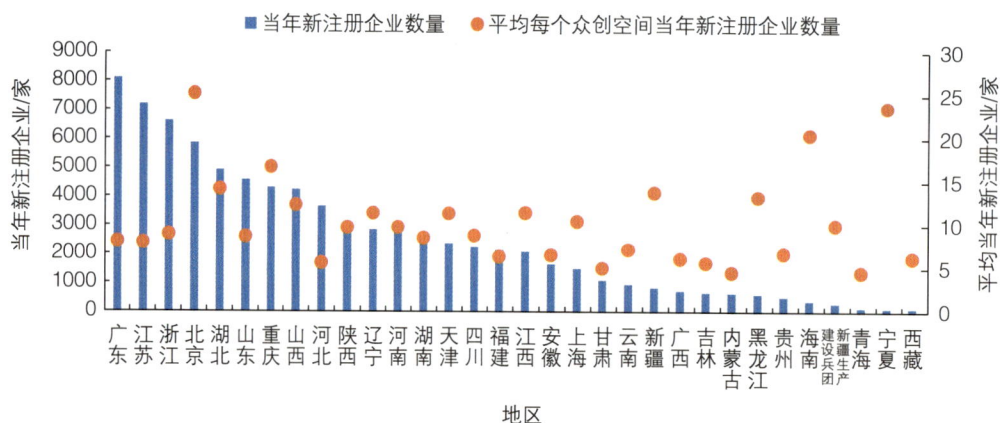

图 3-5　全国各地区众创空间孵化新企业情况

（二）创业团队和企业类型

大学生依然是最活跃、最主要的创新创业主体。2020 年，全国众创空间中大学生创业团队和企业数量达到 13.1 万家，同比增长 3.64%，在总量中占比 53.78%（图 3－6）。

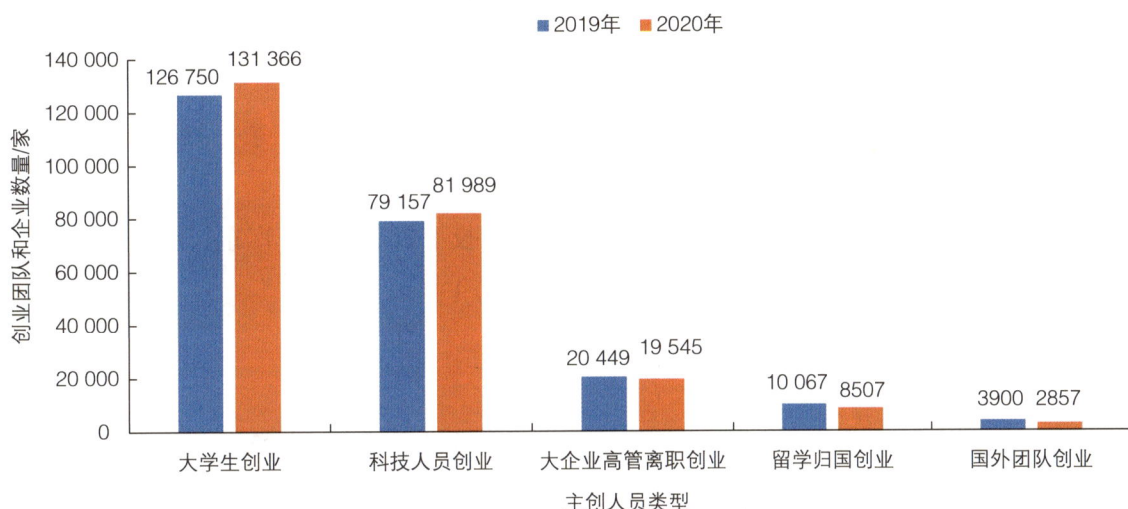

图 3－6　全国众创空间不同创业类型主体分布情况

（三）创业团队和企业获得投融资情况

创业团队和企业获得投融资情况良好。2020 年，众创空间内创业团队和企业获得投融资共计 583.4 亿元。当年获得投融资的团队和企业数量为 1.7 万家；其中，国家备案众创空间当年获得投融资的团队和企业数量为 6005 家，占比 34.53%。国家备案众创空间内团队和企业获得投融资 296 亿元，占总获得投融资金额的 50.74%（表 3－11）。

表 3－11　全国众创空间创业团队和企业获得投融资情况

指标	2019 年	2020 年
众创空间内创业团队和企业累计获得投融资总额/亿元	4896.7	7644.7
其中：创业团队累计获得投融资总额/亿元	941.6	3120.2
初创企业累计获得投融资总额/亿元	3955.1	4524.5
众创空间内创业团队和企业当年获得投融资总额/亿元	873.1	583.4
其中：创业团队当年获得投融资总额/亿元	209.7	157.2
初创企业当年获得投融资总额/亿元	663.4	426.2
当年获得投融资的团队和企业数量/家	18 739	17 393
其中：当年获得投融资的创业团队数量/个	9360	8864
当年获得投融资的初创企业数量/家	9379	8529

续表

指标	2019 年	2020 年
国家备案众创空间内团队和企业累计获得投融资总额/亿元	3705.9	6533.7
国家备案众创空间内团队和企业当年获得投融资总额/亿元	556.1	296
国家备案众创空间内当年获得投融资的团队和企业数量/家	5530	6005
国家备案众创空间内累计获得投融资的创业团队和企业数量/家	32 510	40 621

2020 年，全国众创空间帮助 8864 个创业团队获得投融资。其中，广东、浙江、河南、江苏和湖南 5 个地区帮助创业团队获得投融资均超过 500 个，占比 43.26%。

2020 年，全国众创空间帮助 8529 家初创企业获得了投融资。其中，广东、江苏和浙江 3 个地区帮助初创企业获得投融资超过 900 个，合计占比达到34.44%。

（四）创业团队和企业财政支持情况

2020 年，全国众创空间累计帮助服务对象享受财政资金支持金额 32.22 亿元。浙江、江苏、上海、北京、山东、广东和湖南 7 个地区居全国前列，占全国总量的 63.72%（图 3 - 7）。

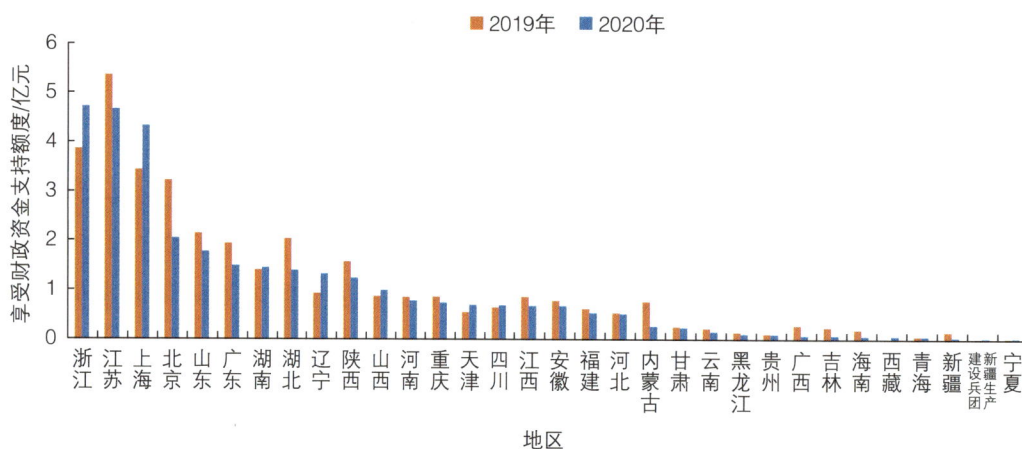

图 3 - 7　全国各地区众创空间帮助服务对象享受财政支持情况

（五）创业团队和企业创造的就业机会

众创空间的创业带动就业情况显著。2020 年，全国众创空间服务的创业团队和企业共吸纳就业人数达 184 万人，其中应届大学毕业生 27.5 万人（图 3 - 8）。

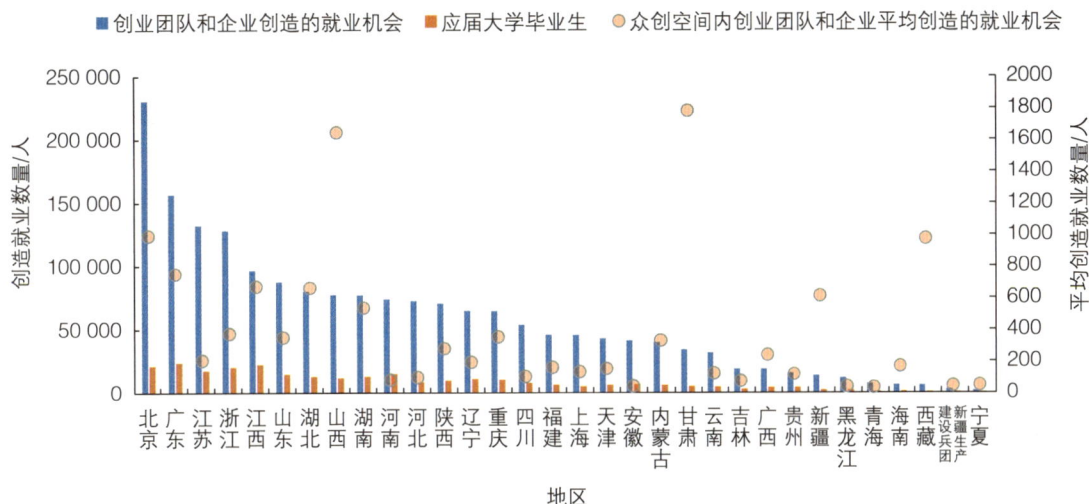

图 3-8　全国各地区创业团队和企业吸纳就业情况

（六）创业团队和企业技术创新情况

创业团队和企业的知识产权情况显著增强。2020 年，全国众创空间常驻企业和团队拥有有效知识产权达到 42.02 万件，同比增长 22.63%。其中，北京众创空间常驻企业和团队拥有有效知识产权超过 15 万件，占到全国总数的 25.41%（图 3-9）。

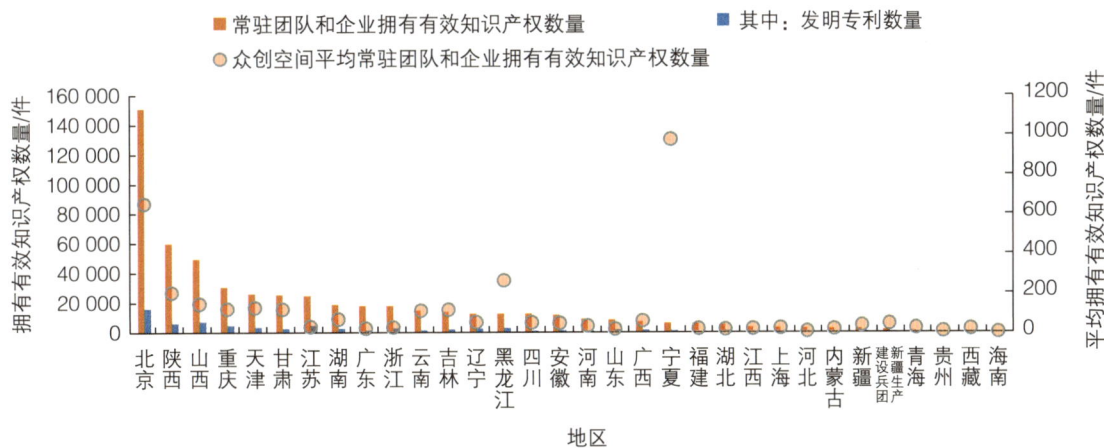

图 3-9　全国各地区众创空间常驻企业和团队知识产权情况

创业团队和企业的知识产权中发明专利占比稳定。2020 年，常驻企业和团队拥有发明专利 6.6 万件，占拥有知识产权总量的比例为 15.75%，其中新疆生产建设兵团、湖北、湖南、浙江、辽宁和江苏等地该比例超过 20%（表 3-12）。

表 3-12　全国各地区众创空间常驻企业和团队知识产权情况

地区	众创空间平均常驻团队和企业拥有有效知识产权数量/件	众创空间平均发明专利数量/件	众创空间所服务团队和企业获得知识产权中发明专利占比
北京	460.1	68.9	14.98%
天津	38.1	7.5	19.60%
河北	21.6	2.3	10.78%
山西	48.4	3.4	7.06%
内蒙古	15.8	1.7	10.99%
辽宁	27.8	5.7	20.47%
吉林	3.0	0.4	14.46%
黑龙江	5.7	0.7	13.15%
上海	20.9	3.2	15.33%
江苏	46.4	9.4	20.34%
浙江	161.4	33.3	20.65%
安徽	56.4	9.2	16.35%
福建	45.5	5.1	11.22%
江西	408.8	17.0	4.15%
山东	54.0	9.5	17.54%
河南	53.2	10.3	19.27%
湖北	62.9	15.6	24.78%
湖南	24.0	5.1	21.18%
广东	340.7	49.0	14.38%
广西	303.2	58.2	19.19%
海南	7.0	0.7	10.42%
重庆	28.9	5.2	18.03%
四川	65.7	7.5	11.36%
贵州	14.2	1.4	9.85%
云南	7.0	1.3	18.38%
西藏	3.8	0.7	17.93%
陕西	261.2	37.6	14.40%
甘肃	137.6	23.0	16.69%
青海	12.3	2.4	19.73%
宁夏	2.3	0.4	19.55%
新疆	53.1	6.4	11.98%
新疆生产建设兵团	14.2	5.3	37.41%

三、众创空间运营情况

（一）众创空间性质

民营背景的众创空间比例占据稳定优势。2020 年，民营企业性质主体运营的众创空间 6153 家，占比高达 72.33%，同比增长 1.34 个百分点。国有企业性质和事业单位性质主体运营的众创空间数量分别为 1021 家和 782 家，占比分别为 12% 和 9.19%（图 3 – 10）。

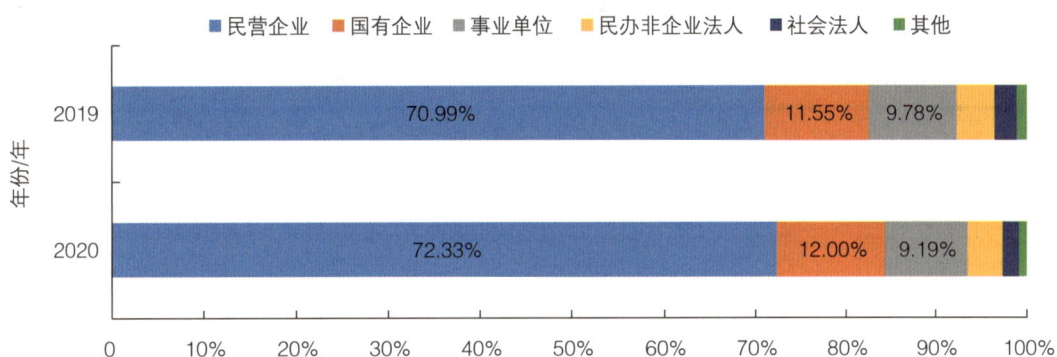

图 3 – 10 全国众创空间不同性质运营主体分布情况

（二）专业孵化领域情况

全国众创空间的专业领域主要集中在电子信息、文化创意和先进制造等新兴产业方向，合计占比近 60%（图 3 – 11）。

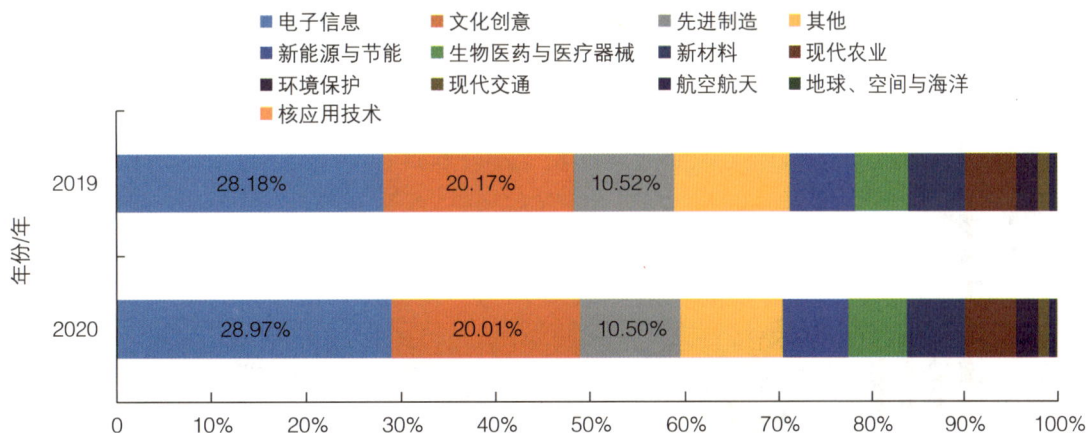

图 3 – 11 全国众创空间专注孵化领域分布情况

（三）运营收入和成本情况

全国众创空间运营收入再创新高。2020 年，全国众创空间运营收入达到 227.32 亿元，同比增长 11.59%。其中，北京以 54.15 亿元的最高值蝉联第一，江苏、广东、浙江、湖北、山东、陕西等地区紧随其后，7 个地区运营收入占全国总量的 62.32%（表 3 - 13）。

表 3 - 13　全国众创空间收入情况　　　　　　　　　　　　单位：亿元

年份	众创空间总收入	其中				
		服务收入	投资收入	房租及物业收入	财政补贴	其他
2019	203.7	68.0	10.7	62.0	29.9	33.1
2020	227.3	76.2	15.9	74.9	30.2	30.1

众创空间的服务性收入情况不断优化。2020 年，全国众创空间收入中服务收入占比 33.53%，较 2019 年略有提升（图 3 - 12），全国各地区众创空间收入情况如图 3 - 13 所示。

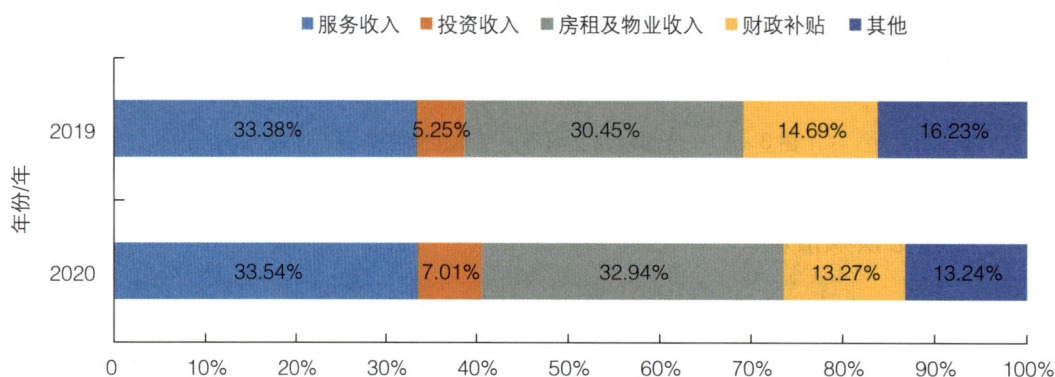

图 3 - 12　全国众创空间收入来源分布

图 3 - 13　全国各地区众创空间收入情况

　　众创空间的运营成本稳定。2020 年，全国众创空间运营成本为 213.74 亿元，同比减少 0.72%，全国各地区运营成本情况如图 3 – 14 所示。其中，场地费用和管理费用是主要运营成本支出，费用 100.21 亿元，占比 46.88%（表 3 – 14、图 3 – 15）。

表 3 – 14　全国众创空间成本情况　　　　　　　　　　　　　　单位：亿元

年份	众创空间总成本	其中				
		人员费用	场地费用	管理费用	其他费用	纳税额
2019	215.3	51.4	63.5	52.1	38.6	9.7
2020	213.7	57.6	54.3	45.9	46.5	9.4

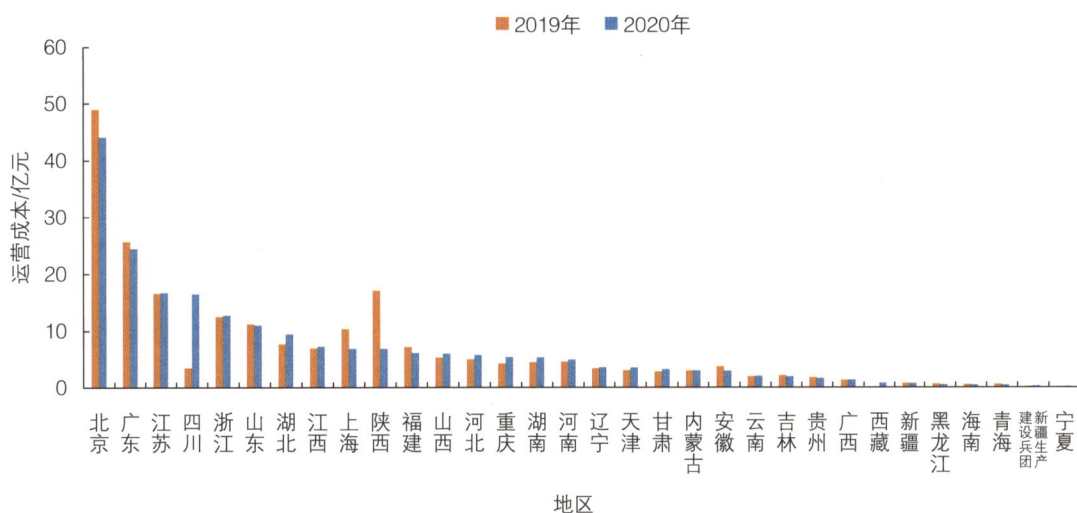

图 3 – 14　全国各地区众创空间运营成本情况

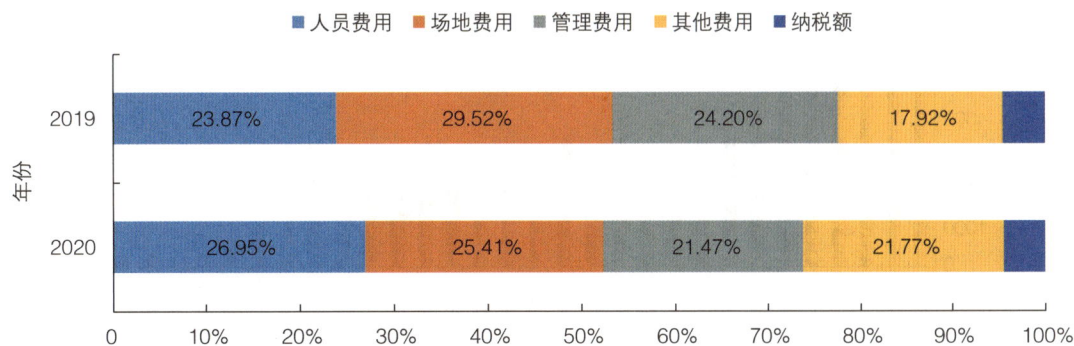

图 3 – 15　全国众创空间运营成本组成情况

　　众创空间享受税收优惠政策情况稳定。2020 年，全国众创空间享受税收优惠政策的免税金额达 2.21 亿元。其中，北京、江西、浙江、四川和山西 5 个地区免税金额较高，占全国免税金额的 87.83%（图 3 – 16）。

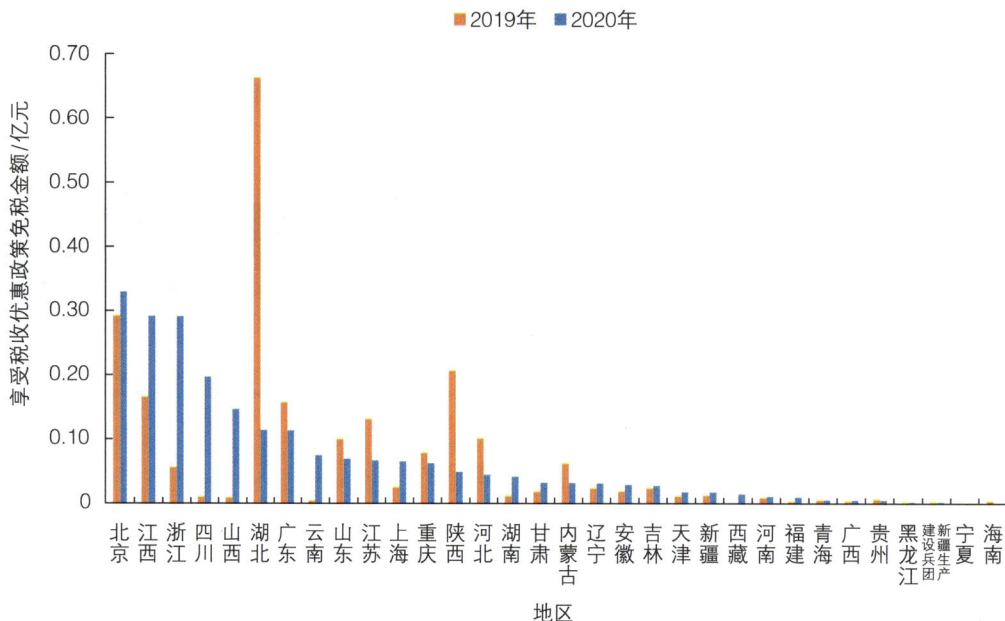

图 3－16　全国各地区众创空间税收优惠情况

（四）服务人员情况

2020 年，全国众创空间共有服务人员 9.5 万人，各地区平均服务人员 2969 人，与 2019 年基本持平。其中，广东、江苏、浙江和山东 4 个地区服务人员数量较多，合计占全国总数的 1/3 以上（图 3－17）。

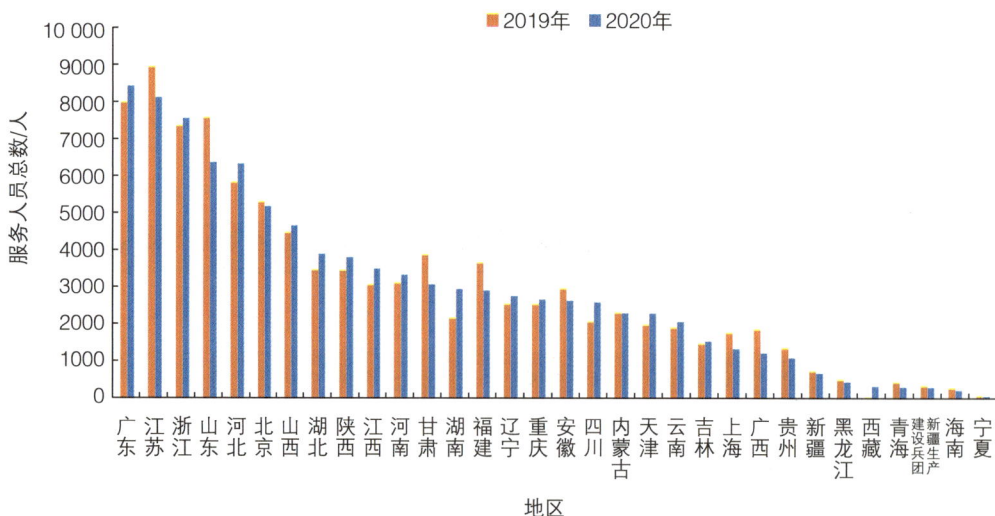

图 3－17　全国各地区众创空间服务人员情况

从众创空间的平均服务人员规模来看，2020 年平均每家众创空间拥有 11.87 名服务人员，平均服务团队和企业 4.6 家，其中宁夏、上海、北京和海南 4 个地区的服务人员平均服务团队和企业数量远高于全国平均值（图 3－18、表 3－15）。

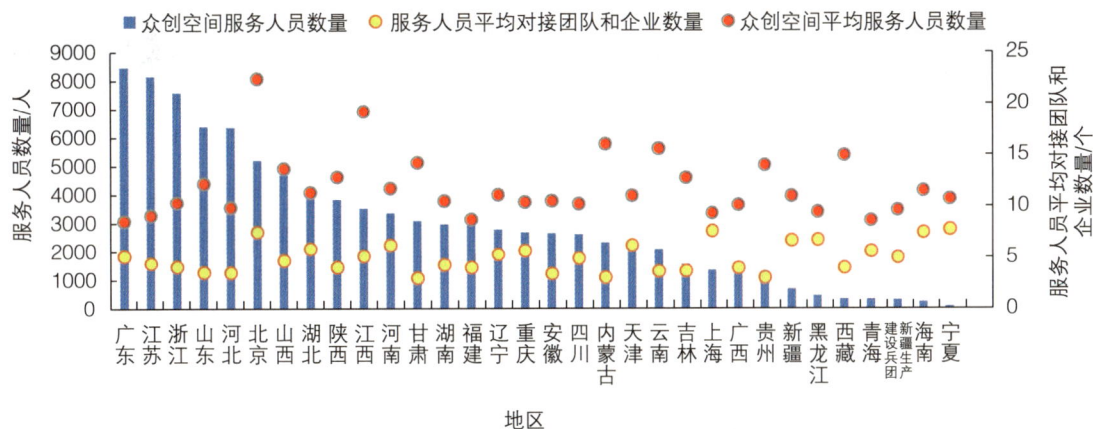

图 3-18　全国各地区众创空间服务人员及企业情况

表 3-15　全国各地区服务人员平均对接团队和企业情况

地区	2019 年	2020 年
全国平均水平①	4.6	4.6
北京	8.0	7.4
天津	6.4	6.1
河北	3.2	3.5
山西	4.1	4.7
内蒙古	3.6	3.0
辽宁	7.5	5.2
吉林	3.1	3.6
黑龙江	5.6	6.6
上海	7.0	7.5
江苏	3.8	4.4
浙江	4.2	4.0
安徽	3.7	3.3
福建	3.6	4.0
江西	6.0	5.1
山东	3.6	3.5
河南	6.0	6.1
湖北	6.3	5.8
湖南	4.7	4.2
广东	5.4	5.1
广西	2.8	3.9
海南	8.3	7.4

① 此处"全国平均水平"由全国各地区服务人员对接团队/企业数量与服务人员做比计算而来。

续表

地区	2019 年	2020 年
重庆	5.0	5.6
四川	5.0	4.9
贵州	2.8	3.0
云南	4.1	3.6
西藏	12.7	3.9
陕西	4.3	4.0
甘肃	2.5	2.9
青海	5.4	5.5
宁夏	6.8	7.7
新疆	6.2	6.6
新疆生产建设兵团	3.5	4.9

（五）提供服务情况

众创空间的服务内容和质量不断提高。2020 年，全国众创空间对入驻团队与企业提供创业教育培训 9.8 万次，所提供技术支撑服务惠及团队和企业 8.87 万个，开展国际合作交流活动 5000 余次，获财政资金支持的企业 2.3 万个（表 3 - 16）。

表 3 - 16　全国众创空间主要服务项目情况

年份	当年举办创新创业活动/万次	当年开展创业教育培训/万次	创业导师数量/万个	当年获得技术支撑服务的团队和企业数量/万个	当年开展国际合作交流活动的数量/万次	当年众创空间内获得财政资金支持的企业数量/万个
2019	14.94	11.04	16.05	9.77	0.99	2.38
2020	13.02	9.80	16.10	8.87	0.53	2.30

创业导师服务是众创空间最重要而普遍的服务功能之一。2020 年，全国众创空间创业导师队伍达到 16.1 万人，平均每位导师对接 2.7 家团队和企业；其中，专职导师占比 24.69%，接近导师队伍的 1/4。另外，山西对创业导师对接企业和团队的情况最好，平均每个创业导师对接团队和企业的数量为 4.8 家，位居全国第一（图 3 - 19、表 3 - 17）。

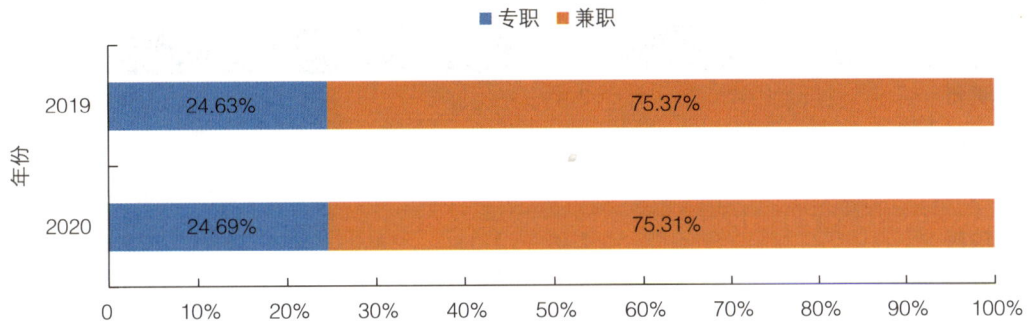

图 3-19 全国众创空间创业导师队伍分布

表 3-17 全国各地区众创空间创业导师平均对接企业情况

地区	2019 年	2020 年
全国平均水平①	2.7	2.7
北京	4.5	4.5
天津	1.8	2.0
河北	2.0	2.2
山西	3.7	4.8
内蒙古	2.6	2.6
辽宁	3.2	2.1
吉林	2.2	3.0
黑龙江	3.1	3.6
上海	3.3	3.0
江苏	2.8	3.0
浙江	2.4	2.3
安徽	2.8	2.4
福建	1.7	1.6
江西	3.6	3.8
山东	2.4	2.3
河南	3.6	3.5
湖北	3.6	3.6
湖南	2.1	2.1
广东	3.5	3.4
广西	2.1	2.0
海南	3.8	3.9
重庆	2.6	2.9
四川	1.8	1.9

① 此处"全国平均水平"由全国各地区众创空间创业导师对接企业数量与创业导师数量做比计算而来。

续表

地区	2019 年	2020 年
贵州	2.4	2.0
云南	2.2	2.0
西藏	5.9	1.9
陕西	2.0	2.0
甘肃	2.7	2.6
青海	1.9	1.9
宁夏	2.9	3.6
新疆	3.5	3.2
新疆生产建设兵团	3.7	4.7

（六）融资和上市（挂牌）情况

众创空间服务创业团队和企业投融资成效显著。2020 年，全国众创空间当年获得投融资的创业团队和企业数量达到了 1.7 万家，当年获得投融资总额达到 583.4 亿元。累计获得投融资的创业团队和企业数量达到 8.3 万家，累计获得投融资总额达 7644.7 亿元；当年上市（挂牌）企业 326 家（表 3－18）。

表 3－18　全国众创空间服务团队和企业获得投融资情况

指标	2019 年	2020 年
累计获得投融资的创业团队和企业数量/家	71 323	82 915
创业团队和企业累计获得投融资总额/亿元	4896.7	7644.7
当年获得投融资的创业团队和企业数量/家	18 739	17 393
创业团队和企业当年获得投融资总额/亿元	873.1	583.4
当年上市（挂牌）企业/家	663	326

第四章　各地区创业孵化发展情况

一、北京市创业孵化发展情况

（一）总体情况

2020 年，北京市共有创业孵化机构 478 家，同比增加 103 家，同比增长 27.47%。其中，孵化器 246 家，同比增长 89.23%，增幅明显；国家级孵化器 65 家，占比 26.42%，同比增长 6.56%；众创空间 232 家，其中国家备案的众创空间 138 家，占比将近 60%。

2020 年，北京市创业孵化机构面积达 6.6 百万平方米，同比增长 8.20%。其中，孵化器面积 4 百万平方米，同比增长 21.20%；众创空间面积 2.6 百万平方米，同比减少 7.14%（表 4 – 1）。

表 4 – 1　北京市创业孵化机构数量及面积情况

分类	2019 年	2020 年
创业孵化机构数量/家	375	478
孵化器数量	130	246
其中：国家级孵化器	61	65
众创空间数量	245	232
其中：国家备案的众创空间	139	138
创业孵化机构面积/百万平方米	6.1	6.6
其中：孵化器面积	3.3	4
众创空间面积	2.8	2.6

2020 年，北京市创业孵化机构内在孵企业与团队数量为 5.2 万家。其中，孵化器当年在孵企业数量 1.3 万家，同比增长 37.74%；众创空间当年在孵企业与团队数量 3.9 万家，同比减少 8.47%。

2020 年，北京市创业孵化机构内当年上市（挂牌）企业总数为 140 家。其中，孵化器内当年上市（挂牌）企业有 89 家，众创空间内当年上市（挂牌）企业有 51 家（表 4 – 2）。

表 4 - 2　北京市创业孵化机构在孵企业与团队情况

单位：家

年份	在孵企业数量			当年上市（挂牌）企业数量		
	总数	孵化器	众创空间	总数	孵化器	众创空间
2019	51 606	9444	42 162	243	109	134
2020	51 600	13 008	38 592	140	89	51

（二）绩效情况

1. 投融资情况

2020 年，北京市创业孵化机构内当年获得投融资的企业数量为 1635 家，同比减少 7.26%；当年获得投融资额为 452.8 亿元，同比减少 22.49%（表 4 - 3）。

表 4 - 3　北京市创业孵化机构内获得投融资情况

获得投融资情况	2019 年	2020 年
当年获得投融资的企业数量/家	1763	1635
其中：孵化器	535	747
众创空间	1228	888
当年获得投融资额/亿元	584.2	452.8
其中：孵化器	88.5	153.3
众创空间	495.7	299.5

2. 知识产权情况

截至 2020 年年底，北京市创业孵化机构内在孵企业拥有有效知识产权数达 18.4 万件，同比增长 25.38%，占全国创业孵化机构内在孵企业拥有有效知识产权数的 15.99%。其中，众创空间内企业及团队拥有有效知识产权数达 10.7 万件，同比增长 10.43%。拥有有效发明专利数为 2.9 万件，同比增长 14.30%（表 4 - 4）。

表 4 - 4　北京市创业孵化机构知识产权情况

单位：件

知识产权情况	2019 年	2020 年
拥有有效知识产权数	146 377	183 526
其中：孵化器	49 708	76 777
众创空间	96 669	106 749
拥有有效发明专利数	25 264	28 876
其中：孵化器	8357	12 881
众创空间	16 907	15 995

3. 吸纳就业情况

2020 年，北京市创业孵化机构内在孵企业共吸纳就业 41.1 万人，占全国创业孵化机构内在孵企业共吸纳就业的 8.53%。其中，应届毕业大学生创业就业共 2.9 万人（表 4 – 5）。

表 4 – 5　北京市创业孵化机构吸纳就业情况　　　　　　　　　　　　　单位：人

年份	在孵企业吸纳就业情况			其中：应届毕业大学生		
	总数	孵化器	众创空间	总数	孵化器	众创空间
2019	407 150	160 156	246 994	43 620	9805	33 815
2020	410 918	180 385	230 533	29 013	7800	21 213

4. 研发强度

2020 年，北京市科技企业孵化器内在孵企业研发经费支出 109 亿元，占全国在孵企业研发经费支出的 13.48%。研发经费占总收入比重为 6.96%，同比减少 2.58 个百分点（图 4 – 1）。

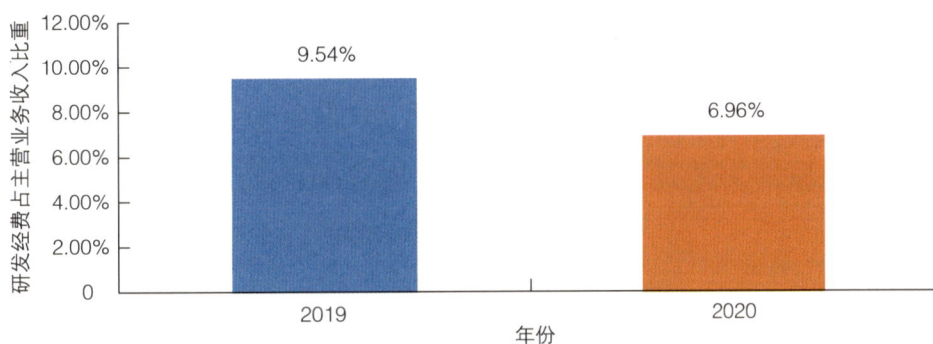

图 4 – 1　北京市创业孵化机构研发强度情况

（三）自身建设情况

1. 收入和运营成本情况

2020 年，北京市创业孵化机构总收入 114.9 亿元，同比增长 24.62%。其中，房屋及物业收入最多，占比达到 59.62%。

2020 年，北京市创业孵化机构总成本 92.7 亿元，同比增长 6.67%。其中，场地费用最高，占比达 25.48%，其次是人员费用，占比达 25.22%（表 4 – 6、图 4 – 2）。

表 4 – 6　北京市创业孵化机构收入和运营成本情况　　　　　　　　　　单位：亿元

年份	收入			运营成本		
	总收入	孵化器	众创空间	总成本	孵化器	众创空间
2019	92.2	45.3	46.9	86.9	38	48.9
2020	114.9	60.7	54.2	92.7	48.7	44

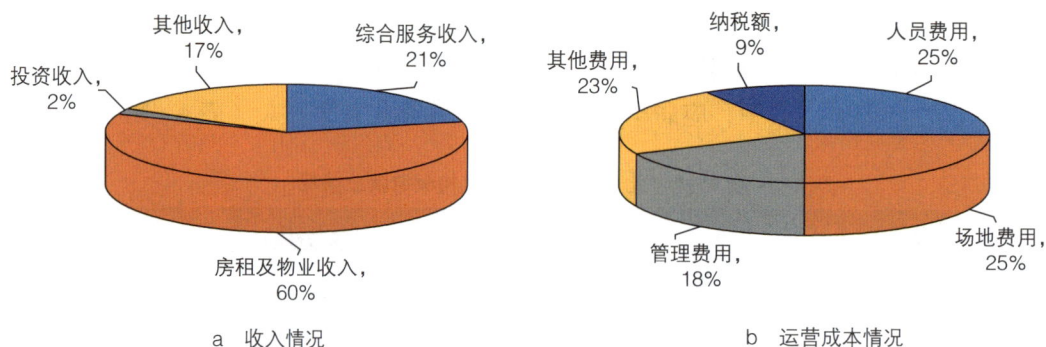

a 收入情况   b 运营成本情况

图 4 - 2 北京市创业孵化机构收入和运营成本情况

2020 年，北京市创业孵化机构纳税额达 8.6 亿元，同比增长 18.16%。其中，孵化器纳税额 4.7 亿元，众创空间纳税额 3.9 亿元。

2. 服务人员情况

2020 年，北京市创业孵化机构共有管理服务人员 9952 人，同比增长 23.00%，占全国管理服务人员的 5.80%。

2020 年，北京市创业孵化机构共有创业导师 1.6 万人，同比增长 18.89%，占全国创业导师总数的 6.65%（图 4 - 3）。

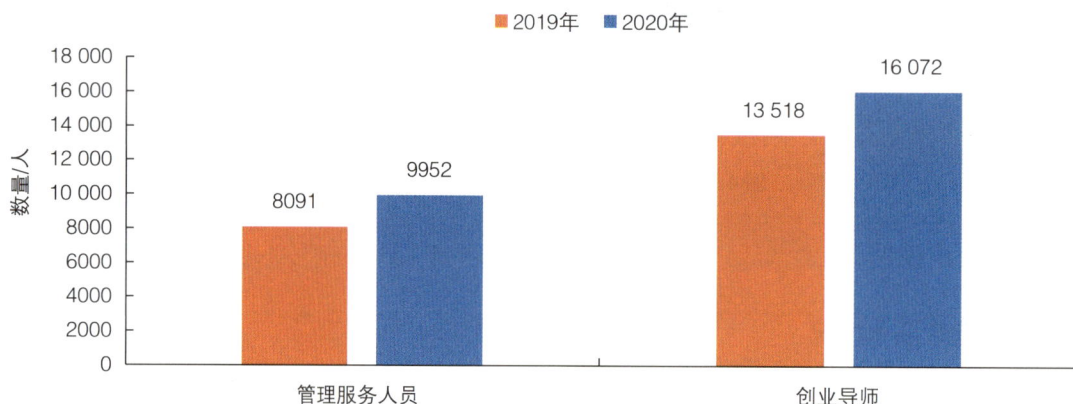

图 4 - 3 北京市创业孵化机构服务人员情况

3. 创业辅导情况

2020 年，北京市创业孵化机构共举办创新创业活动 1.3 万场，同比减少 2.24%。开展创业教育培训 3358 场，同比减少 20.12%。创业导师对接企业 1.4 万次，同比增长 58.49%（图 4 - 4）。

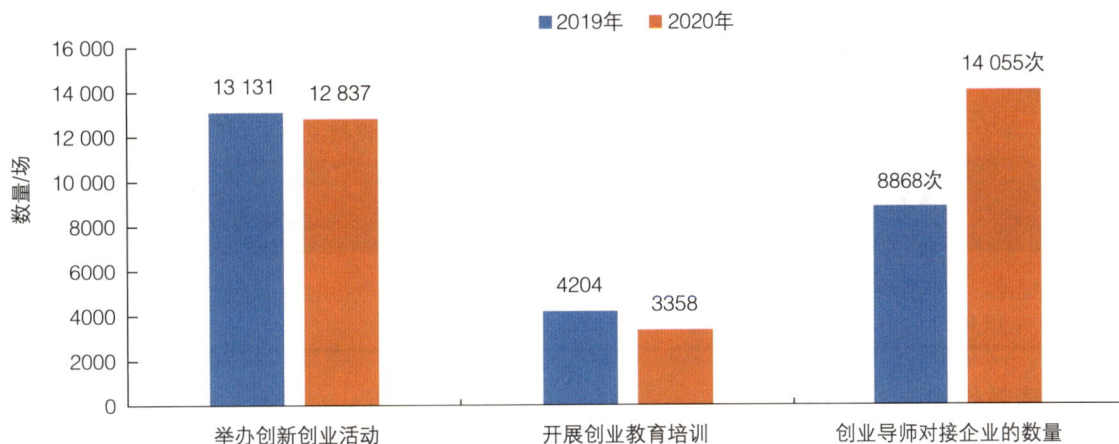

图 4 - 4 北京市创业孵化机构创业辅导情况

二、天津市创业孵化发展情况

（一）总体情况

2020 年，天津市共有创业孵化机构 313 家，同比增长 41 家，增幅达到 15.07%。其中，孵化器 104 家，同比增长 28.40%，国家级孵化器 35 家，占比为 33.65%；众创空间 209 家，同比增长 18 家，国家备案的众创空间 82 家，占比为 39.23%。

2020 年，天津市创业孵化机构面积达 2.2 百万平方米，同比增长 15.79%。其中，孵化器面积 1.5 百万平方米，同比增长 15.38%；众创空间面积 0.7 百万平方米，同比增长 16.67%（表 4 - 7）。

表 4 - 7 天津市创业孵化机构数量及面积情况

分类	2019 年	2020 年
创业孵化机构数量/家	272	313
孵化器数量	81	104
其中：国家级孵化器	33	35
众创空间数量	191	209
其中：国家备案的众创空间	73	82
创业孵化机构面积/百万平方米	1.9	2.2
其中：孵化器面积	1.3	1.5
众创空间面积	0.6	0.7

2020 年，天津市创业孵化机构内在孵企业与团队数量达 1.9 万家，同比增长 12.42%。其中，孵化器当年在孵企业数量 5037 家，同比增长 16.89%；众创空间当年在孵企业与团队数量 1.4 万家，同比增长 10.90%。

2020 年，天津市创业孵化机构内当年上市（挂牌）企业总数为 21 家，同比减少 32.26%。其中，孵化器内当年上市（挂牌）企业有 13 家，众创空间内当年上市（挂牌）企业有 8 家（表 4 - 8）。

表 4 - 8　天津市创业孵化机构在孵企业与团队情况

单位：家

年份	在孵企业数量			当年上市（挂牌）企业数量		
	总数	孵化器	众创空间	总数	孵化器	众创空间
2019	16 943	4309	12 634	31	15	16
2020	19 048	5037	14 011	21	13	8

（二）绩效情况

1. 投融资情况

2020 年，天津市创业孵化机构内当年获得投融资的企业数量为 745 家，同比增长 45.22%；当年获得投融资额达 13.8 亿元，同比增长 42.27%（表 4 - 9）。

表 4 - 9　天津市创业孵化机构内获得投融资情况

获得投融资情况	2019 年	2020 年
当年获得投融资的企业数量/家	513	745
其中：孵化器	209	343
众创空间	304	402
当年获得投融资额/亿元	9.7	13.8
其中：孵化器	2.3	4.3
众创空间	7.4	9.5

2. 知识产权情况

截至 2020 年年底，天津市创业孵化机构内在孵企业拥有有效知识产权数达 2.4 万件，同比增长 60.01%。其中，众创空间内企业及团队拥有有效产权数达 1.1 万件，同比增长 52.81%。拥有有效发明专利数为 4587 件，同比增长 40.71%（表 4 - 10）。

表 4 - 10　天津市创业孵化机构知识产权情况

单位：件

知识产权情况	2019 年	2020 年
拥有有效知识产权数	15 205	24 329
其中：孵化器	7779	12 981
众创空间	7426	11 348
拥有有效发明专利数	3260	4587
其中：孵化器	1554	2363
众创空间	1706	2224

3. 吸纳就业情况

2020 年，天津市创业孵化机构内在孵企业共吸纳就业 10.4 万人，同比增长 3.55%。其中，应届毕业大学生创业就业共 1.2 万人，同比减少 1.76%（表 4 – 11）。

表 4 – 11　天津市创业孵化机构吸纳就业情况

单位：人

年份	在孵企业吸纳就业情况			其中：应届毕业大学生		
	总数	孵化器	众创空间	总数	孵化器	众创空间
2019	100 354	58 383	41 971	11 842	5576	6266
2020	103 914	61 295	42 619	11 633	5595	6038

4. 研发强度

2020 年，天津市创业孵化机构在孵企业研发经费支出 9.9 亿元，研发经费占主营业务收入比重为 8.50%，同比减少 1.09 个百分点（图 4 – 5）。

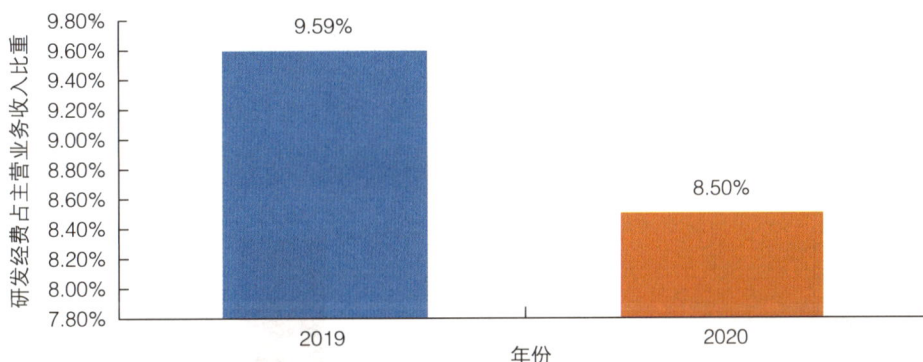

图 4 – 5　天津市创业孵化机构研发强度情况

（三）自身建设情况

1. 收入和运营成本情况

2020 年，天津市创业孵化机构总收入 8.8 亿元，同比增长 29.59%。其中，房租及物业收入最多，占比 41.62%；其次是综合服务收入，占比为 35.66%。

2020 年，天津市创业孵化机构总成本 8.7 亿元，同比增长 27.09%。其中，场地费用占比最高，达 27.75%；其次是管理费用，占比为 25.8%（表 4 – 12、图 4 – 6）。

表 4 – 12　天津市创业孵化机构收入和运营成本情况

单位：亿元

年份	收入			运营成本		
	总收入	孵化器	众创空间	总成本	孵化器	众创空间
2019	6.76	4.09	2.67	6.83	3.85	2.98
2020	8.76	5.77	2.99	8.68	5.28	3.4

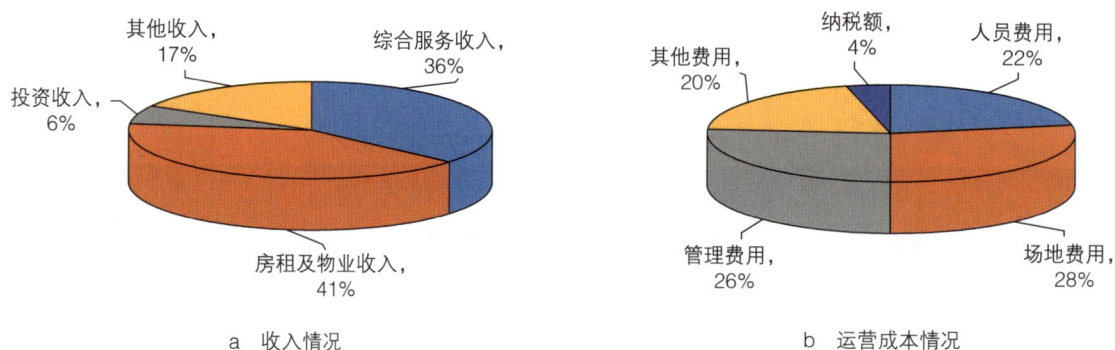

a 收入情况   b 运营成本情况

图 4-6 天津市创业孵化机构收入和运营成本情况

2020 年，天津市创业孵化机构纳税额达 0.4 亿元，同比增长 3.59%。其中，孵化器纳税额 0.3 亿元，众创空间纳税额 0.1 亿元。

2. 服务人员情况

2020 年，天津市创业孵化机构共有管理服务人员 3514 人，同比增长 15.48%。

2020 年，天津市创业孵化机构共有创业导师 8279 人，同比增长 0.07%（图 4-7）。

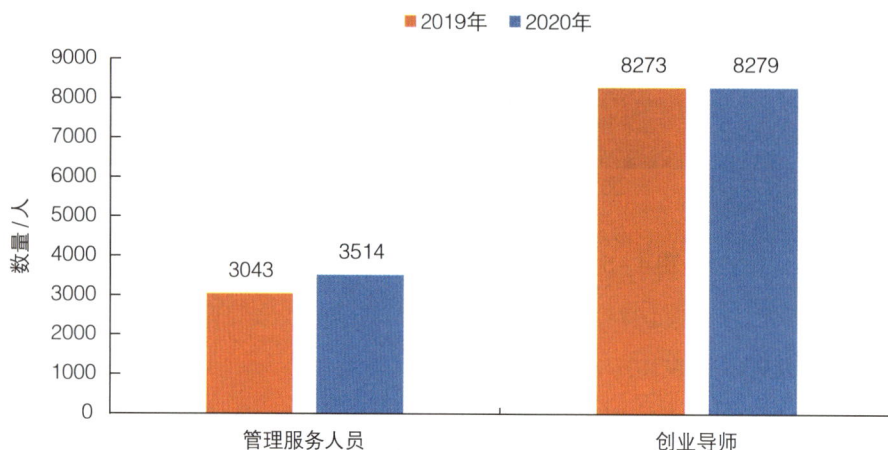

图 4-7 天津市创业孵化机构服务人员情况

3. 创业辅导情况

2020 年，天津市创业孵化机构共举办创新创业活动 6205 场，同比减少 1.40%。开展创业教育培训 2736 场，同比减少 8.37%。创业导师对接企业 4552 次，同比增长 19.22%（图 4-8）。

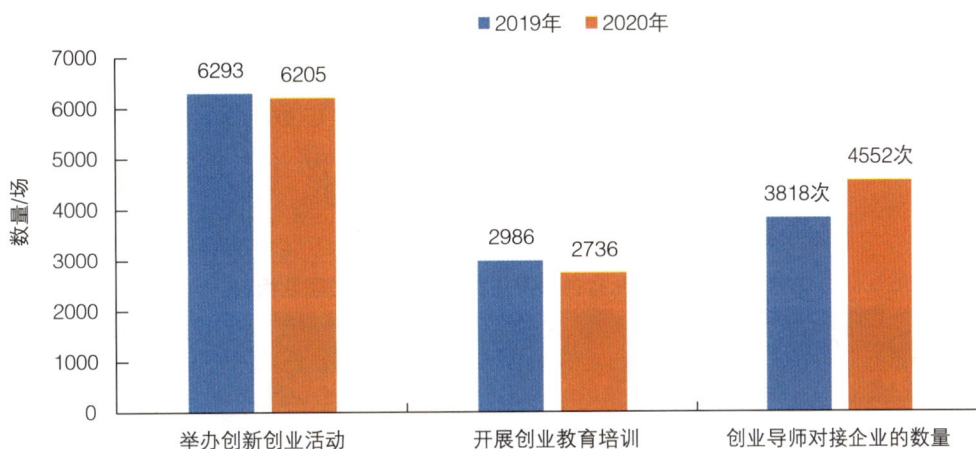

图 4 –8 天津市创业孵化机构创业辅导情况

三、河北省创业孵化发展情况

(一) 总体情况

2020 年,河北省共有创业孵化机构 919 家,同比增长 155 家,增幅达到 20.29%。其中,孵化器 274 家,同比增长 9.16%,国家级孵化器 40 家,占比 14.60%;众创空间 645 家,同比增长 25.73%,国家备案的众创空间 103 家,占比 15.97%。

2020 年,河北省创业孵化机构面积达 7.1 百万平方米,同比增长 9.23%,占全国创业孵化机构总面积的 4.24%。其中,孵化器面积 5.3 百万平方米,同比增长 6.00%;众创空间面积 1.8 百万平方米,同比增长 20.00%(表 4 –13)。

表 4 –13 河北省创业孵化机构数量及面积情况

分类	2019 年	2020 年
创业孵化机构数量/家	764	919
孵化器数量	251	274
其中:国家级孵化器	33	40
众创空间数量	513	645
其中:国家备案的众创空间	77	103
创业孵化机构面积/百万平方米	6.5	7.1
其中:孵化器面积	5	5.3
众创空间面积	1.5	1.8

2020 年,河北省创业孵化机构内在孵企业与团队数量达 3.1 万家,同比增长 16.11%。其中,

孵化器当年在孵企业数量 8640 家，同比增长 11.84%；众创空间当年在孵企业与团队数量 2.2 万家，同比增长 17.87%。

2020 年，河北省创业孵化机构内当年上市（挂牌）企业总数为 15 家，同比增长 15.38%。其中，孵化器内当年上市（挂牌）企业有 9 家，众创空间内当年上市（挂牌）企业有 6 家（表 4 - 14）。

表 4 - 14 河北省创业孵化机构在孵企业与团队情况

单位：家

年份	在孵企业数量			当年上市（挂牌）企业数量		
	总数	孵化器	众创空间	总数	孵化器	众创空间
2019	26 411	7725	18 686	13	7	6
2020	30 666	8640	22 026	15	9	6

（二）绩效情况

1. 投融资情况

2020 年，河北省创业孵化机构内当年获得投融资的企业数量为 963 家，同比增长 36.21%；当年获得投融资额达 6.7 亿元，同比增长 21.82%（表 4 - 15）。

表 4 - 15 河北省创业孵化机构内获得投融资情况

获得投融资情况	2019 年	2020 年
当年获得投融资的企业数量/家	707	963
其中：孵化器	219	308
众创空间	488	655
当年获得投融资额/亿元	5.5	6.7
其中：孵化器	2.5	4.5
众创空间	3.0	2.2

2. 知识产权情况

截至 2020 年年底，河北省创业孵化机构内在孵企业拥有有效知识产权数达 2.3 万件，同比增长 15.54%。其中，孵化器内在孵企业拥有有效知识产权数达 1.5 万件，同比增长 10.83%。拥有有效发明专利数为 2864 件，同比减少 9.28%（表 4 - 16）。

表4-16 河北省创业孵化机构知识产权情况 单位：件

知识产权情况	2019 年	2020 年
拥有有效知识产权数	19 787	22 862
其中：孵化器	13 955	15 466
众创空间	5832	7396
拥有有效发明专利数	3157	2864
其中：孵化器	2194	2067
众创空间	963	797

3. 吸纳就业情况

2020 年，河北省创业孵化机构内在孵企业共吸纳就业 16.7 万人，同比增长 0.46%。其中，应届毕业大学生创业就业共 1.5 万人，同比减少 21.04%（表4-17）。

表4-17 河北省创业孵化机构吸纳就业情况 单位：人

年份	在孵企业吸纳就业情况			其中：应届毕业大学生		
	总数	孵化器	众创空间	总数	孵化器	众创空间
2019	166 643	103 120	63 523	18 373	8752	9621
2020	167 411	94 885	72 526	14 507	6018	8489

4. 研发强度

2020 年，河北省创业孵化机构在孵企业研发经费支出 8.4 亿元，研发经费占主营业务收入比重为 4.93%，与 2019 年基本持平（图4-9）。

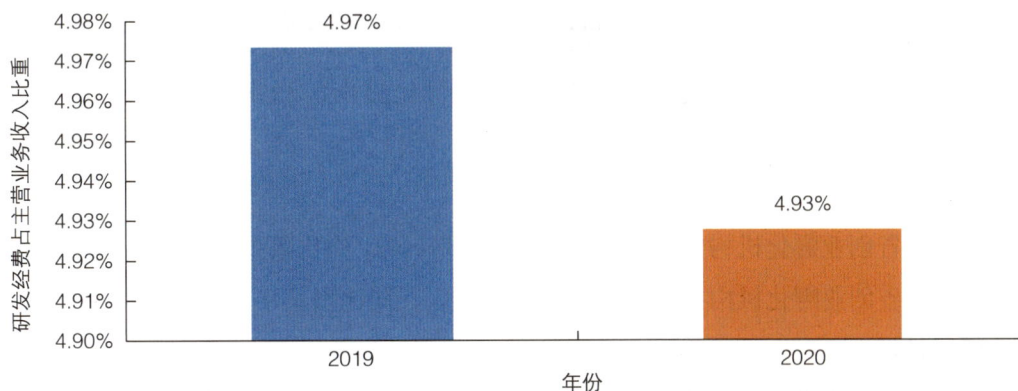

图4-9 河北省创业孵化机构研发强度情况

（三）自身建设情况

1. 收入和运营成本情况

2020年，河北省创业孵化机构总收入18.8亿元，同比增长8.05%。其中，综合服务收入最多，占比46.54%；其次是房租及物业收入，占比为33.31%。

2020年，河北省创业孵化机构总成本13.5亿元，同比增长9.76%。其中，场地费用占比最高，达30.87%；其次是人员费用，占比为23.22%（表4-18、图4-10）。

表4-18 河北省创业孵化机构收入和运营成本情况　　　　　　　　单位：亿元

年份	收入			运营成本		
	总收入	孵化器	众创空间	总成本	孵化器	众创空间
2019	17.4	13.9	3.5	12.3	7.4	4.9
2020	18.8	14.4	4.4	13.5	7.8	5.8

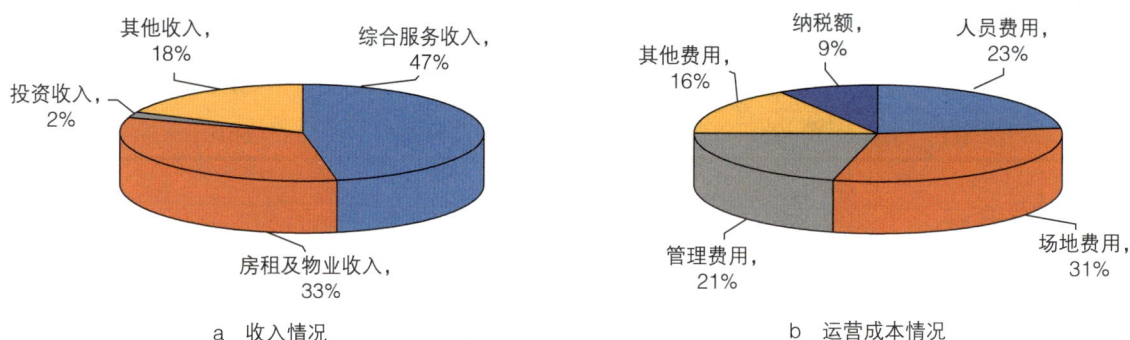

a　收入情况

b　运营成本情况

图4-10　河北省创业孵化机构收入和运营成本情况

2020年，河北省创业孵化机构纳税额达1.2亿元，同比减少3.32%。其中，孵化器纳税额0.7亿元，众创空间纳税额0.5亿元。

2. 服务人员情况

2020年，河北省创业孵化机构共有管理服务人员9887人，同比减少6.79%。

2020年，河北省创业孵化机构共有创业导师1.3万人，同比增长9.56%（图4-11）。

3. 创业辅导情况

2020年，河北省创业孵化机构共举办创新创业活动1.2万场，同比减少1.97%。开展创业教育培训7924场，同比减少3.41%。创业导师对接企业7597次，同比增长18.52%（图4-12）。

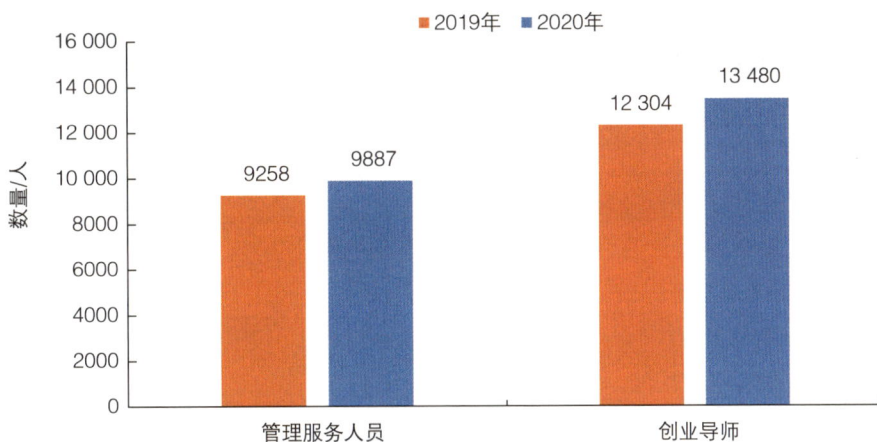

图 4 – 11　河北省创业孵化机构服务人员情况

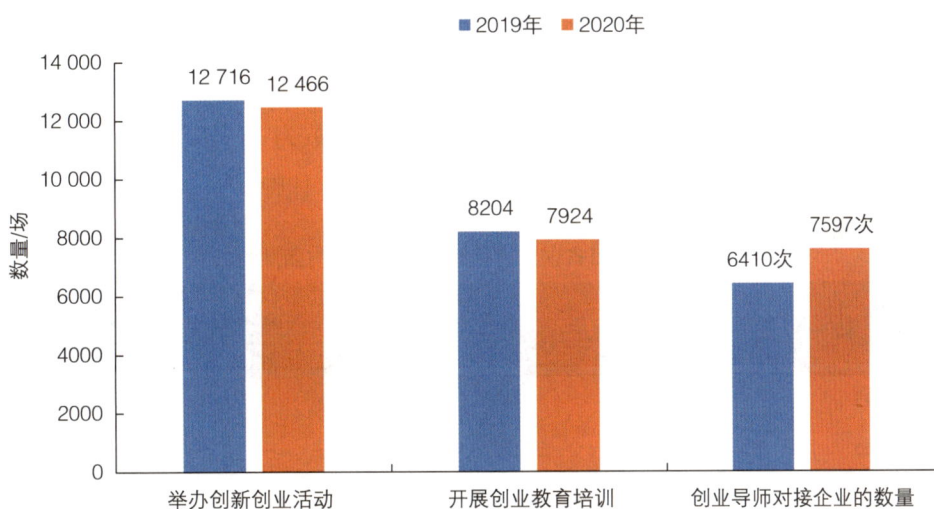

图 4 – 12　河北省创业孵化机构创业辅导情况

四、山西省创业孵化发展情况

（一）总体情况

2020 年，山西省共有创业孵化机构 411 家，同比增长 35 家，增幅达到 9.31%。其中，孵化器 68 家，同比增长 9.68%，国家级孵化器 16 家，占比 23.53%；众创空间 343 家，同比增长 9.24%，国家备案的众创空间 47 家，占比 13.70%。

2020 年，山西省创业孵化机构面积达 2.3 百万平方米，同比增长 4.55%。其中，孵化器面积 1.3 百万平方米，同比增长 7.26%；众创空间面积 1 百万平方米，与 2019 年持平（表 4 – 19）。

表 4 - 19　山西省创业孵化机构数量及面积情况

分类	2019 年	2020 年
创业孵化机构数量/家	376	411
孵化器数量	62	68
其中：国家级孵化器	14	16
众创空间数量	314	343
其中：国家备案的众创空间	32	47
创业孵化机构面积/百万平方米	2.2	2.3
其中：孵化器面积	1.2	1.3
众创空间面积	1	1

2020 年，山西省创业孵化机构内在孵化企业与团队数量达 2.5 万家，同比增长 18.15%。其中，孵化器当年在孵企业数量 2844 家，同比增长 11.84%；众创空间当年在孵企业与团队数量 2.2 万家，同比增长 19.02%。

2020 年，山西省创业孵化机构内当年上市（挂牌）企业总数为 13 家，同比减少 72.92%。其中，孵化器内当年上市（挂牌）企业有 7 家，众创空间内当年上市（挂牌）企业有 6 家（表 4 - 20）。

表 4 - 20　山西省创业孵化机构在孵企业与团队情况　　　　　　　　　　单位：家

年份	在孵企业数量			当年上市（挂牌）企业数量		
	总数	孵化器	众创空间	总数	孵化器	众创空间
2019	20 793	2543	18 250	48	20	28
2020	24 566	2844	21 722	13	7	6

（二）绩效情况

1. 投融资情况

2020 年，山西省创业孵化机构内当年获得投融资的企业数量为 713 家，同比增长 35.29%；当年获得投融资额达 58.2 亿元，增幅明显（表 4 - 21）。

表 4 - 21　山西省创业孵化机构内获得投融资情况

获得投融资情况	2019 年	2020 年
当年获得投融资的企业数量/家	527	713
其中：孵化器	76	152
众创空间	451	561
当年获得投融资额/亿元	3.6	58.2
其中：孵化器	1.1	56.5
众创空间	2.5	1.7

2. 知识产权情况

截至 2020 年年底,山西省创业孵化机构内在孵企业拥有有效知识产权数达 1.8 万件,同比增长 39.56%。其中,众创空间内企业及团队拥有有效知识产权数达 1.2 万件,同比增长 65.47%。拥有有效发明专利数为 1343 件,同比减少 13.07%(表 4-22)。

表 4-22 山西省创业孵化机构知识产权情况 单位:件

知识产权情况	2019 年	2020 年
拥有有效知识产权数	12 657	17 664
其中:孵化器	5105	5168
众创空间	7552	12 496
拥有有效发明专利数	1545	1343
其中:孵化器	759	461
众创空间	786	882

3. 吸纳就业情况

2020 年,山西省创业孵化机构内在孵企业共吸纳就业 11.6 万人,同比增长 6.78%。其中,应届毕业大学生创业就业共 1.6 万人,同比减少 1.38%(表 4-23)。

表 4-23 山西省创业孵化机构吸纳就业情况 单位:人

年份	在孵企业吸纳就业情况			其中:应届毕业大学生		
	总数	孵化器	众创空间	总数	孵化器	众创空间
2019	109 023	37 716	71 307	16 408	4093	12 315
2020	116 413	39 149	77 264	16 182	4429	11 753

4. 研发强度

2020 年,山西省创业孵化机构在孵企业研发经费支出 3.3 亿元,研发经费占主营业务收入比重为 3.9%,同比减少 0.40 个百分点(图 4-13)。

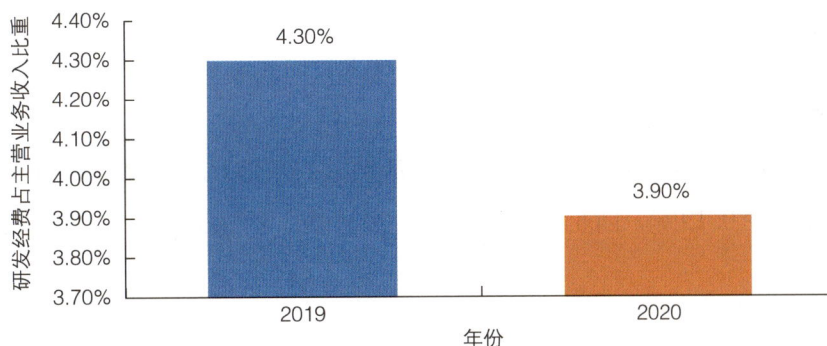

图 4-13 山西省创业孵化机构研发强度情况

（三）自身建设情况

1. 收入和运营成本情况

2020 年，山西省创业孵化机构总收入 14.2 亿元，同比增长 18.33%。其中，综合服务收入最多，占比达 52.72%；其次是其他收入，占比 25.34%。

2020 年，山西省创业孵化机构总成本 10 亿元，与 2019 年持平。其中，管理费用占比最高，达 28.88%；其次是场地费用，占比为 28.40%（表 4 - 24 和图 4 - 14）。

表 4 - 24　山西省创业孵化机构收入和运营成本情况　　　　　　　　单位：亿元

年份	收入			运营成本		
	总收入	孵化器	众创空间	总成本	孵化器	众创空间
2019	12.0	7.4	4.6	10.0	4.7	5.2
2020	14.2	7.8	6.4	10.0	4.1	5.9

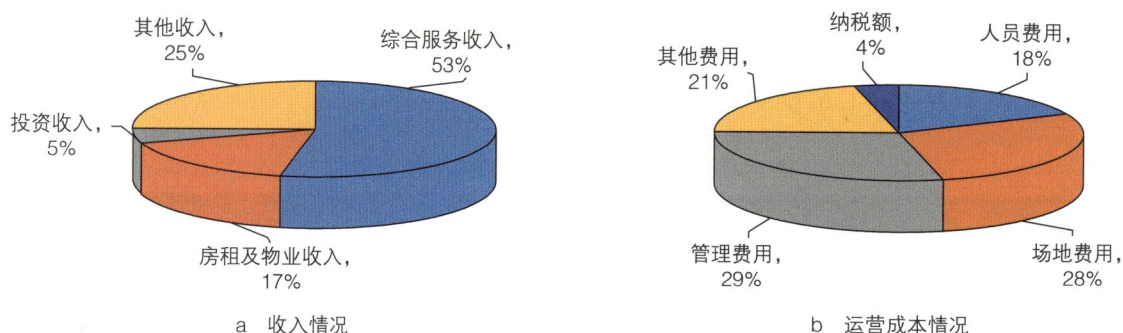

a　收入情况　　　　　　　　　　b　运营成本情况

图 4 - 14　山西省创业孵化机构收入和运营成本情况

2020 年，山西省创业孵化机构纳税额达 0.4 亿元，同比减少 17.76%。其中，孵化器纳税额 0.3 亿元，众创空间纳税额 0.1 亿元。

2. 服务人员情况

2020 年，山西省创业孵化机构共有管理服务人员 5673 人，同比增长 2.01%。

2020 年，山西省创业孵化机构共有创业导师 5639 人，同比减少 6.27%（图 4 - 15）。

3. 创业辅导情况

2020 年，山西省创业孵化机构共举办创新创业活动 1.1 万场，同比增长 4.84%。开展创业教育培训 5907 场，同比减少 0.19%。创业导师对接企业 2036 次，同比减少了 1.26%（图 4 - 16）。

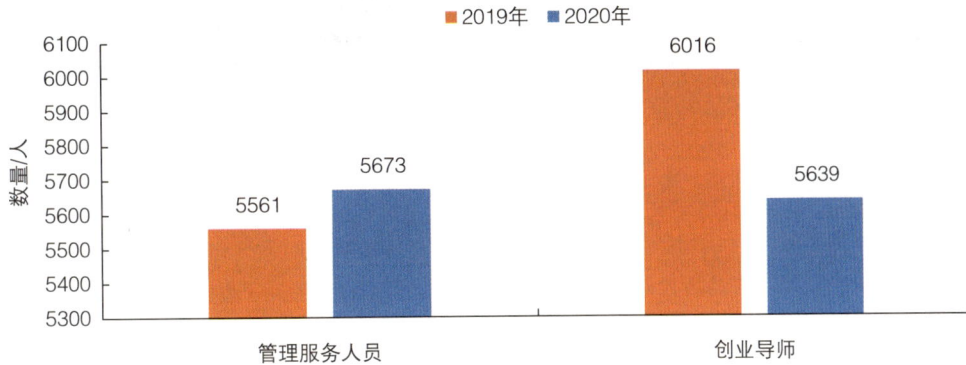

图4-15 山西省创业孵化机构服务人员情况

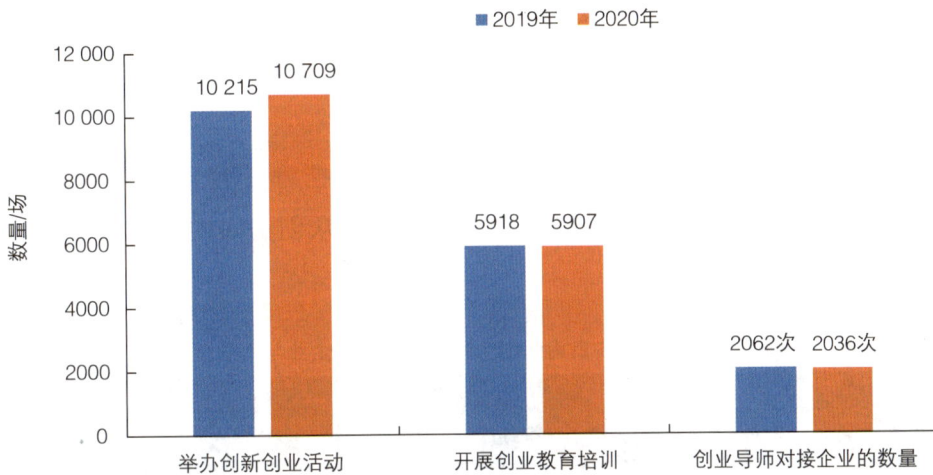

图4-16 山西省创业孵化机构创业辅导情况

五、内蒙古自治区创业孵化发展情况

(一) 总体情况

2020年，内蒙古自治区共有创业孵化机构194家，同比减少4家。其中，孵化器50家，与2019年一致，国家级孵化器13家，占比为26.00%；众创空间144家，同比减少2.70%，国家备案的众创空间53家，占比为36.81%。

2020年，内蒙古自治区创业孵化机构面积达2.9百万平方米，同比增长6.52%。其中，孵化器面积1.6百万平方米，与2019年一致；众创空间面积1.3百万平方米，同比增长15.65%（表4-25）。

表4-25 内蒙古自治区创业孵化机构数量及面积情况

分类	2019 年	2020 年
创业孵化机构数量/家	198	194
孵化器数量	50	50
其中：国家级孵化器	12	13
众创空间数量	148	144
其中：国家备案的众创空间	39	53
创业孵化机构面积/百万平方米	2.76	2.94
其中：孵化器面积	1.61	1.61
众创空间面积	1.15	1.33

2020 年，内蒙古自治区创业孵化机构内在孵企业与团队数量达 8833 家，同比减少 11.59%。其中，孵化器当年在孵企业数量 1954 家，同比增长 6.08%；众创空间当年在孵企业与团队数量 6879 家，同比减少 15.58%。

2020 年，内蒙古自治区创业孵化机构内当年上市（挂牌）企业总数为 8 家，同比减少 27.27%。其中，孵化器内当年上市（挂牌）企业有 5 家，众创空间内当年上市（挂牌）企业有 3 家（表4-26）。

表4-26 内蒙古自治区创业孵化机构在孵企业与团队情况

单位：家

年份	在孵企业数量			当年上市（挂牌）企业数量		
	总数	孵化器	众创空间	总数	孵化器	众创空间
2019	9991	1842	8149	11	3	8
2020	8833	1954	6879	8	5	3

（二）绩效情况

1. 投融资情况

2020 年，内蒙古自治区创业孵化机构内当年获得投融资的企业数量为 201 家，同比增长 21.08%；当年获得投融资额达 2.2 亿元，同比增长 10.00%（表4-27）。

表4-27 内蒙古自治区创业孵化机构内获得投融资情况

获得投融资情况	2019 年	2020 年
当年获得投融资的企业数量/家	166	201
其中：孵化器	21	47
众创空间	145	154
当年获得投融资额/亿元	2.0	2.2
其中：孵化器	1.3	1.1
众创空间	0.7	1.1

2. 知识产权情况

截至 2020 年年底，内蒙古自治区创业孵化机构内在孵企业拥有有效知识产权数达 7433 件，同比增长 11.29%。其中，孵化器内在孵企业拥有有效知识产权数达 4122 件，同比增长 50.22%。拥有有效发明专利数为 893 件，同比减少 9.43%（表 4－28）。

表 4－28　内蒙古自治区创业孵化机构知识产权情况　　　　　　　　　　单位：件

知识产权情况	2019 年	2020 年
拥有有效知识产权数	6679	7433
其中：孵化器	2744	4122
众创空间	3935	3311
拥有有效发明专利数	986	893
其中：孵化器	353	529
众创空间	633	364

3. 吸纳就业情况

2020 年，内蒙古自治区创业孵化机构内在孵企业共吸纳就业近 6.8 万人，同比增长 1.24%。其中，应届毕业大学生创业就业共 8150 人，同比减少 6.26%（表 4－29）。

表 4－29　内蒙古自治区创业孵化机构吸纳就业情况　　　　　　　　　　单位：人

年份	在孵企业吸纳就业情况			其中：应届毕业大学生		
	总数	孵化器	众创空间	总数	孵化器	众创空间
2019	67 087	25 478	41 609	8694	2189	6505
2020	67 922	28 285	39 637	8150	2304	5846

4. 研发强度

2020 年，内蒙古自治区创业孵化机构在孵企业研发经费支出 4.8 亿元，研发经费占主营业务收入比重为 3.51%，同比增长 0.25 个百分点（图 4－17）。

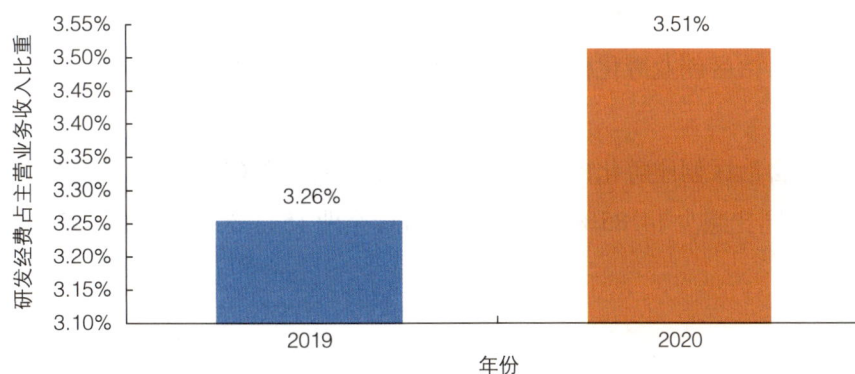

图 4－17　内蒙古自治区创业孵化机构研发强度情况

（三）自身建设情况

1. 收入和运营成本情况

2020 年，内蒙古自治区创业孵化机构总收入 5.7 亿元，同比减少 9.52%。其中，综合服务收入最多，占比达 43.92%；投资收入占比为 18.50%。

2020 年，内蒙古自治区创业孵化机构总成本 4.9 亿元，同比减少 1.96%。其中，管理费用占比最高，达 27.07%；场地费用、人员费用、其他费用占比均为 23.26%（表 4 – 30、图 4 – 18）。

表 4 – 30　内蒙古自治区创业孵化机构收入和运营成本情况　　　　　　　　　　单位：亿元

年份	收入			运营成本		
	总收入	孵化器	众创空间	总成本	孵化器	众创空间
2019	6.3	4.2	2.1	5.1	2.1	2.9
2020	5.7	3.5	2.2	4.9	2.0	2.9

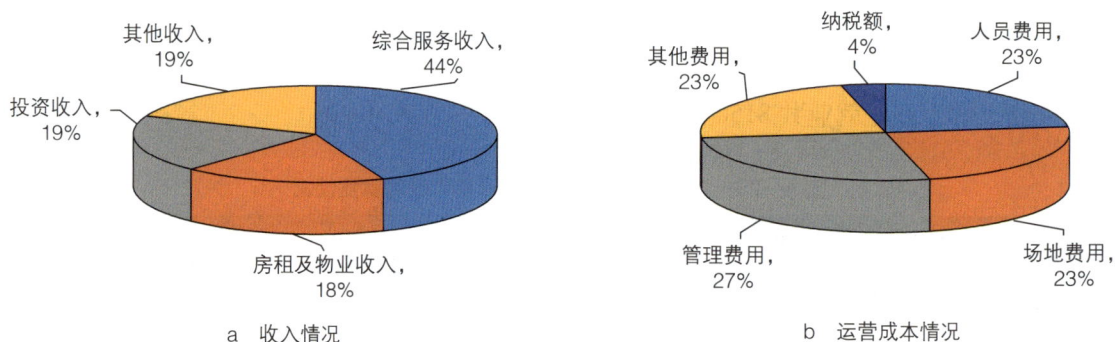

a　收入情况　　　　　　　　　　b　运营成本情况

图 4 – 18　内蒙古自治区创业孵化机构收入和运营成本情况

2020 年，内蒙古自治区创业孵化机构纳税额达 0.2 亿元，同比减少 12.57%。其中，孵化器纳税额 0.1 亿元，众创空间纳税额 0.1 亿元。

2. 服务人员情况

2020 年，内蒙古自治区创业孵化机构共有管理服务人员 3799 人，同比减少 1.55%。

2020 年，内蒙古自治区创业孵化机构共有创业导师 3964 人，同比减少 12.48%（图 4 – 19）。

3. 创业辅导情况

2020 年，内蒙古自治区创业孵化机构共举办创新创业活动 2861 场，同比减少 14.19%。开展创业教育培训 1628 场，同比减少 14.85%。创业导师对接企业 1543 次，同比增长 2.52%（图 4 – 20）。

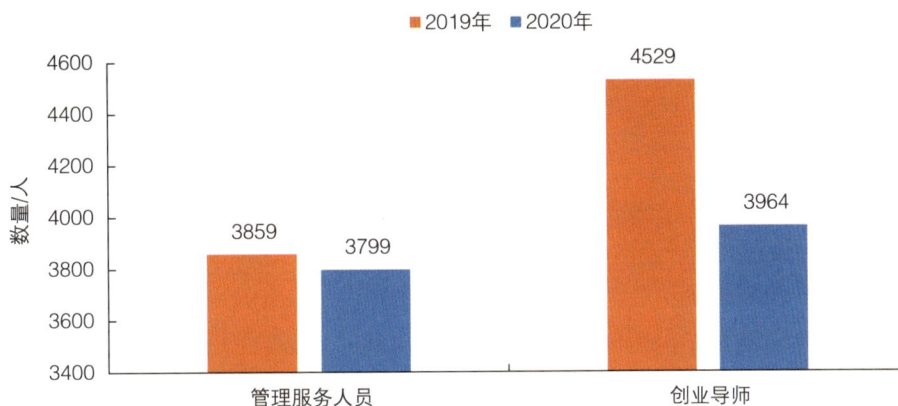

图 4 -19　内蒙古自治区创业孵化机构服务人员情况

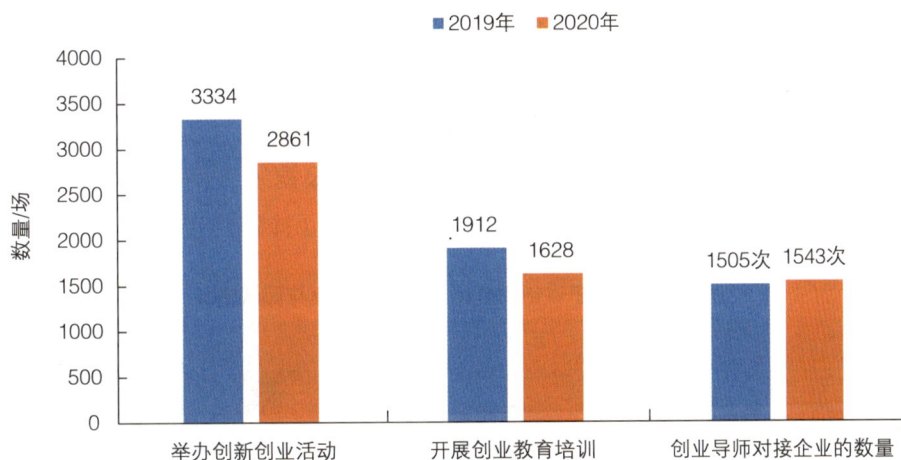

图 4 -20　内蒙古自治区创业孵化机构创业辅导情况

六、辽宁省创业孵化发展情况

（一）总体情况

2020 年，辽宁省共有创业孵化机构 343 家，同比增长 82 家，增幅达到 31.42%。其中，孵化器 93 家，同比增长 38.81%，国家级孵化器 31 家，占比 33.33%；众创空间 250 家，同比增长 28.87%，国家备案的众创空间 64 家，占比 25.60%。

2020 年，辽宁省创业孵化机构面积达 3.2 百万平方米，同比增长 6.67%。其中，孵化器面积 1.8 百万平方米，同比增长 5.88%；众创空间面积 1.4 百万平方米，同比增长 16.67%（表 4 -31）。

表 4-31　辽宁省创业孵化机构及面积情况

分类	2019 年	2020 年
创业孵化机构数量/家	261	343
孵化器数量	67	93
其中：国家级孵化器	30	31
众创空间数量	194	250
其中：国家备案的众创空间	60	64
创业孵化机构面积/百万平方米	2.9	3.2
其中：孵化器面积	1.7	1.8
众创空间面积	1.2	1.4

2020 年，辽宁省创业孵化机构内在孵企业与团队数量达 1.9 万家，同比减少 18.03%。其中，孵化器当年在孵企业数量 4419 家，同比增长 11.96%；众创空间当年在孵企业与团队数量 1.4 万家，同比减少 24.24%。

2020 年，辽宁省创业孵化机构内当年上市（挂牌）企业总数为 4 家，同比减少 88.89%。其中，孵化器内当年上市（挂牌）企业有 3 家，众创空间内当年上市（挂牌）企业有 1 家（表 4-32）。

表 4-32　辽宁省创业孵化机构在孵企业与团队情况

单位：家

年份	在孵企业数量			当年上市（挂牌）企业数量		
	总数	孵化器	众创空间	总数	孵化器	众创空间
2019	23 023	3947	19 076	36	21	15
2020	18 871	4419	14 452	4	3	1

（二）绩效情况

1. 投融资情况

2020 年，辽宁省创业孵化机构内当年获得投融资的企业数量为 865 家，同比增长 61.38%；当年获得投融资额达 6.9 亿元，同比减少 64.80%（表 4-33）。

表 4-33　辽宁省创业孵化机构内获得投融资情况

获得投融资情况	2019 年	2020 年
当年获得投融资的企业数量/家	536	865
其中：孵化器	147	194
众创空间	389	671
当年获得投融资额/亿元	19.6	6.9
其中：孵化器	7.8	2.9
众创空间	11.8	4.0

2. 知识产权情况

截至2020年年底，辽宁省创业孵化机构内在孵企业拥有有效知识产权数达1.7万件，同比增长46.92%。其中，孵化器内在孵企业拥有有效知识产权数达1.1万件，同比增长47.02%。拥有有效发明专利数为3266件，同比增长28.94%（表4-34）。

表4-34 辽宁省创业孵化机构知识产权情况 　　　　　　　　　　　　　　　　　单位：件

知识产权情况	2019年	2020年
拥有有效知识产权数	11 524	16 931
其中：孵化器	7406	10 888
众创空间	4118	6043
拥有有效发明专利数	2533	3266
其中：孵化器	1686	2029
众创空间	847	1237

3. 吸纳就业情况

2020年，辽宁省创业孵化机构内在孵企业共吸纳就业12.1万人，同比减少25.52%。其中，应届毕业大学生创业就业共14 004人，同比减少0.93%（表4-35）。

表4-35 辽宁省创业孵化机构吸纳就业情况 　　　　　　　　　　　　　　　　　单位：人

年份	在孵企业吸纳就业情况			其中：应届毕业大学生		
	总数	孵化器	众创空间	总数	孵化器	众创空间
2019	162 873	55 632	107 241	14 136	3406	10 730
2020	121 307	56 654	64 653	14 004	3140	10 864

4. 研发强度

2020年，辽宁省创业孵化机构在孵企业研发经费支出6.2亿元，研发经费占主营业务收入比重为5.97%，同比减少1.98个百分点（图4-21）。

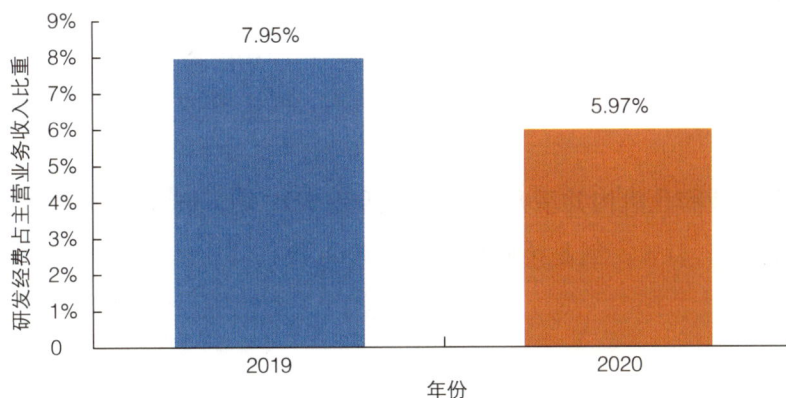

图4-21 辽宁省创业孵化机构研发强度情况

（三）自身建设情况

1. 收入和运营成本情况

2020 年，辽宁省创业孵化机构总收入 7.8 亿元，同比减少 13.13%。其中，综合服务收入最多，占比为 46.13%；其次是房屋及物业收入，占比为 33.42%。

2020 年，辽宁省创业孵化机构总成本 7.3 亿元，同比增长 4.29%。其中，管理费用占比最高，为 26.04%；其次是人员费用，占比为 23.65%（表 4－36、图 4－22）。

表 4－36　辽宁省创业孵化机构收入和运营成本情况　　　　　　　　　　　单位：亿元

年份	收入			运营成本		
	总收入	孵化器	众创空间	总成本	孵化器	众创空间
2019	9.0	4.7	4.3	7	3.7	3.3
2020	7.8	4.7	3.1	7.3	3.8	3.5

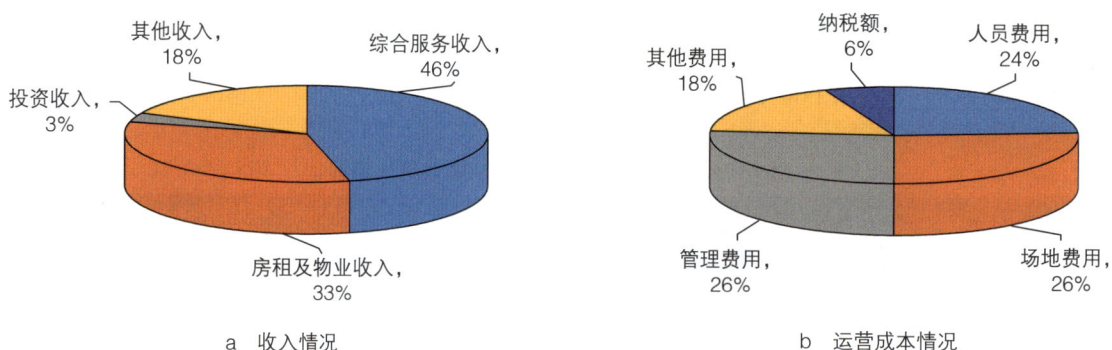

a　收入情况　　　　　　　　　　　　　　　　　　b　运营成本情况

图 4－22　辽宁省创业孵化机构收入和运营成本情况

2020 年，辽宁省创业孵化机构纳税额达 0.5 亿元，同比减少 4.36%。其中，孵化器纳税额 0.4 亿元，众创空间纳税额 0.1 亿元。

2. 服务人员情况

2020 年，辽宁省创业孵化机构共有管理人员 4133 人，同比增长 9.89%。

2020 年，辽宁省创业孵化机构共有创业导师 8219 人，同比增长 15.83%（图 4－23）。

3. 创业辅导情况

2020 年，辽宁省创业孵化机构共举办创新创业活动 6229 场，同比减少 3.28%。开展创业教育培训 3157 场，同比减少 1.31%。创业导师对接企业 3008 次，同比增长 33.10%（图 4－24）。

■ 2019年 ■ 2020年

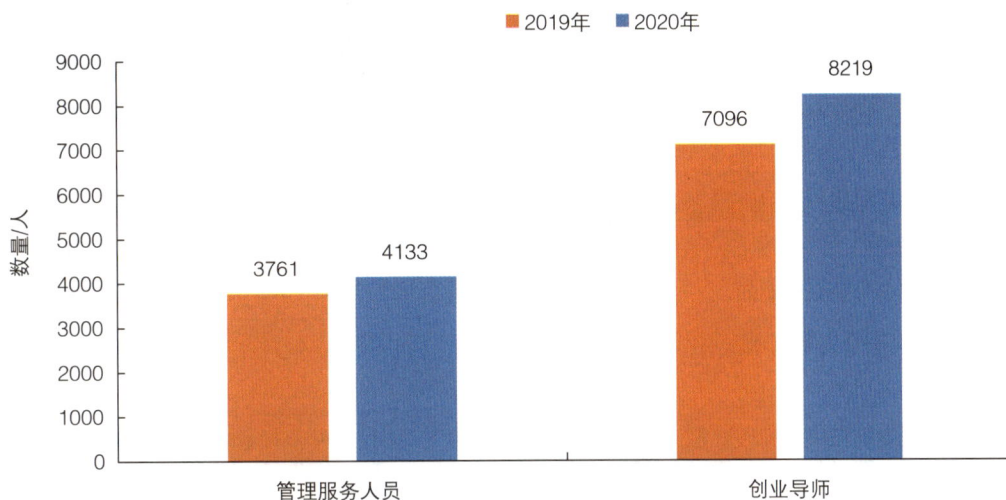

图4-23 辽宁省创业孵化机构服务人员情况

■ 2019年 ■ 2020年

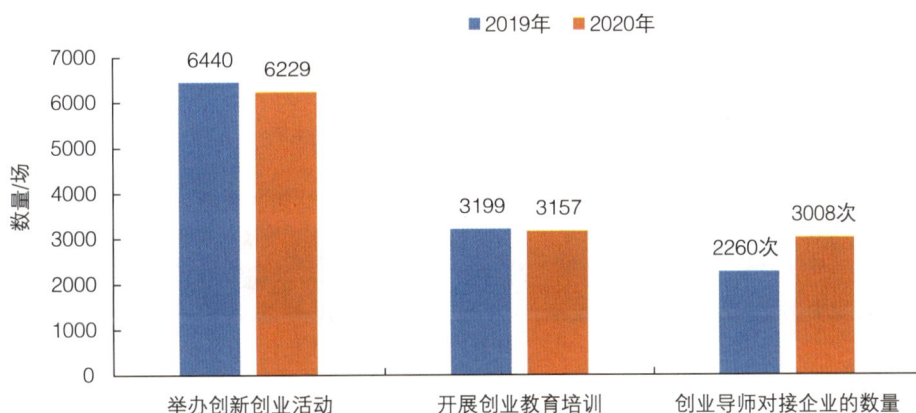

图4-24 辽宁省创业孵化机构创业辅导情况

七、吉林省创业孵化发展情况

(一)总体情况

2020年,吉林省共有创业孵化机构215家,同比增长12家,增幅达到5.91%。其中,孵化器94家,同比增长1.08%,国家级孵化器23家,占比24.47%;众创空间121家,同比增长10.00%,国家备案的众创空间23家,占比19.01%。

2020年,吉林省创业孵化机构面积达2.9百万平方米,同比减少3.33%。其中,孵化器面积2.3百万平方米,同比减少23.08%;众创空间面积0.6百万平方米,同比增长20.00%(表4-37)。

表 4－37　吉林省创业孵化机构数量及面积情况

分类	2019 年	2020 年
创业孵化机构数量/家	203	215
孵化器数量	93	94
其中：国家级孵化器	22	23
众创空间数量	110	121
其中：国家备案的众创空间	18	23
创业孵化机构面积/百万平方米	3	2.9
其中：孵化器面积	2.5	2.3
众创空间面积	0.5	0.6

2020 年，吉林省创业孵化机构内在孵企业与团队数量为 8947 家，同比增长 16.32%。其中，孵化器当年在孵企业数量 3406 家，同比增长 5.45%；众创空间当年在孵企业与团队数量 5541 家，同比增长 24.18%。

2020 年，吉林省创业孵化机构内当年上市（挂牌）企业总数为 12 家，同比增长 11 家。其中，孵化器内当年上市（挂牌）企业有 11 家，众创空间内当年上市（挂牌）企业有 1 家（表 4－38）。

表 4－38　吉林省创业孵化机构在孵企业与团队情况　　　　　　　　　　　单位：家

年份	在孵企业数量			当年上市（挂牌）企业数量		
	总数	孵化器	众创空间	总数	孵化器	众创空间
2019	7692	3230	4462	1	1	0
2020	8947	3406	5541	12	11	1

（二）绩效情况

1. 投融资情况

2020 年，吉林省创业孵化机构内当年获得投融资的企业数量为 285 家，同比减少 10.66%；当年获得投融资额达 2.8 亿元，同比增长 3.70%（表 4－39）。

表 4－39　吉林省创业孵化机构内获得投融资情况

获得投融资情况	2019 年	2020 年
当年获得投融资的企业数量/家	319	285
其中：孵化器	195	143
众创空间	124	142
当年获得投融资额/亿元	2.7	2.8
其中：孵化器	1.7	1.3
众创空间	1.0	1.5

2. 知识产权情况

截至 2020 年年底，吉林省创业孵化机构内在孵企业拥有有效知识产权数达 9478 件，同比增长 21.05%。其中，孵化器内在孵企业拥有有效知识产权数达 6768 件，同比增长 13.92%。拥有有效发明专利数为 1203 件，同比增长了 11.49%（表 4-40）。

表 4-40 吉林省创业孵化机构知识产权情况　　　　　　　　　　　　　　　　单位：件

知识产权情况	2019 年	2020 年
拥有有效知识产权数	7830	9478
其中：孵化器	5941	6768
众创空间	1889	2710
拥有有效发明专利数	1079	1203
其中：孵化器	785	811
众创空间	294	392

3. 吸纳就业情况

2020 年，吉林省创业孵化机构内在孵企业共吸纳就业 6.6 万人，同比减少 9.49%。其中，应届毕业大学生创业就业共 5576 人，同比减少 8.56%（表 4-41）。

表 4-41 吉林省创业孵化机构吸纳就业情况　　　　　　　　　　　　　　　　单位：人

年份	在孵企业吸纳就业情况			其中：应届毕业大学生		
	总数	孵化器	众创空间	总数	孵化器	众创空间
2019	73 325	58 504	14 821	6098	3885	2213
2020	66 365	47 791	18 574	5576	3038	2538

4. 研发强度

2020 年，吉林省创业孵化机构在孵企业研发经费支出 5.4 亿元，研发经费占主营业务收入比重为 4.37%，同比增长 0.40 个百分点（图 4-25）。

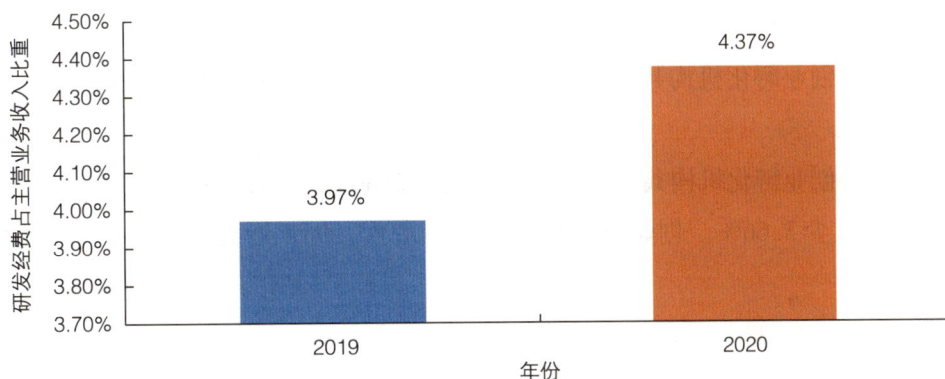

图 4-25 吉林省创业孵化机构研发强度情况

（三）自身建设情况

1. 收入和运营成本情况

2020 年，吉林省创业孵化机构总收入 8 亿元，同比增长 9.59%。其中，其他收入最多，占比均达 42.78%；其次是房租及物业收入，占比为 28.23%。

2020 年，吉林省创业孵化机构总成本 7 亿元，与 2019 年持平。其中，其他费用占比最高，达 31.93%；其次是人员费用，占比为 26.8%（表 4 - 42、图 4 - 26）。

表 4-42　吉林省创业孵化机构收入和运营成本情况　　　　　　　单位：亿元

年份	收入			运营成本		
	总收入	孵化器	众创空间	总成本	孵化器	众创空间
2019	7.3	5.1	2.2	7	4.9	2.1
2020	8	5.9	2.1	7	5.1	1.9

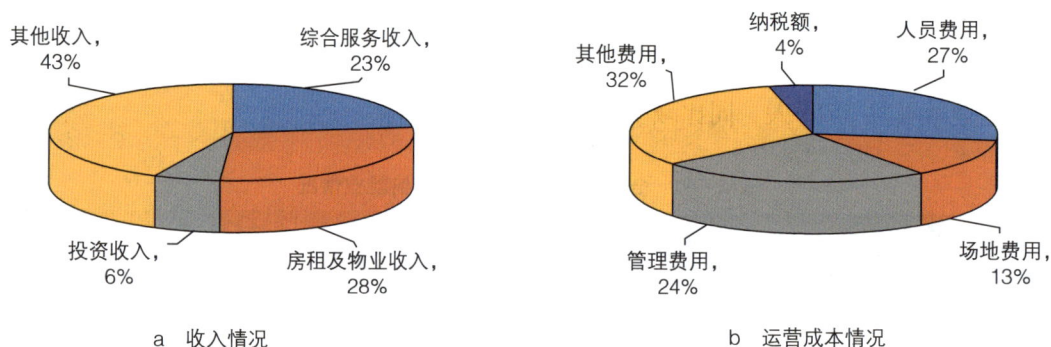

a　收入情况　　　　　　　　　　b　运营成本情况

图 4-26　吉林省创业孵化机构收入和运营成本情况

2020 年，吉林省创业孵化机构纳税额达 0.3 亿元，同比减少 15.5%。其中，孵化器纳税额 0.2 亿元，众创空间纳税额 0.1 亿元。

2. 服务人员

2020 年，吉林省创业孵化机构共有管理人员 3222 人，同比减少 0.31%。

2020 年，吉林省创业孵化机构共有创业导师 3368 人，同比减少 1.95%（图 4 - 27）。

3. 创业辅导情况

2020 年，吉林省创业孵化机构共举办创新创业活动 2886 场，同比减少 19.39%。开展创业教育培训 1500 场，同比减少 3.66%。创业导师对接企业 3300 次，同比增长 3.48%（图 4 - 28）。

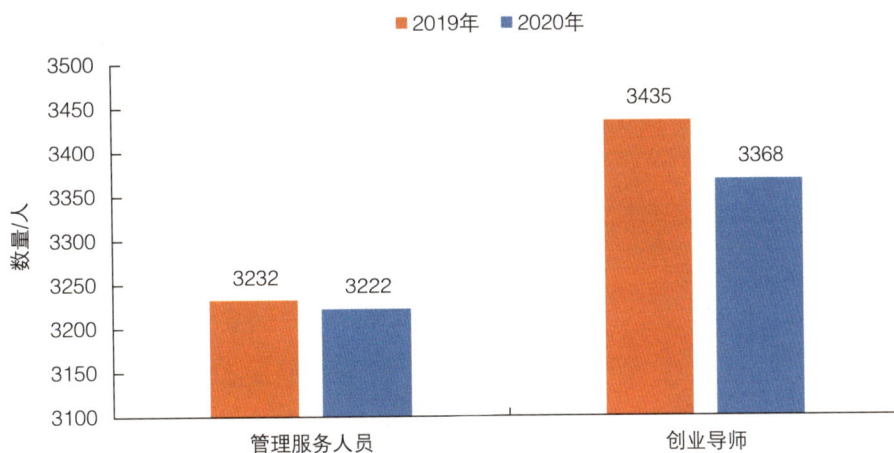

图 4 - 27　吉林省创业孵化机构服务人员情况

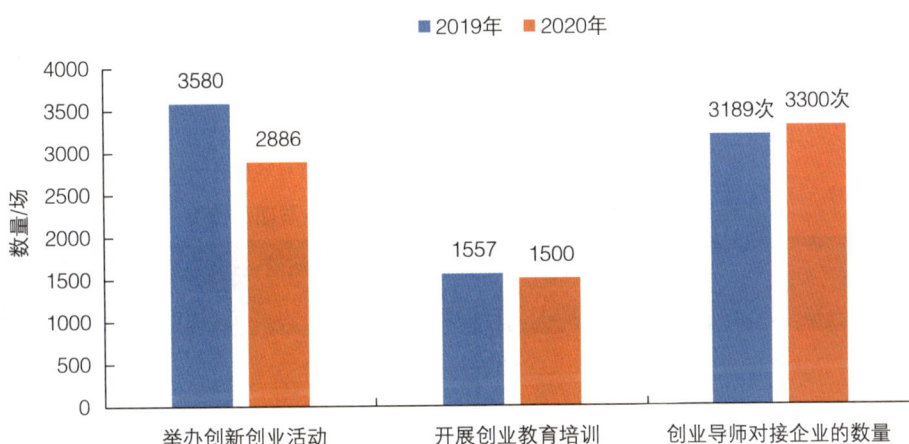

图 4 - 28　吉林省创业孵化机构创业辅导情况

八、黑龙江省创业孵化发展情况

（一）总体情况

2020 年，黑龙江省共有创业孵化机构 245 家，同比增长 9 家，增幅 3.81%。其中，孵化器 198 家，同比增长 8.79%，国家级孵化器 21 家，占比 10.61%；众创空间 47 家，同比减少 12.96%，国家备案的众创空间 29 家，占比 61.70%。

2020 年，黑龙江省创业孵化机构面积达 2.8 百万平方米。其中，孵化器面积 2.7 百万平方米，与 2019 年持平；众创空间面积 0.1 百万平方米，均与 2019 年持平（表 4 - 43）。

表 4 - 43　黑龙江省创业孵化机构数量及面积情况

分类	2019 年	2020 年
创业孵化机构数量/家	236	245
孵化器数量	182	198
其中：国家级孵化器	19	21
众创空间数量	54	47
其中：国家备案的众创空间	25	29
创业孵化机构面积/百万平方米	2.8	2.8
其中：孵化器面积	2.7	2.7
众创空间面积	0.1	0.1

2020 年，黑龙江省创业孵化机构内在孵企业与团队数量达 9824 家，同比增长 8.79%。其中，孵化器当年在孵企业数量 6886 家，同比增长 9.08%；众创空间当年在孵企业与团队数量 2938 家，同比增长 8.13%。

2020 年，黑龙江省创业孵化机构内当年上市（挂牌）企业总数为 5 家，同比增长 25.00%（表 4 - 44）。

表 4 - 44　黑龙江省创业孵化机构在孵企业与团队情况　　　　　　　　　　　　单位：家

年份	在孵企业数量			当年上市（挂牌）企业数量		
	总数	孵化器	众创空间	总数	孵化器	众创空间
2019	9030	6313	2717	4	4	0
2020	9824	6886	2938	5	5	0

（二）绩效情况

1. 投融资情况

2020 年，黑龙江省创业孵化机构内当年获得投融资的企业数量为 117 家，同比增长 23.16%；当年获得投融资额为 1.2 亿元，同比减少 42.86%（表 4 - 45）。

表 4 - 45　黑龙江省创业孵化机构内获得投融资情况

获得投融资情况	2019 年	2020 年
当年获得投融资的企业数量/家	95	117
其中：孵化器	53	76
众创空间	42	41
当年获得投融资额/亿元	2.1	1.2
其中：孵化器	1.7	1.1
众创空间	0.4	0.1

2. 知识产权情况

截至 2020 年年底，黑龙江省创业孵化机构内在孵企业拥有有效知识产权数达 7633 件，同比增长 27.43%。其中，孵化器内在孵企业拥有有效知识产权数达 6029 件，同比增长 38.12%。拥有有效发明专利数为 1350 件，同比增长 12.88%（表 4 -46）。

表 4 -46　黑龙江省创业孵化机构知识产权情况　　　　　　　　　　单位：件

知识产权情况	2019 年	2020 年
拥有有效知识产权数	5990	7633
其中：孵化器	4365	6029
众创空间	1625	1604
拥有有效发明专利数	1196	1350
其中：孵化器	908	1139
众创空间	288	211

3. 吸纳就业情况

2020 年，黑龙江省创业孵化机构内在孵企业共吸纳就业 6.5 万人，同比减少 6.35%。其中，应届大学生创业就业共 4630 人，同比减少 28.16%（表 4 -47）。

表 4 -47　黑龙江省创业孵化机构吸纳就业情况　　　　　　　　　　单位：人

年份	在孵企业吸纳就业情况			其中：应届毕业大学生		
	总数	孵化器	众创空间	总数	孵化器	众创空间
2019	69 581	57 543	12 038	6445	4109	2336
2020	65 163	53 611	11 552	4630	2758	1872

4. 研发强度

2020 年，黑龙江省创业孵化机构在孵企业研发经费支出 6.3 亿元，研发经费占主营业务收入比重为 6.19%，同比减少 2.03 个百分点（图 4 -29）。

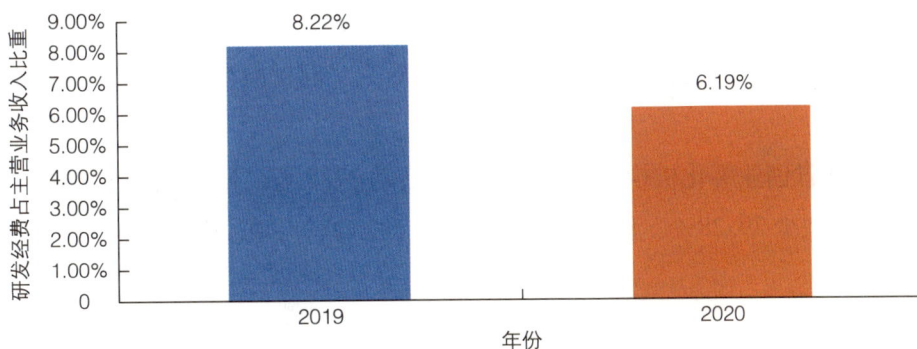

图 4 -29　黑龙江省创业孵化机构研发强度情况

（三）自身建设情况

1. 收入和运营成本情况

2020 年，黑龙江省创业孵化机构总收入 5.6 亿元，同比增长 19.15%。其中，综合服务收入最多，占比为 33.92%；其次是房租及物业收入，占比为 30.46%。

2020 年，黑龙江省创业孵化机构总成本 6.0 亿元，同比增长 13.21%。其中，其他费用占比最高，达 30.9%；其次是管理费用，占比为 28.36%（表 4 - 48、图 4 - 30）。

表 4 - 48　黑龙江省创业孵化机构收入和运营成本情况　　　　　　　单位：亿元

年份	收入			运营成本		
	总收入	孵化器	众创空间	总成本	孵化器	众创空间
2019	4.7	4.2	0.5	5.3	4.7	0.6
2020	5.6	5.1	0.5	6.0	5.5	0.5

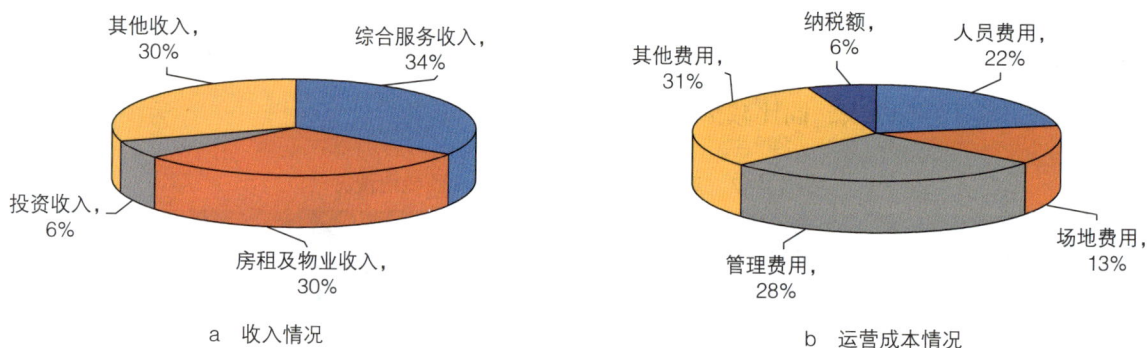

a　收入情况　　　　　　　　　　　　　　b　运营成本情况

图 4 - 30　黑龙江省创业孵化机构收入和运营成本情况

2020 年，黑龙江省创业孵化机构纳税额达 0.33 亿元，同比减少 19.48%。其中，孵化器纳税额 0.32 亿元，众创空间纳税额 0.01 亿元。

2. 服务人员情况

2020 年，黑龙江省创业孵化机构共有管理服务人员 2675 人，同比减少 3.04%。

2020 年，黑龙江省创业孵化机构共有创业导师 2726 人，同比减少 3.71%（图 4 - 31）。

3. 创业辅导情况

2020 年，黑龙江省创业孵化机构共举办创新创业活动 2988 场，同比减少 12.58%。开展创业教育培训 507 场，同比减少 39.28%。创业导师对接企业 4825 次，同比增长 6.54%（图 4 - 32）。

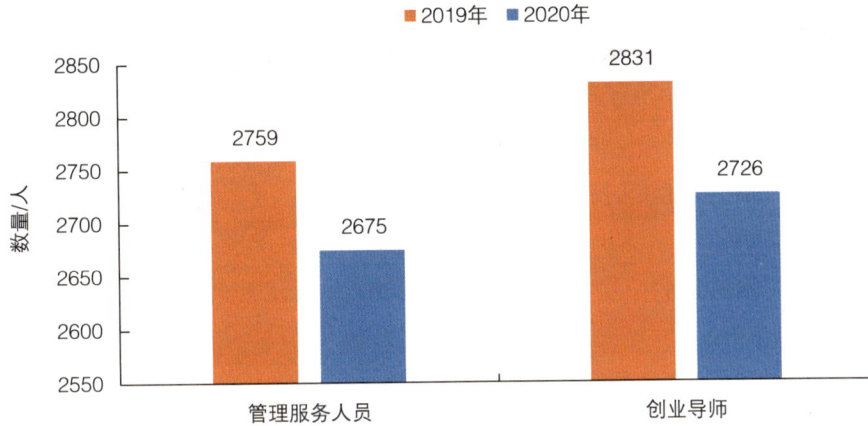

图 4-31　黑龙江省创业孵化机构服务人员情况

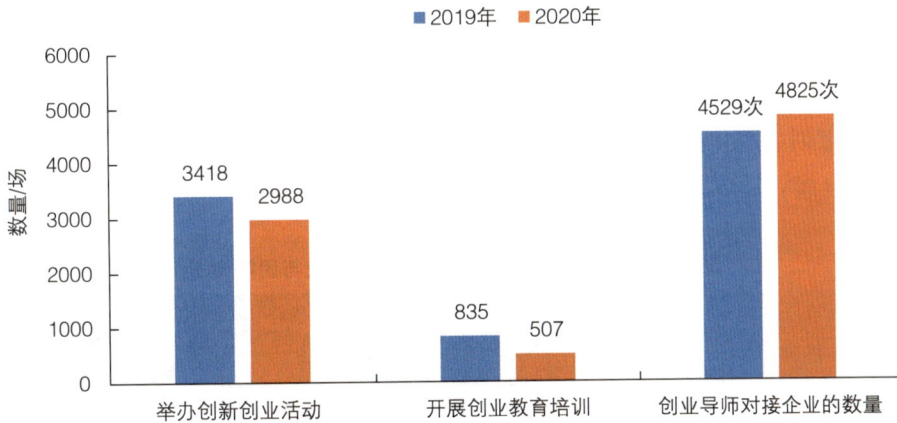

图 4-32　黑龙江省创业孵化机构创业辅导情况

九、上海市创业孵化发展情况

（一）总体情况

2020 年，上海市共有创业孵化机构 309 家，同比减少 30 家。其中，孵化器 165 家，同比减少 5.71%，国家孵化器 61 家，占比 36.97%；众创空间 144 家，同比减少 12.20%，国家备案的众创空间 69 家，占比 47.92%。

2020 年，上海市创业孵化机构面积达 2.65 百万平方米，同比减少 7.99%。其中，孵化器面积 2.17 百万平方米，同比减少 7.26%；众创空间面积 0.48 百万平方米，同比减少 11.11%（表 4-49）。

表4-49 上海市创业孵化机构数量及面积情况

分类	2019 年	2020 年
创业孵化机构数量/家	339	309
孵化器数量	175	165
其中：国家级孵化器	55	61
众创空间数量	164	144
其中：国家备案的众创空间	60	69
创业孵化机构面积/百万平方米	2.88	2.65
其中：孵化器面积	2.34	2.17
众创空间面积	0.54	0.48

2020 年，上海市创业孵化机构内在孵企业与团队数量达 1.7 万家，同比减少 15.61%。其中，孵化器当年在孵企业数量 7427 家，同比减少 11.41%；众创空间当年在孵企业与团队数量 1 万家，同比减少 18.47%。

2020 年，上海市创业孵化机构内当年上市（挂牌）企业总数为 24 家，同比减少 11.11%。其中，孵化器当年上市（挂牌）企业有 23 家，众创空间内当年上市（挂牌）企业有 1 家（表4-50）。

表4-50 上海市创业孵化机构在孵企业与团队情况

单位：家

年份	在孵企业数量			当年上市（挂牌）企业数量		
	总数	孵化器	众创空间	总数	孵化器	众创空间
2019	20 666	8384	12 282	27	20	7
2020	17 441	7427	10 014	24	23	1

（二）绩效情况

1. 投融资情况

2020 年，上海市创业孵化机构内当年获得投融资的企业数量为 918 家，同比减少 29.11%；当年获得投融资额达 149.7 亿元，占全国创业孵化机构内当年获得投融资的 10.49%（表4-51）。

表4-51 上海市创业孵化机构内获得投融资情况

获得投融资情况	2019 年	2020 年
当年获得投融资的企业数量/家	1295	918
其中：孵化器	633	560
众创空间	662	358
当年获得投融资额/亿元	194.8	149.7
其中：孵化器	67.2	93.0
众创空间	127.6	56.7

2. 知识产权情况

截至 2020 年年底，上海市创业孵化机构内在孵企业拥有有效知识产权数达 5.1 万件，同比增长 26.95%。其中，孵化器内在孵企业拥有有效知识产权数达 3 万件，同比增长 15.52%。拥有有效发明专利数为 7026 件，同比增长 7.45%（表 4 - 52）。

表 4 - 52　上海市创业孵化机构知识产权情况

知识产权情况	2019 年	2020 年
拥有有效知识产权数	40 083	50 887
其中：孵化器	26 103	30 154
众创空间	13 980	20 733
拥有有效发明专利数	6539	7026
其中：孵化器	4097	3847
众创空间	2442	3179

3. 吸纳就业情况

2020 年，上海市创业孵化机构内在孵企业共吸纳就业 12 万人，同比减少 15.36%。其中，应届毕业大学生创业就业共 9159 人，同比减少 22.17%（表 4 - 53）。

表 4 - 53　上海市创业孵化机构吸纳就业情况　　　　　　　　　　　　　　单位：人

年份	在孵企业吸纳就业情况			其中：应届毕业大学生		
	总数	孵化器	众创空间	总数	孵化器	众创空间
2019	142 116	84 943	57 173	11 768	5719	6049
2020	120 294	74 828	45 466	9159	4385	4774

4. 研发强度

2020 年，上海市创业孵化机构在孵企业研发经费支出 47.6 亿元，占全国在孵企业研发经费支出的 5.89%。研发经费占主营业务收入比重为 8.77%，同比增长 0.41 个百分点（图 4 - 33）。

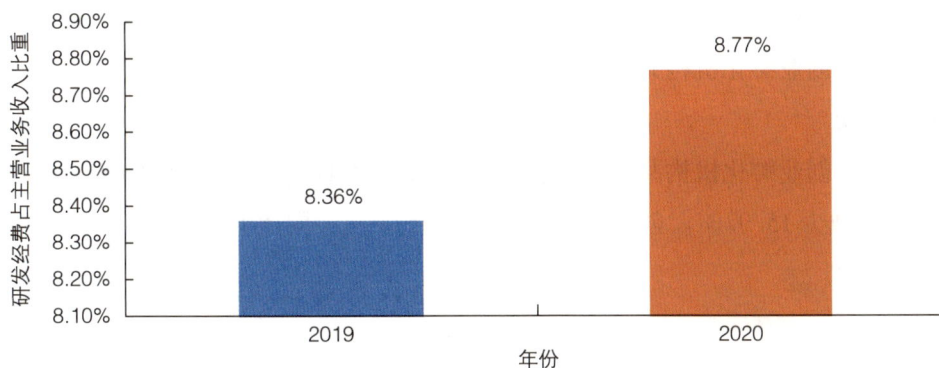

图 4 - 33　上海市创业孵化机构研发强度情况

（三）自身建设情况

1. 收入和运营成本情况

2020 年，上海市创业孵化机构总收入 26.6 亿元，同比减少 7.96%。其中，房租及物业收入最多，占比达 47.99%；其次是综合服务收入，占比为 35.49%。

2020 年，上海市创业孵化机构总成本 25.4 亿元，同比减少 12.11%。其中，场地费用占比最高，达 36.22%；其次是管理费用，占比为 27.75%（表 4-54、图 4-34）。

表 4-54 上海市创业孵化机构收入和运营成本情况　　　　　　　　　单位：亿元

年份	收入			运营成本		
	总收入	孵化器	众创空间	总成本	孵化器	众创空间
2019	28.9	20.6	8.3	28.9	18.7	10.3
2020	26.6	20.1	6.5	25.4	18.6	6.8

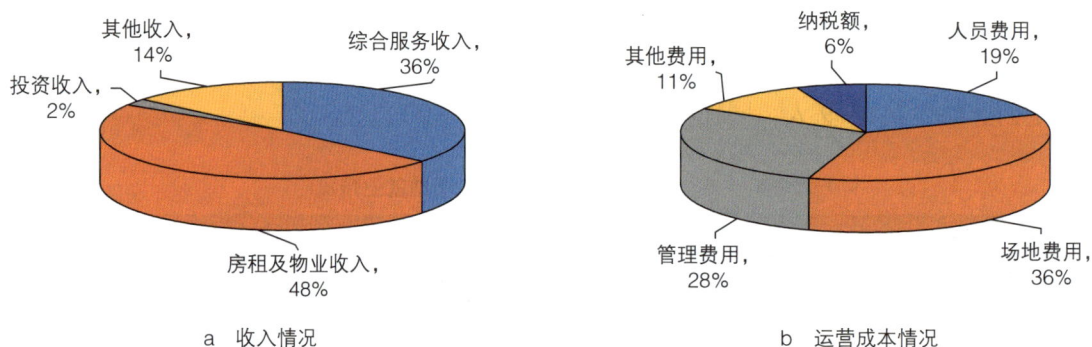

a　收入情况　　　　　　　　　　b　运营成本情况

图 4-34 上海市创业孵化机构收入和运营成本情况

2020 年，上海市创业孵化机构纳税额达 1.6 亿元，同比增长 8.24%。其中，孵化器纳税额 1.4 亿元，众创空间纳税额 0.2 亿元。

2. 服务人员情况

2020 年，上海市创业孵化机构共有管理服务人员 3553 人，同比减少 15.32%。

2020 年，上海市创业孵化机构共有创业导师 5574 人，同比增长 4.25%（图 4-35）。

3. 创业辅导情况

2020 年，上海市创业孵化机构共举办创新创业活动 9655 场，同比减少 16.90%。开展创业教育培训 1984 场，同比减少 15.97%。创业导师对接企业 5578 次，同比增长 3.68%（图 4-36）。

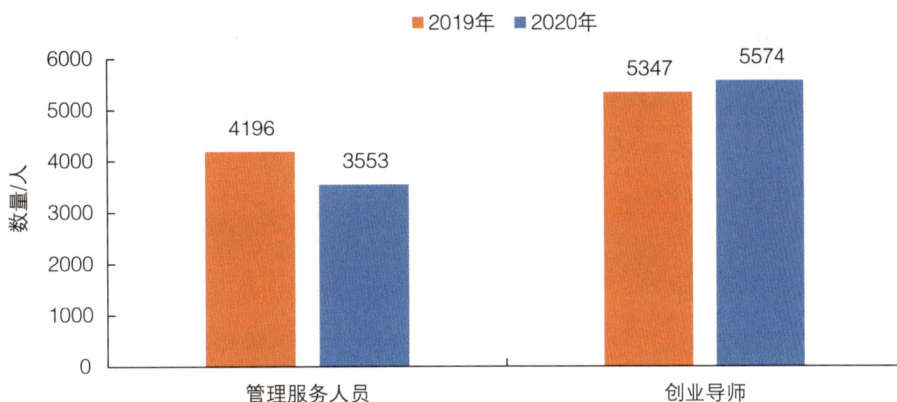

图 4 - 35 上海市创业孵化机构服务人员情况

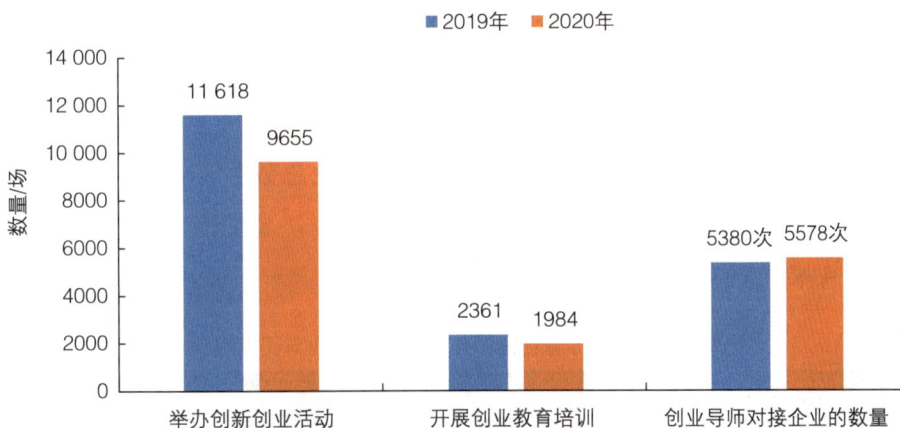

图 4 - 36 上海市创业孵化机构创业辅导情况

十、江苏省创业孵化发展情况

（一）总体情况

2020 年，江苏省共有创业孵化机构 1826 家，同比增长 158 家，增幅达到 9.47%。其中，孵化器 928 家，同比增长 11.54%，国家级孵化器 219 家，占比 23.60%；众创空间 898 家，同比增长 7.42%，国家备案的众创空间 217 家，占比 24.16%。

2020 年，江苏省创业孵化机构面积达 27.81 百万平方米，占全国创业孵化机构总面积的 16.61%。其中，孵化器面积 24.93 百万平方米，同比减少 0.64%；众创空间面积 2.88 百万平方米，同比减少 0.69%（表 4 - 55）。

表 4-55　江苏省创业孵化机构数量及面积情况

分类	2019 年	2020 年
创业孵化机构数量/家	1668	1826
孵化器数量	832	928
其中：国家级孵化器	201	219
众创空间数量	836	898
其中：国家备案的众创空间	166	217
创业孵化机构面积/百万平方米	27.99	27.81
其中：孵化器面积	25.09	24.93
众创空间面积	2.90	2.88

2020 年，江苏省创业孵化机构内在孵企业与团队数量达 7.3 万家，同比增长 5.50%。其中，孵化器当年在孵企业数量 3.7 万家，同比增长 6.19%；众创空间当年在孵企业与团队数量 3.6 万家，同比增长 4.78%。

2020 年，江苏省创业孵化机构内当年上市（挂牌）企业总数为 116 家，占全国上市企业比例 8.88%，同比减少 22.67%。其中，孵化器内当年上市（挂牌）企业有 112 家，众创空间内当年上市（挂牌）企业有 4 家（表 4-56）。

表 4-56　江苏省创业孵化机构在孵企业与团队情况　　　　　　　　　　单位：家

年份	在孵企业数量			当年上市（挂牌）企业数量		
	总数	孵化器	众创空间	总数	孵化器	众创空间
2019	68 743	34 800	33 943	150	110	40
2020	72 522	36 955	35 567	116	112	4

（二）绩效情况

1. 投融资情况

2020 年，江苏省创业孵化机构内当年获得投融资的企业数量为 4691 家，同比增长 15.17%；当年获得投融资额达 207.7 亿元，同比增长 55.58%，占全国创业孵化机构内当年获得投融资的 14.55%（表 4-57）。

表 4-57　江苏省创业孵化机构内获得投融资情况

获得投融资情况	2019 年	2020 年
当年获得投融资的企业数量/家	4073	4691
其中：孵化器	2266	3075
众创空间	1807	1616

获得投融资情况	2019 年	2020 年
当年获得投融资额/亿元	133.5	207.7
其中：孵化器	109.5	166.6
众创空间	24.0	41.2

2. 知识产权情况

截至 2020 年年底，江苏省创业孵化机构内在孵企业拥有有效知识产权数近 18 万件，同比增长 26.76%，占全国创业孵化机构内在孵企业拥有有效知识产权数的 15.66%。其中，孵化器内在孵企业拥有有效知识产权数达 14.6 万件，同比增长 30.17%。拥有有效发明专利数为 32 162 件，同比增长 12.52%（表 4 – 58）。

表 4 – 58　江苏省创业孵化机构知识产权情况　　　　　　　　　　　　单位：件

知识产权情况	2019 年	2020 年
拥有有效知识产权数	141 834	179 784
其中：孵化器	111 929	145 694
众创空间	29 905	34 090
拥有有效发明专利数	28 584	32 162
其中：孵化器	22 144	25 227
众创空间	6440	6935

3. 吸纳就业情况

2020 年，江苏省创业孵化机构内在孵企业共吸纳就业 63.7 万人，占全国创业孵化机构在孵企业吸纳就业人数的 13.23%。其中，应届毕业大学生创业就业共 5.7 万人，同比减少 12.10%（表 4 – 59）。

表 4 – 59　江苏省创业孵化机构吸纳就业情况　　　　　　　　　　　　单位：人

年份	在孵企业吸纳就业情况			其中：应届毕业大学生		
	总数	孵化器	众创空间	总数	孵化器	众创空间
2019	646 875	514 853	132 022	64 586	43 236	21 350
2020	637 186	504 909	132 277	56 768	39 126	17 642

4. 研发强度

2020 年，江苏省创业孵化机构在孵企业研发经费支出 179.9 亿元，占全国在孵企业研发经费支出的 22.25%。研发经费占主营业务收入比重为 10.04%，同比增长 0.79 个百分点（图 4 – 37）。

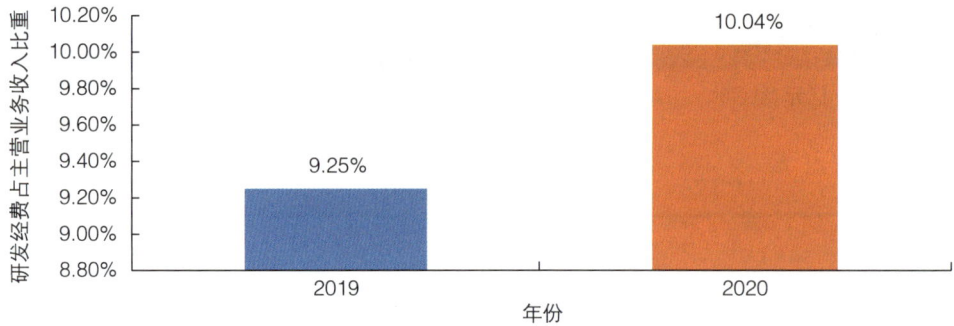

图 4-37　江苏省创业孵化机构研发强度情况

（三）自身建设情况

1．收入和运营成本情况

2020 年，江苏省创业孵化机构总收入 95.0 亿元，同比增长 1.93%。其中，房租及物业收入最多，占比为 46.36%；其次是综合服务收入，占比为 30.27%。

2020 年，江苏省创业孵化机构总成本 81.7 亿元，同比增长 4.74%。其中，管理费用占比最高，达 24.37%；其次是场地费用，占比为 22.95%（表 4-60、图 4-38）。

表 4-60　江苏省创业孵化机构收入和运营成本情况　　　　　　　　　　　　　单位：亿元

年份	收入			运营成本		
	总收入	孵化器	众创空间	总成本	孵化器	众创空间
2019	93.2	75.8	17.4	78.0	61.5	16.5
2020	95.0	78.1	16.9	81.7	65	16.7

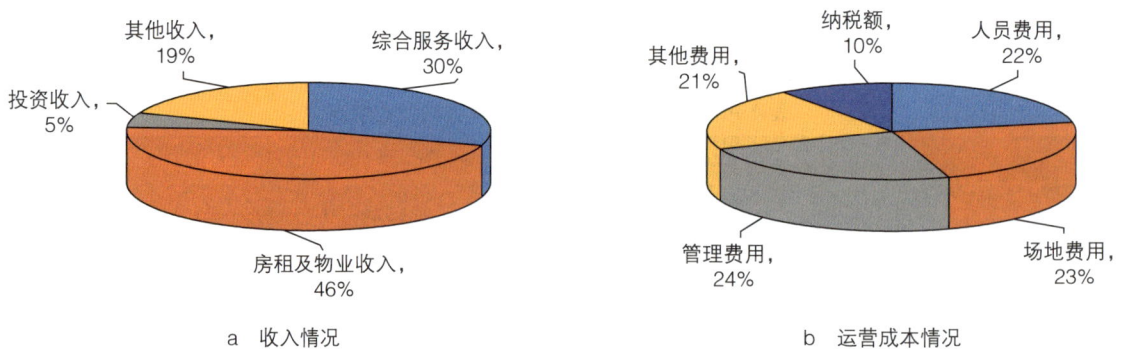

a　收入情况　　　　　　　　　　　　　b　运营成本情况

图 4-38　江苏省创业孵化机构收入和运营成本情况

2020 年，江苏省创业孵化机构纳税额达 8.1 亿元，同比增长 25.6%。其中，孵化器纳税额 7.6 亿元，众创空间纳税额 0.5 亿元。

2. 服务人员情况

2020年，江苏省创业孵化机构共有管理服务人员1.9万人，占全国管理服务人员的11.36%。

2020年，江苏省创业孵化机构共有创业导师1.9万人，同比减少4.71%，占全国创业导师总数的7.96%（图4-39）。

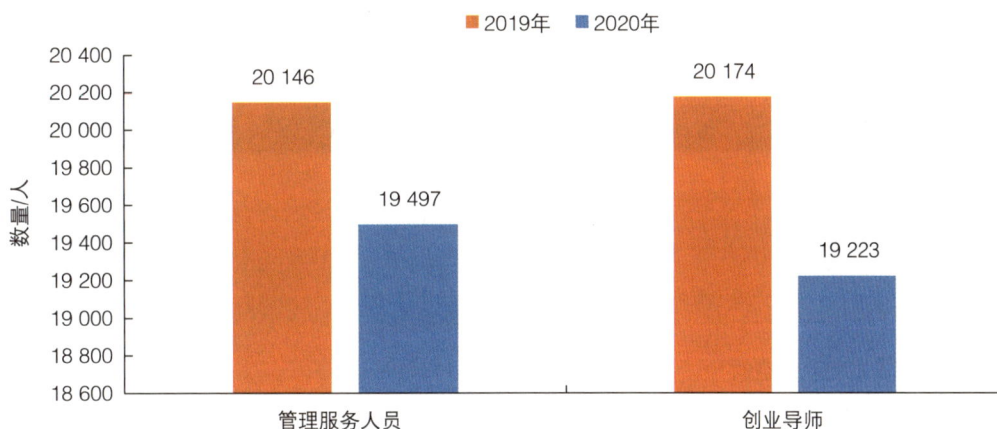

图4-39 江苏省创业孵化机构服务人员情况

3. 创业辅导情况

2020年，江苏省创业孵化机构共举办创新创业活动2.2万场，同比减少5.60%。开展创业教育培训7660场，同比减少9.4%。创业导师对接企业2.7万次，同比增长7.93%（图4-40）。

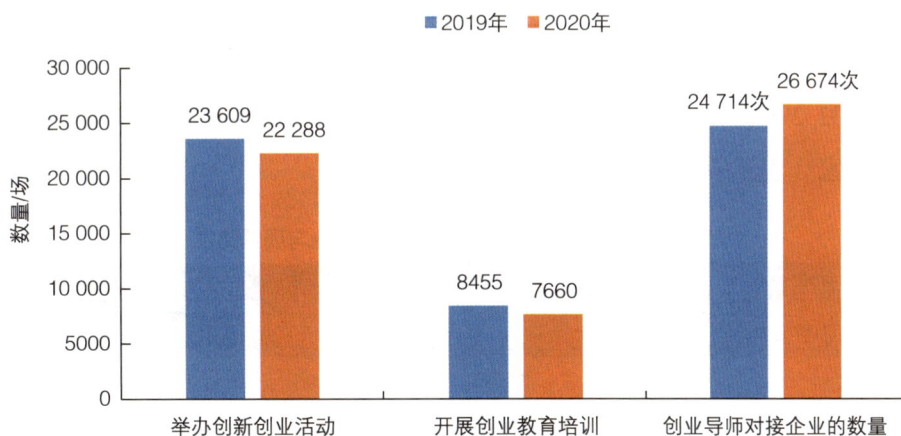

图4-40 江苏省创业孵化机构创业辅导情况

十一、浙江省创业孵化发展情况

（一）总体情况

2020年，浙江省共有创业孵化机构1172家，同比增长100家，增幅9.33%。其中，孵化器437

家，同比增长 20.39%，国家级孵化器 94 家，占比为 21.51%；众创空间 735 家，同比增长 3.67%，国家备案的众创空间 154 家，占比为 20.95%。

2020 年，浙江省创业孵化机构面积达 12.7 百万平方米，同比增长 13.09%，占全国创业孵化机构总面积的 7.59%。其中，孵化器面积 9.6 百万平方米，同比增长 6.67%；众创空间面积 3.1 百万平方米，同比减少 4.02%（表 4 –61）。

表 4 –61　浙江省创业孵化机构数量及面积情况

分类	2019 年	2020 年
创业孵化机构数量/家	1072	1172
孵化器数量	363	437
其中：国家级孵化器	82	94
众创空间数量	709	735
其中：国家备案的众创空间	113	154
创业孵化机构面积/百万平方米	11.23	12.70
其中：孵化器面积	9.00	9.60
众创空间面积	3.23	3.10

2020 年，浙江省创业孵化机构内在孵企业与团队数量达 4.9 万家，同比增长 4.00%。其中，孵化器当年在孵企业数量 1.9 万家，同比增长 10.98%；众创空间当年在孵企业与团队数量 3.1 万家，同比增长 0.18%。

2020 年，浙江省创业孵化机构内当年上市（挂牌）企业总数为 127 家，占全国上市企业比例 9.72%，同比增长 32.29%。其中，孵化器内当年上市（挂牌）企业有 74 家，众创空间内当年上市（挂牌）企业有 53 家（表 4 –62）。

表 4 –62　浙江省创业孵化机构在孵企业与团队情况　　　　　　　　　单位：家

年份	在孵企业数量			当年上市（挂牌）企业数量		
	总数	孵化器	众创空间	总数	孵化器	众创空间
2019	47 231	16 690	30 541	96	61	35
2020	49 120	18 523	30 597	127	74	53

（二）绩效情况

1. 投融资情况

2020 年，浙江省创业孵化机构内当年获得投融资的企业数量为 2862 家，同比增长 4.95%；当年获得投融资额达 109.1 亿元，同比增长 36.38%，占全国创业孵化机构内当年获得投融资的 7.64%（表 4 –63）。

表4-63　浙江省创业孵化机构内获得投融资情况

获得投融资情况	2019 年	2020 年
当年获得投融资的企业数量/家	2727	2862
其中：孵化器	919	1119
众创空间	1808	1743
当年获得投融资额/亿元	80.0	109.1
其中：孵化器	49.5	80.1
众创空间	30.5	29.0

2. 知识产权情况

截至 2020 年年底，浙江省创业孵化机构内在孵企业拥有有效知识产权数达 6.2 万件，同比增长 15.66%，占全国创业孵化机构内在孵企业拥有有效知识产权数的 5.43%。其中，孵化器内在孵企业拥有有效知识产权数达 4.1 万件，同比增长 18.07%。拥有有效发明专利数为 1.2 万件，同比增长 5.73%（表4-64）。

表4-64　浙江省创业孵化机构知识产权情况　　　　　　　　　　　单位：件

知识产权情况	2019 年	2020 年
拥有有效知识产权数	53 850	62 283
其中：孵化器	34 565	40 812
众创空间	19 285	21 471
拥有有效发明专利数	11 123	11 760
其中：孵化器	6666	7326
众创空间	4457	4434

3. 吸纳就业情况

2020 年，浙江省创业孵化机构内在孵企业共吸纳就业 32.2 万人，同比增长 1.46%，占全国创业孵化机构内在孵企业共吸纳就业的 6.69%。其中，应届毕业大学生创业就业共 3.6 万人，同比减少 10.45%（表4-65）。

表4-65　浙江省创业孵化机构吸纳就业情况　　　　　　　　　　　单位：人

年份	在孵企业吸纳就业情况			其中：应届毕业大学生		
	总数	孵化器	众创空间	总数	孵化器	众创空间
2019	317 585	187 378	130 207	40 467	17 587	22 880
2020	322 230	193 920	128 310	36 240	15 968	20 272

4. 研发强度

2020 年，浙江省创业孵化机构在孵企业研发经费支出 63.3 亿元，占全国在孵企业研发经费支出的 7.83%。研发经费占主营业务收入比重为 11.54%，同比减少 0.17 个百分点（图 4 – 41）。

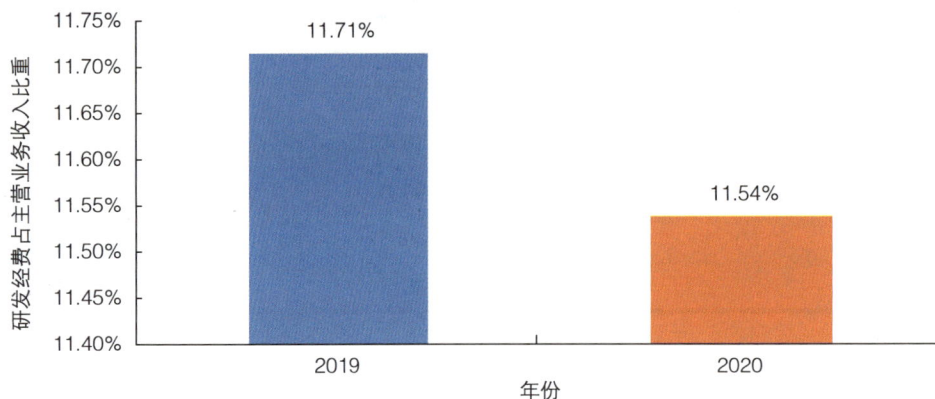

图 4 – 41　浙江省创业孵化机构研发强度情况

（三）自身建设情况

1. 收入和运营成本情况

2020 年，浙江省创业孵化机构总收入 56.2 亿元，同比增长 22.71%。其中，房租及物业收入最多，占比达 43.47%；其次是综合服务收入，占比为 25.54%。

2020 年，浙江省创业孵化机构总成本 41.9 亿元，同比减少 3.68%。其中，场地费用占比最高，达 33.2%；其次是管理费用，占比为 22.62%（表 4 – 66、图 4 – 42）。

表 4 – 66　浙江省创业孵化机构收入和运营成本情况　　　　单位：亿元

年份	收入			运营成本		
	总收入	孵化器	众创空间	总成本	孵化器	众创空间
2019	45.8	31.1	14.7	43.5	31.0	12.5
2020	56.2	34.2	22	41.9	29.2	12.7

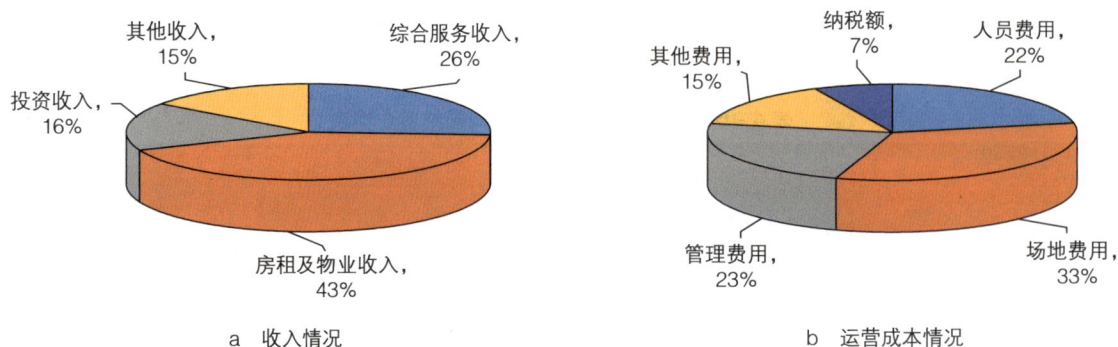

a　收入情况　　　　　　　　　　　　　　b　运营成本情况

图 4 – 42　浙江省创业孵化机构收入和运营成本情况

2020 年，浙江省创业孵化机构纳税额达 3.1 亿元，同比减少 59.35%。其中，孵化器纳税额 2.4 亿元，众创空间纳税额 0.7 亿元。

2. 服务人员情况

2020 年，浙江省创业孵化机构共有管理服务人员 12 412 人，同比增长 6.47%，占全国管理服务人员的 7.23%。

2020 年，浙江省创业孵化机构共有创业导师 19 414 人，同比增长 7.40%，占全国创业导师总数的 8.04%（图 4 - 43）。

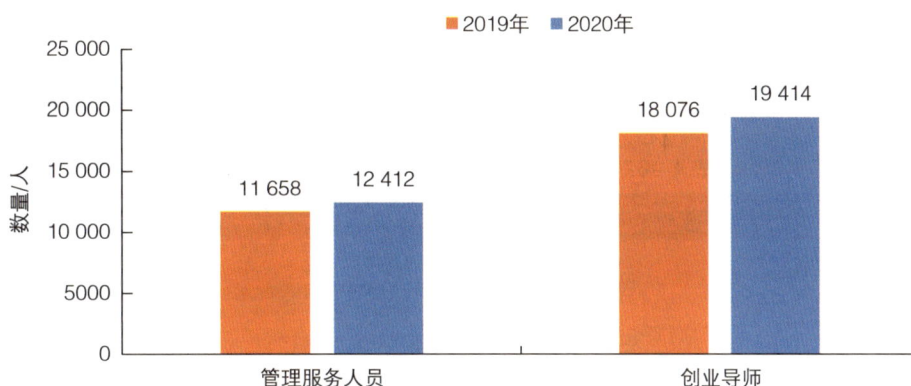

图 4 - 43　浙江省创业孵化机构服务人员情况

3. 创业辅导情况

2020 年，浙江省创业孵化机构共举办创新创业活动 1.7 万场，同比减少 2.81%。开展创业教育培训 7426 场，同比减少 13.27%。创业导师对接企业 1.4 万次，同比增长 2.78%（图 4 - 44）。

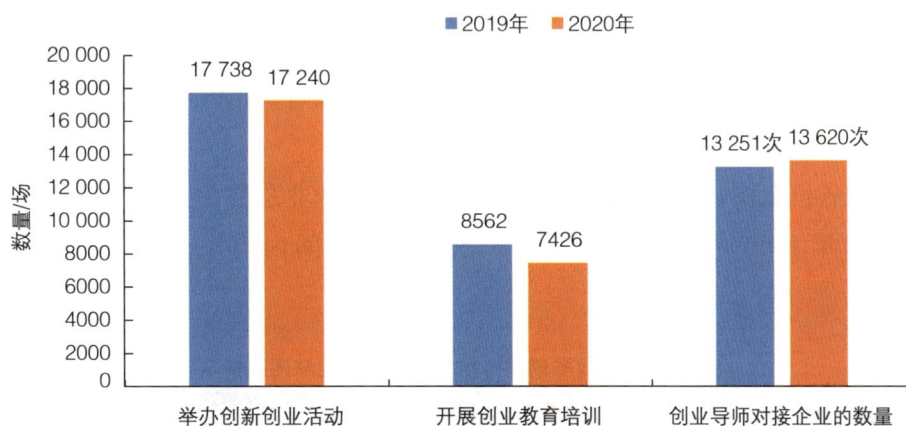

图 4 - 44　浙江省创业孵化机构创业辅导情况

十二、安徽省创业孵化发展情况

（一）总体情况

2020 年，安徽省共有创业孵化机构 460 家，同比增长 18 家，增幅达到 4.07%。其中，孵化器 208 家，同比增长 22.35%，国家级孵化器 38 家，占比为 18.27%；众创空间 252 家，同比减少 7.35%，国家备案的众创空间 50 家，占比为 19.84%。

2020 年，安徽省创业孵化机构面积达 5.4 百万平方米，同比增长 5.88%。其中，孵化器面积 4.4 百万平方米，同比增长 10.00%；众创空间面积 1.0 百万平方米，同比减少 9.09%（表 4 - 67）。

表 4 - 67　安徽省创业孵化机构数量及面积情况

分类	2019 年	2020 年
创业孵化机构数量/家	442	460
孵化器数量	170	208
其中：国家级孵化器	32	38
众创空间数量	272	252
其中：国家备案的众创空间	40	50
创业孵化机构面积/百万平方米	5.1	5.4
其中：孵化器面积	4	4.4
众创空间面积	1.1	1.0

2020 年，安徽省创业孵化机构内在孵企业与团队数量达 1.6 万家，同比减少 7.17%。其中，孵化器当年在孵企业数量 6948 家，同比增长 11.70%；众创空间当年在孵企业与团队数量 8812 家，同比减少 18.08%。

2020 年，安徽省创业孵化机构内当年内上市（挂牌）企业总数为 62 家，同比减少 36.08%。其中，孵化器内当年上市（挂牌）企业有 58 家，众创空间内当年上市（挂牌）企业有 4 家（表 4 - 68）。

表 4 - 68　安徽省创业孵化机构在孵企业与团队情况　　　　　　　　　　　　　单位：家

年份	在孵企业数量			当年上市（挂牌）企业数量		
	总数	孵化器	众创空间	总数	孵化器	众创空间
2019	16 977	6220	10 757	97	79	18
2020	15 760	6948	8812	62	58	4

（二）绩效情况

1. 投融资情况

2020 年，安徽省创业孵化机构内当年获得投融资的企业数量为 954 家，同比减少 5.82%；当年获得投融资额达 14.1 亿元，同比减少 9.62%（表 4 - 69）。

表 4 - 69　安徽省创业孵化机构内获得投融资情况

获得投融资情况	2019 年	2020 年
当年获得投融资的企业数量/家	1013	954
其中：孵化器	230	391
众创空间	783	563
当年获得投融资额/亿元	15.6	14.1
其中：孵化器	11.1	11.7
众创空间	4.5	2.4

2. 知识产权情况

截至 2020 年年底，安徽省创业孵化机构内在孵企业拥有有效知识产权数达 2.6 万件，同比增长 6.80%。其中，孵化器内在孵企业拥有有效知识产权数达 1.9 万件，同比增长 21.97%。拥有有效发明专利数为 4340 件，同比减少 3.28%（表 4 - 70）。

表 4 - 70　安徽省创业孵化机构知识产权情况　　　　　　　　　　　单位：件

知识产权情况	2019 年	2020 年
拥有有效知识产权数	24 459	26 122
其中：孵化器	15 826	19 303
众创空间	8633	6819
拥有有效发明专利数	4487	4340
其中：孵化器	2937	3225
众创空间	1550	1115

3. 吸纳就业情况

2020 年，安徽省创业孵化机构内在孵企业共吸纳就业 11.7 万人，同比减少 7.78%。其中，应届毕业大学生创业就业共 1.2 万人，同比减少 20.96%（表 4 - 71）。

表 4-71 安徽省创业孵化机构吸纳就业情况 单位：人

年份	在孵企业吸纳就业情况			其中：应届毕业大学生		
	总数	孵化器	众创空间	总数	孵化器	众创空间
2019	127 338	78 328	49 010	14 754	5441	9313
2020	117 425	76 438	40 987	11 661	5148	6513

4. 研发强度

2020 年，安徽省创业孵化机构在孵企业研发经费支出 20.4 亿元，研发经费占主营业务收入比重为 9.40%，同比增长 0.72 个百分点（图 4-45）。

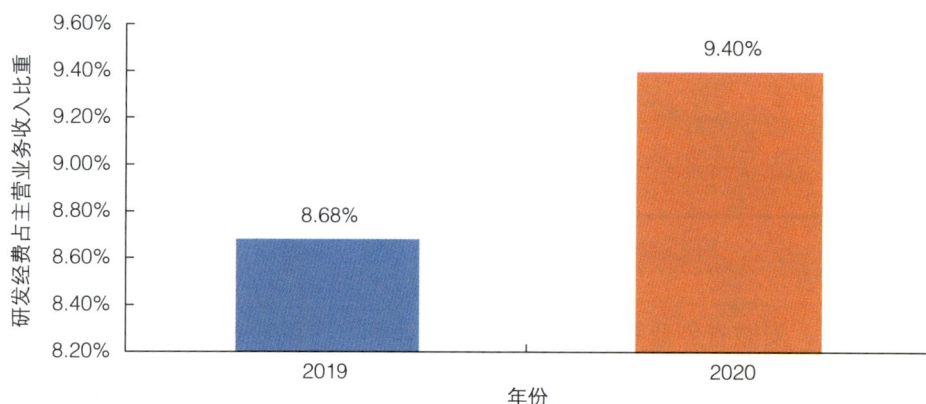

图 4-45 安徽省创业孵化机构研发强度情况

（三）自身建设情况

1. 收入和运营成本情况

2020 年，安徽省创业孵化机构总收入 9.9 亿元，同比增长 12.50%。其中房租及物业收入最多，占比为 36.86%；其次是综合服务收入，占比为 32.71%。

2020 年，安徽省创业孵化机构总成本 9.4 亿元，同比增长 11.90%。其中，人员费用占比最高，占比为 26.18%；其次是管理费用，占比达 25.18%（表 4-72、图 4-46）。

表 4-72 安徽省创业孵化机构收入和运营成本情况 单位：亿元

年份	收入			运营成本		
	总收入	孵化器	众创空间	总成本	孵化器	众创空间
2019	8.8	5.6	3.2	8.4	4.7	3.7
2020	9.9	6.7	3.2	9.4	6.6	2.8

2020 年，安徽省创业孵化机构纳税额达 0.6 亿元，同比减少 12.52%。其中，孵化器纳税额 0.4 亿元，众创空间纳税额 0.2 亿元。

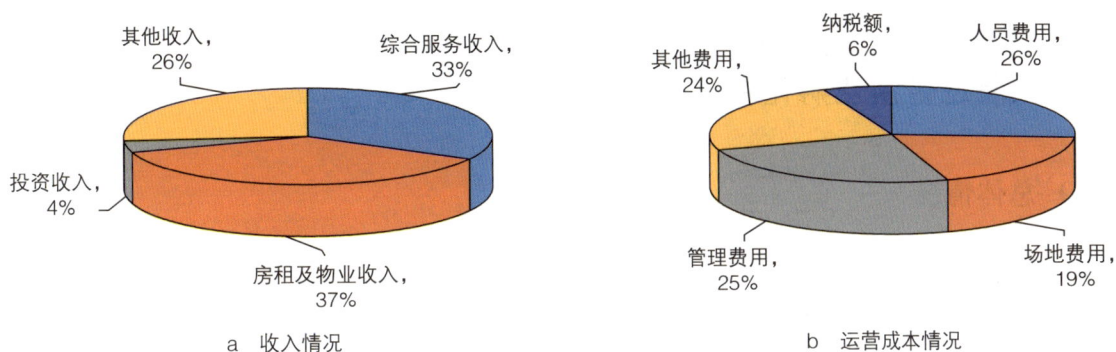

a 收入情况

b 运营成本情况

图4-46 安徽省创业孵化机构收入和运营成本情况

2. 服务人员情况

2020年，安徽省创业孵化机构共有管理服务人员4732人，同比减少1.42%。

2020年，安徽省创业孵化机构共有创业导师5480人，与2019年基本一致（图4-47）。

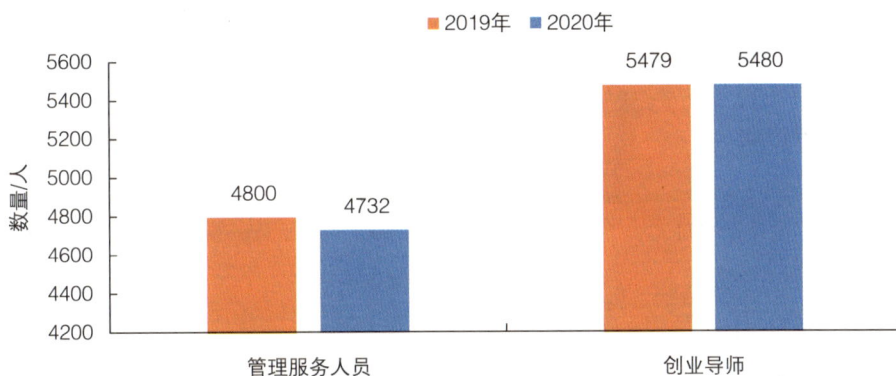

图4-47 安徽省创业孵化机构服务人员情况

3. 创业辅导情况

2020年，安徽省创业孵化机构共举办创新创业活动6439场，同比减少7.62%。开展创业教育培训2723场，同比减少24.23%。创业导师对接企业5616次，同比增长20.15%（图4-48）。

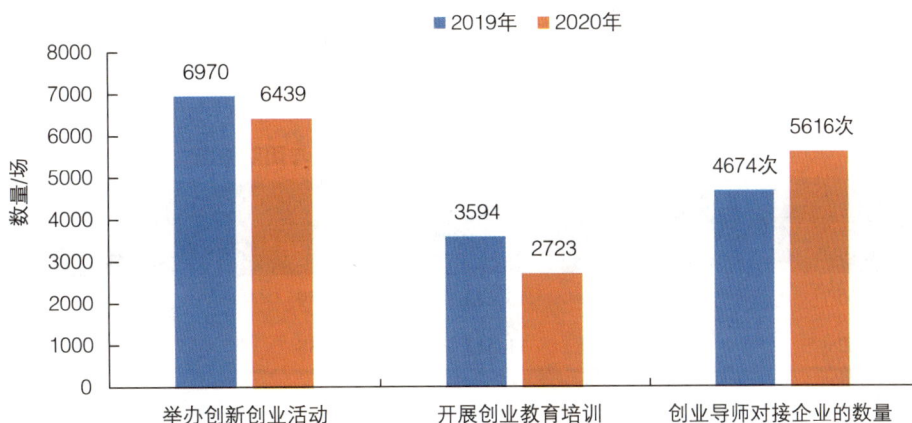

图4-48 安徽省创业孵化机构创业辅导情况

十三、福建省创业孵化发展情况

(一) 总体情况

2020 年，福建省共有创业孵化机构 470 家，比 2019 年减少 17 家。其中，孵化器 134 家，同比减少 0.74%，国家级孵化器 18 家，占比为 13.43%；众创空间 336 家，同比减少 4.55%，国家备案的众创空间 68 家，占比为 20.24%。

2020 年，福建省创业孵化机构面积达 4.3 百万平方米，同比减少 3.13%。其中，孵化器面积 3.3 百万平方米，同比减少 2.94%；众创空间面积 1 百万平方米，同比减少 9.90%（表 4 − 73）。

表 4 − 73　福建省创业孵化机构数量及面积情况

分类	2019 年	2020 年
创业孵化机构数量/家	487	470
孵化器数量	135	134
其中：国家级孵化器	15	18
众创空间数量	352	336
其中：国家备案的众创空间	50	68
创业孵化机构面积/百万平方米	4.5	4.3
其中：孵化器面积	3.4	3.3
众创空间面积	1.1	1

2020 年，福建省创业孵化机构内在孵企业与团队数量达 1.5 万家，同比减少 8.97%。其中，孵化器当年在孵企业数量 3745 家，同比增长 7.21%；众创空间当年在孵企业与团队数量 1.2 万家，同比减少 13.22%。

2020 年，福建省创业孵化机构内当年上市（挂牌）企业总数为 38 家，同比减少 35.59%。其中，孵化器内当年上市（挂牌）企业有 23 家，众创空间内当年上市（挂牌）企业有 15 家（表 4 − 74）。

表 4 − 74　福建省创业孵化机构在孵企业与团队情况

单位：家

年份	在孵企业数量			当年上市（挂牌）企业数量		
	总数	孵化器	众创空间	总数	孵化器	众创空间
2019	16 765	3493	13 272	59	14	45
2020	15 262	3745	11 517	38	23	15

（二）绩效情况

1. 投融资情况

2020年，福建省创业孵化机构内当年获得投融资的企业数量为788家，同比减少9.43%；当年获得投融资额达24.6亿元，同比增长6.49%（表4-75）。

表4-75　福建省创业孵化机构内获得投融资情况

获得投融资情况	2019年	2020年
当年获得投融资的企业数量/家	870	788
其中：孵化器	235	274
众创空间	635	514
当年获得投融资额/亿元	23.1	24.6
其中：孵化器	8.7	15.3
众创空间	14.4	9.3

2. 知识产权情况

截至2020年年底，福建省创业孵化机构内在孵企业拥有有效知识产权数达2.9万件，同比增长23.40%。其中，众创空间内企业及团队拥有有效知识产权数达1.1万件，同比增长6.15%；拥有有效发明专利数为3219件，同比增长23.38%（表4-76）。

表4-76　福建省创业孵化机构知识产权情况　　　　　　　　　　　　单位：件

知识产权情况	2019年	2020年
拥有有效知识产权数	23 397	28 871
其中：孵化器	12 677	17 492
众创空间	10 720	11 379
拥有有效发明专利数	2609	3219
其中：孵化器	1467	1942
众创空间	1142	1277

3. 吸纳就业情况

2020年，福建省创业孵化机构内在孵企业共吸纳就业9.2万人，同比减少6.47%。其中，应届大学生创业就业共1万人，同比减少23.48%（表4-77）。

表 4 –77 福建省创业孵化机构吸纳就业情况

单位：人

年份	在孵企业吸纳就业情况			其中：应届毕业大学生		
	总数	孵化器	众创空间	总数	孵化器	众创空间
2019	98 765	47 594	51 171	13 636	4898	8738
2020	92 379	46 709	45 670	10 434	4085	6349

4. 研发强度

2020 年，福建省创业孵化机构在孵企业研发经费支出 18.3 亿元，研发经费占主营业务收入比重为 13.57%，同比增长 1.63 个百分点（图 4 –49）。

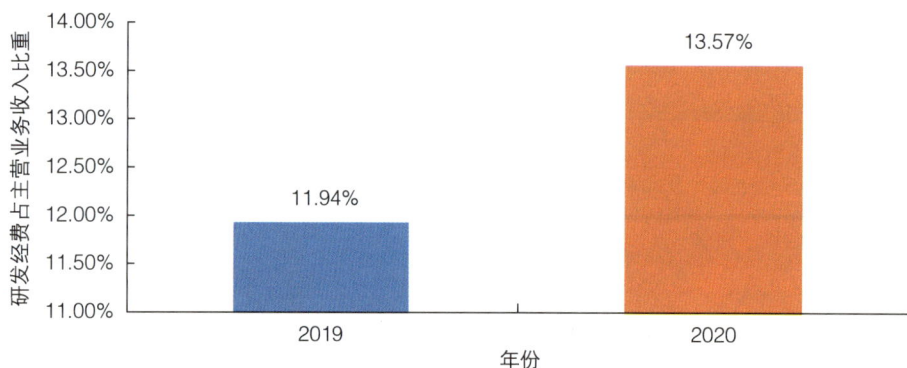

图 4 –49 福建省创业孵化机构研发强度情况

（三）自身建设情况

1. 收入和运营成本情况

2020 年，福建省创业孵化机构总收入 15.4 亿元，同比增长 0.65%。其中，房租及物业收入最多，占比为 43.19%；其次是综合服务收入，占比为 31.13%。

2020 年，福建省创业孵化机构总成本 14.2 亿元，同比减少 4.70%。其中，人员费用占比最高，达 29.39%；其次是其他费用，占比为 26.62%（表 4 –78、图 4 –50）。

表 4 –78 福建省创业孵化机构收入和运营成本情况

单位：亿元

年份	收入			运营成本		
	总收入	孵化器	众创空间	总成本	孵化器	众创空间
2019	15.3	8.7	6.6	14.9	7.8	7.1
2020	15.4	9.1	6.3	14.2	8.1	6.1

2020 年，福建省创业孵化机构纳税额达 0.9 亿元，同比减少 25.01%。其中，孵化器纳税额 0.8 亿元，众创空间纳税额 0.1 亿元。

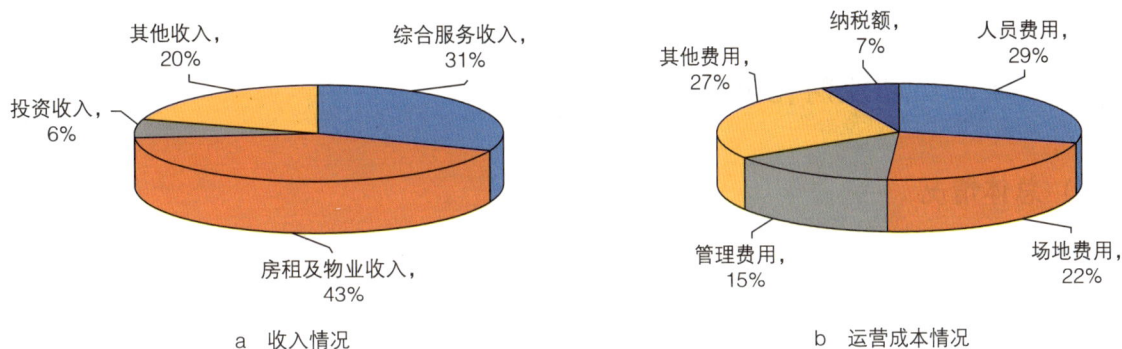

a　收入情况　　　　　　　　　　　　　b　运营成本情况

图4-50　福建省创业孵化机构收入和运营成本情况

2. 服务人员情况

2020年，福建省创业孵化机构共有管理服务人员4670人，同比减少14.94%。

2020年，福建省创业孵化机构共有创业导师8797人，同比减少5.66%（图4-51）。

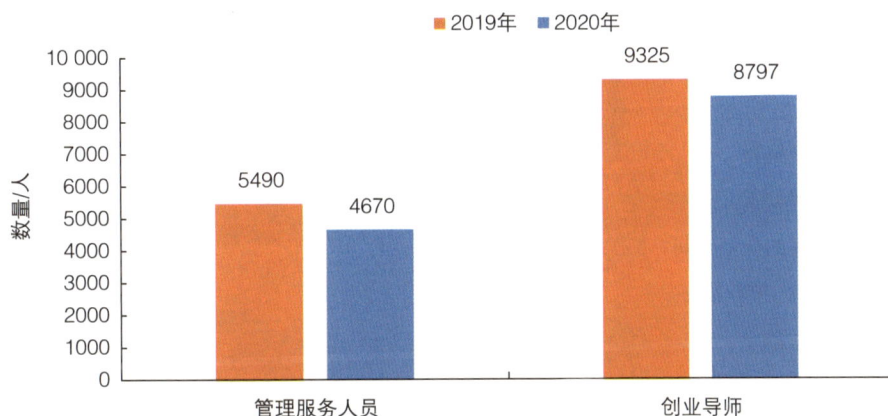

图4-51　福建省创业孵化机构服务人员情况

3. 创业辅导情况

2020年，福建省创业孵化机构共举办创新创业活动5827场，同比减少20.07%。开展创业教育培训3155场，同比减少15.73%。创业导师对接企业3110次，同比增长5.42%（图4-52）。

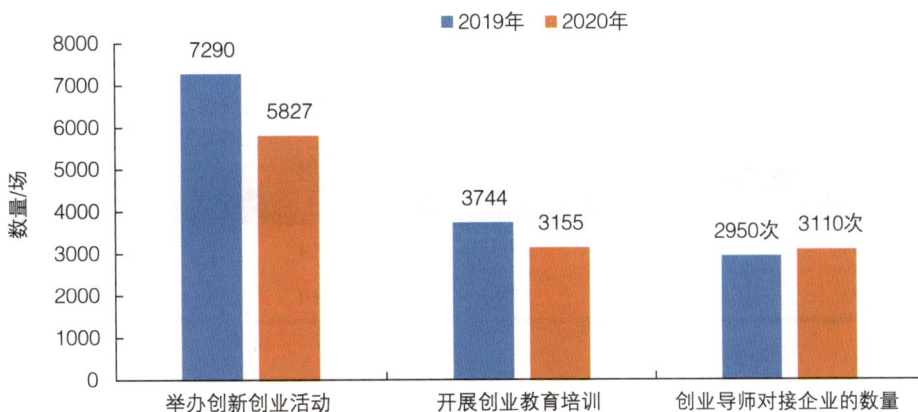

图4-52　福建省创业孵化机构创业辅导情况

十四、江西省创业孵化发展情况

（一）总体情况

2020 年，江西省共有创业孵化机构 262 家，同比增长 26 家，11.02%。其中，孵化器 79 家，同比增长 27.42%，国家级孵化器 22 家，占比为 27.85%；众创空间 183 家，同比增长 5.17%，国家备案的众创空间 50 家，占比为 27.32%。

2020 年，江西省创业孵化机构面积达 4.8 百万平方米，同比增长 118.18%。其中，孵化器面积 3 百万平方米，同比增长 50.00%；众创空间面积 1.8 百万平方米，同比增长 800%（表 4 - 79）。

表 4 - 79　江西省创业孵化机构数量及面积情况

分类	2019 年	2020 年
创业孵化机构数量/家	236	262
孵化器数量	62	79
其中：国家级孵化器	21	22
众创空间数量	174	183
其中：国家备案的众创空间	42	50
创业孵化机构面积/百万平方米	2.2	4.8
其中：孵化器面积	2	3
众创空间面积	0.2	1.8

2020 年，江西省创业孵化机构内在孵企业与团队数量达 2.2 万家，同比减少 1.12%。其中，孵化器当年在孵企业数量 3798 家，同比增长 8.30%；众创空间当年在孵企业与团队数量 1.8 万家，同比减少 2.91%。

2020 年，江西省创业孵化机构当年上市（挂牌）企业总数为 19 家，同比增长 35.71%。其中，孵化器内当年上市（挂牌）企业有 9 家，众创空间内当年上市（挂牌）企业有 10 家（表 4 - 80）。

表 4 - 80　江西省创业孵化机构在孵企业与团队情况　　　　　　　　单位：家

年份	在孵企业数量			当年上市（挂牌）企业数量		
	总数	孵化器	众创空间	总数	孵化器	众创空间
2019	21 877	3507	18 370	14	6	8
2020	21 633	3798	17 835	19	9	10

（二）绩效情况

1. 投融资情况

2020 年，江西省创业孵化机构内当年获得投融资的企业数量为 1076 家，同比减少 12.45%；当年获得投融资额达 10.2 亿元，同比减少 29.92%（表 4-81）。

表 4-81　江西省创业孵化机构内获得投融资情况

获得投融资情况	2019 年	2020 年
当年获得投融资的企业数量/家	1229	1076
其中：孵化器	276	274
众创空间	953	802
当年获得投融资额/亿元	14.6	10.2
其中：孵化器	3.0	4.3
众创空间	11.6	5.9

2. 知识产权情况

截至 2020 年年底，江西省创业孵化机构内在孵企业拥有有效知识产权数达 3.2 万件，同比增长 97.40%。其中，众创空间内企业及团队拥有有效知识产权数达 1.9 万件，同比增长 134.49%。拥有有效发明专利数为 5369 件，同比增长 89.72%（表 4-82）。

表 4-82　江西省创业孵化机构知识产权情况　　　　　　　　　　　　单位：件

知识产权情况	2019 年	2020 年
拥有有效知识产权数	15 991	31 567
其中：孵化器	7798	12 355
众创空间	8193	19 212
拥有有效发明专利数	2830	5369
其中：孵化器	2116	4572
众创空间	714	797

3. 吸纳就业情况

2020 年，江西省创业孵化机构内在孵企业共吸纳就业 16.2 万人，同比增长 4.74%。其中，应届毕业大学生创业就业共 3.1 万人，同比减少 12.84%（表 4-83）。

表 4-83　江西省创业孵化机吸纳就业情况　　　　　　　　　单位：人

年份	在孵企业吸纳就业情况			其中：应届毕业大学生		
	总数	孵化器	众创空间	总数	孵化器	众创空间
2019	154 889	60 800	94 089	35 901	8696	27 205
2020	162 235	65 581	96 654	31 293	8770	22 523

4. 研发强度

2020 年，江西省创业孵化机构在孵企业研发经费支出 6.7 亿元，研发经费占主营业务收入比重为 5.05%，同比增长 1.18 个百分点（图 4-53）。

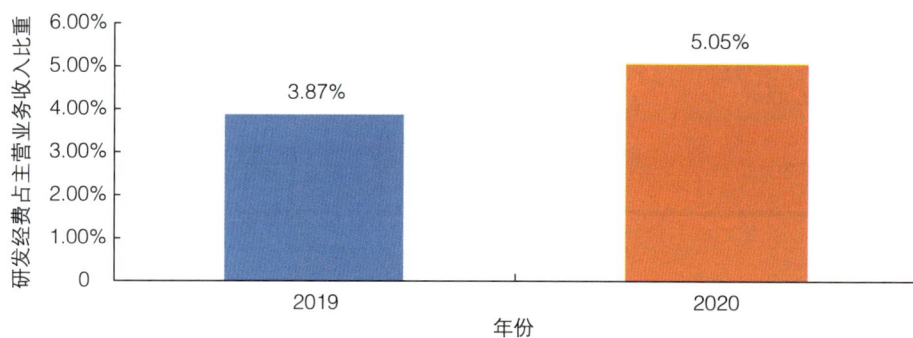

图 4-53　江西省创业孵化机构研发强度情况

（三）自身建设情况

1. 收入和运营成本情况

2020 年，江西省创业孵化机构总收入 15.3 亿元，同比增长 3.38%。其中，综合服务收入和其他收入最多，占比均为 32.94%；其次是房租及物业收入，占比为 26.28%。

2020 年，江西省创业孵化机构总成本 11.6 亿元，同比增长 12.62%。其中，其他费用占比最高，达 33.57%；其次是人员费用，占比为 20.32%（表 4-84、图 4-54）。

表 4-84　江西省创业孵化机构收入和运营成本情况　　　　　　　　　单位：亿元

年份	收入			运营成本		
	总收入	孵化器	众创空间	总成本	孵化器	众创空间
2019	14.8	6.5	8.3	10.3	3.4	6.9
2020	15.3	6.2	9.1	11.6	4.4	7.2

2020 年，江西省创业孵化机构纳税额达 1.4 亿元，同比减少 2.91%。其中，孵化器纳税额 0.9 亿元，众创空间纳税额 0.5 亿元。

2. 服务人员情况

2020 年，江西省创业孵化机构共有管理服务人员 5160 人，同比增长 15.33%。

a　收入情况

b　运营成本情况

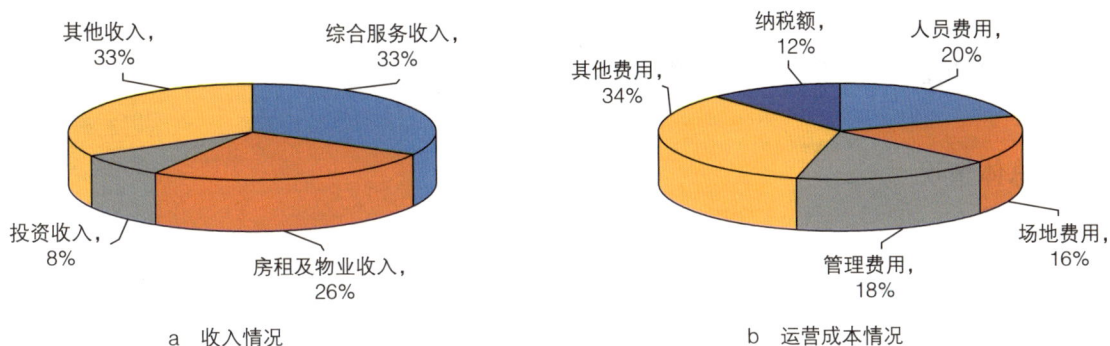

图 4 - 54　江西省创业孵化机构收入和运营成本情况

2020 年，江西省创业孵化机构共有创业导师 6703 人，同比增长 0.22%（图 4 - 55）。

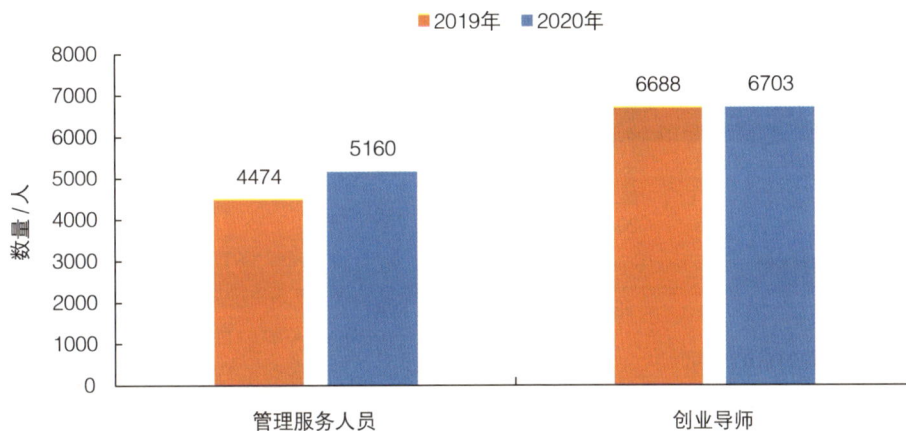

图 4 - 55　江西省创业孵化机构服务人员情况

3. 创业辅导情况

2020 年，江西省创业孵化机构共举办创新创业活动 6111 场，同比减少 23.98%。开展创业教育培训 4932 场，同比增长 1.61%。创业导师对接企业 3751 次，同比增长 5.84%（图 4 - 56）。

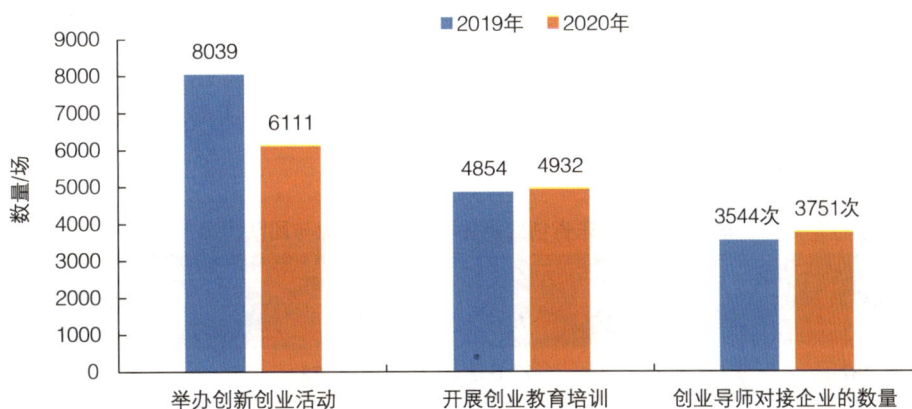

图 4 - 56　江西省创业孵化机构创业辅导情况

十五、山东省创业孵化发展情况

(一) 总体情况

2020 年，山东省共有创业孵化机构 843 家，同比减少 141 家。其中，孵化器 318 家，同比减少 11.17%，国家级孵化器 97 家，占比为 30.50%；众创空间 525 家，同比减少 16.13%，国家备案的众创空间 209 家，占比为 39.81%。

2020 年，山东省创业孵化机构面积达 11.8 百万平方米，占全国创业孵化机构总面积的 7.02%。其中，孵化器面积 9 百万平方米，同比减少 32.81%；众创空间面积 2.8 百万平方米，同比减少 14.72%（表 4-85）。

表 4-85 山东省创业孵化机构数量及面积情况

分类	2019 年	2020 年
创业孵化机构数量/家	984	843
孵化器数量	358	318
其中：国家级孵化器	96	97
众创空间数量	626	525
其中：国家备案的众创空间	182	209
创业孵化机构面积/百万平方米	16.61	11.75
其中：孵化器面积	13.35	8.97
众创空间面积	3.26	2.78

2020 年，山东省创业孵化机构内在孵企业与团队数量达 3.7 万家，同比减少 14.69%。其中，孵化器当年在孵企业数量 1.5 万家，同比减少 10.41%；众创空间当年在孵企业与团队数量 2.2 万家，同比减少 17.27%。

2020 年，山东省创业孵化机构内当年上市（挂牌）企业总数为 49 家，同比减少 31.94%。其中，孵化器内当年上市（挂牌）企业有 45 家，众创空间内当年上市（挂牌）企业有 4 家（表 4-86）。

表 4-86 山东省创业孵化机构在孵企业与团队情况

单位：家

年份	在孵企业数量			当年上市（挂牌）企业数量		
	总数	孵化器	众创空间	总数	孵化器	众创空间
2019	43 367	16 315	27 052	72	45	27
2020	36 997	14 617	22 380	49	45	4

（二）绩效情况

1. 投融资情况

2020 年，山东省创业孵化机构内当年获得投融资的企业数量为 1445 家，同比减少 10.02%；当年获得投融资额达 27.2 亿元，同比增长 32.04%（表 4-87）。

表 4-87　山东省创业孵化机构内获得投融资情况

获得投融资情况	2019 年	2020 年
当年获得投融资的企业数量/家	1606	1445
其中：孵化器	571	729
众创空间	1035	716
当年获得投融资额/亿元	20.6	27.2
其中：孵化器	12.9	20.0
众创空间	7.7	7.2

2. 知识产权情况

截至 2020 年年底，山东省创业孵化机构内在孵企业拥有有效知识产权数达 5.7 万件，同比增长 28.06%。其中，众创空间内企业及团队拥有有效知识产权数达 1.4 万件，同比增长 13.52%。拥有有效发明专利数为 7915 件，同比增长 11.01%（表 4-88）。

表 4-88　山东省创业孵化机构知识产权情况　　　　　　　　　单位：件

知识产权情况	2019 年	2020 年
拥有有效知识产权数	44 574	57 081
其中：孵化器	32 443	43 310
众创空间	12 131	13 771
拥有有效发明专利数	7130	7915
其中：孵化器	4592	5500
众创空间	2538	2415

3. 吸纳就业情况

2020 年，山东省创业孵化机构内在孵企业 26.8 万人，占全国创业孵化机构内在孵企业共吸纳就业的 5.57%。其中，应届毕业大学生创业就业共 3.1 万人，同比减少 24.49%（表 4-89）。

表 4 - 89　山东省创业孵化机构吸纳就业情况　　　　　　　　　　　　　　单位：人

年份	在孵企业吸纳就业情况			其中：应届毕业大学生		
	总数	孵化器	众创空间	总数	孵化器	众创空间
2019	303 895	197 023	106 872	41 586	21 537	20 049
2020	268 210	180 618	87 592	31 401	16 505	14 896

4. 研发强度

2020 年，山东省创业孵化机构在孵企业研发经费支出 37.4 亿元，研发经费占主营业务收入比重为 5.88%，同比增长 0.27 个百分点（图 4 - 57）。

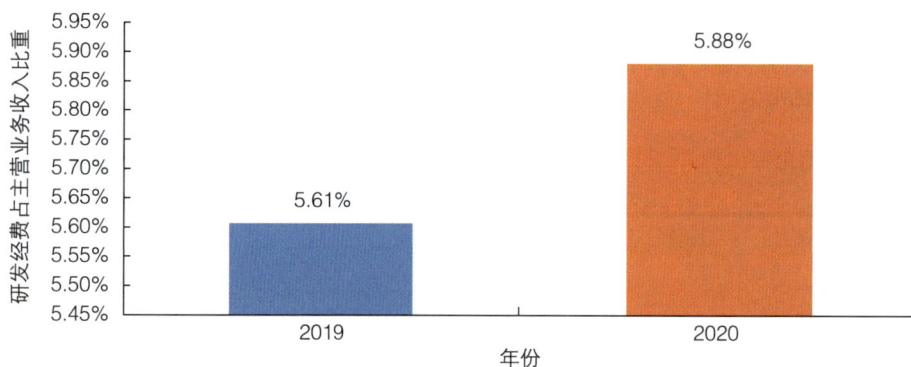

图 4 - 57　山东省创业孵化机构研发强度情况

（三）自身建设情况

1. 收入和运营成本情况

2020 年，山东省创业孵化机构总收入 30.3 亿元，同比增长 8.21%。其中，房租及物业收入最多，占比达 34.76%；其次是综合服务收入，占比为 31.96%。

2020 年，山东省创业孵化机构总成本 27.8 亿元，同比减少 3.14%。其中，管理费用占比最高，达 27.97%；其次是其他费用，占比达 23.87%（表 4 - 90、图 4 - 58）。

表 4 - 90　山东省创业孵化机构收入和运营成本情况　　　　　　　　　　　单位：亿元

年份	收入			运营成本		
	总收入	孵化器	众创空间	总成本	孵化器	众创空间
2019	28.0	17.0	11.0	28.7	17.5	11.2
2020	30.3	18.3	12	27.8	16.9	10.9

2020 年，山东省创业孵化机构纳税额达 2 亿元，同比减少 6.41%。其中，孵化器纳税额 1.6 亿元，众创空间纳税额 0.4 亿元。

2. 服务人员情况

2020 年，山东省创业孵化机构共有管理人员 1 万人，占全国管理服务人员的 6.09%。

a　收入情况

b　运营成本情况

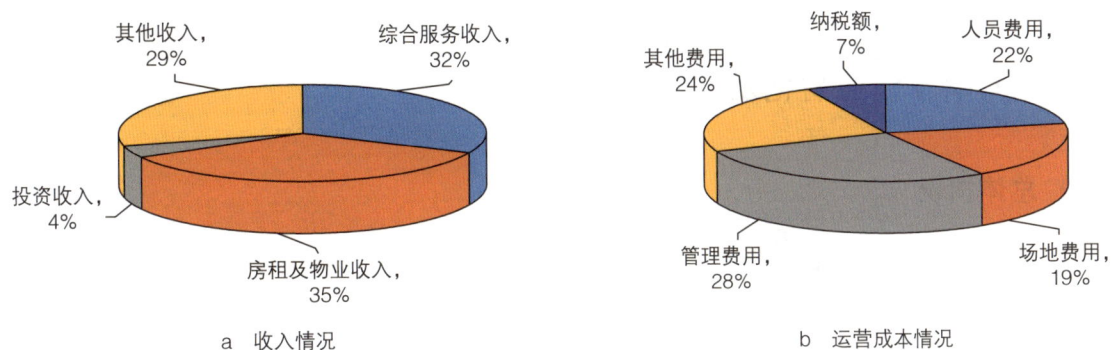

图 4 – 58　山东省创业孵化机构收入和运营成本情况

2020 年，山东省创业孵化机构共有创业导师 1.5 万人，同比减少 11.75%，占全国创业导师总数的 6.31%（图 4 – 59）。

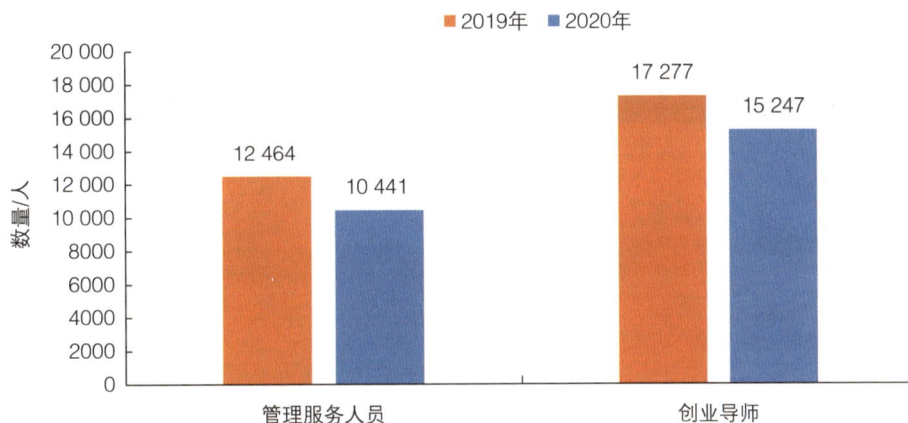

图 4 – 59　山东省创业孵化机构服务人员情况

3. 创业辅导情况

2020 年，山东省创业孵化机构共举办创新创业活动 1.4 万场，同比减少 25.10%。开展创业教育培训 5959 场，同比减少 28.08%。创业导师对接企业 1.4 万次，同比减少 4.95%（图 4 – 60）。

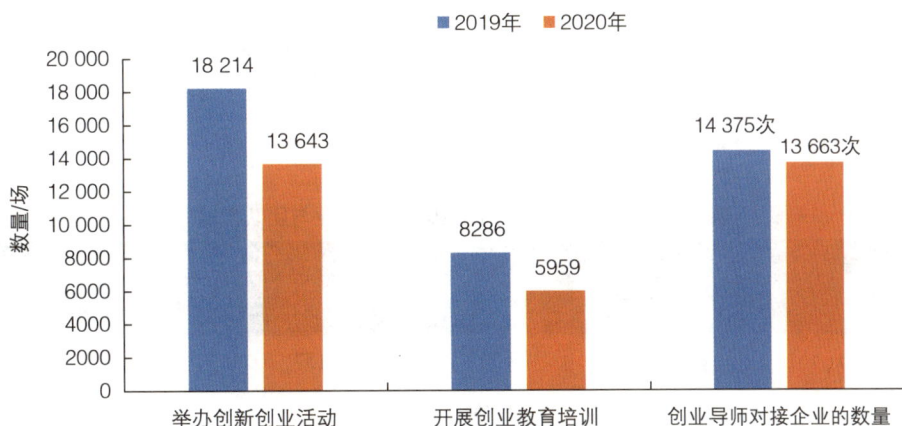

图 4 – 60　山东省创业孵化机构创业辅导情况

十六、河南省创业孵化发展情况

(一) 总体情况

2020 年，河南省共有创业孵化机构 467 家，同比增加 71 家，增幅达到 17.93%。其中，孵化器 181 家，同比增长 8.38%，国家级孵化器 50 家，占比为 27.62%；众创空间 286 家，同比增长 24.89%，国家备案的众创空间 53 家，占比为 18.53%。

2020 年，河南省创业孵化机构面积达 4.69 百万平方米，同比减少 2.70%。其中，孵化器面积 3.73 百万平方米，同比减少 6.05%；众创空间面积 0.96 百万平方米，同比增长 12.94%（表 4 - 91）。

表 4 - 91　河南省创业孵化机构数量及面积情况

分类	2019 年	2020 年
创业孵化机构数量/家	396	467
孵化器数量	167	181
其中：国家级孵化器	44	50
众创空间数量	229	286
其中：国家备案的众创空间	38	53
创业孵化机构面积/百万平方米	4.82	4.69
其中：孵化器面积	3.97	3.73
众创空间面积	0.85	0.96

2020 年，河南省创业孵化机构内在孵企业与团队数量达 3 万家，同比增长 7.59%。其中，孵化器当年在孵企业数量 0.9 万家，同比增长 3.57%；众创空间当年在孵企业与团队数量 2.1 万家，同比增长 9.51%。

2020 年，河南省创业孵化机构内当年上市（挂牌）企业总数为 175 家，同比增长 11.46%。其中，孵化器当年上市（挂牌）企业有 138 家，众创空间内当年上市（挂牌）企业有 37 家，占全国上市企业比例为 13.4%（表 4 - 92）。

表 4 - 92　河南省创业孵化机构在孵企业与团队情况　　　　　　　单位：家

年份	在孵企业数量			当年上市（挂牌）企业数量		
	总数	孵化器	众创空间	总数	孵化器	众创空间
2019	27 706	8987	18 719	157	107	50
2020	29 808	9308	20 500	175	138	37

（二）绩效情况

1. 投融资情况

2020 年，河南省创业孵化机构内当年获得投融资的企业数量为 1822 家，同比增长 6.55%；当年获得投融资额达 11.5 亿元，同比减少 17.86%（表 4 - 93）。

表 4 - 93　河南省创业孵化机构内获得投融资情况

获得投融资情况	2019 年	2020 年
当年获得投融资的企业数量/家	1710	1822
其中：孵化器	668	783
众创空间	1042	1039
当年获得投融资额/亿元	14.0	11.5
其中：孵化器	7.5	8.0
众创空间	6.5	3.5

2. 知识产权情况

截至 2020 年年底，河南省创业孵化机构内在孵企业拥有有效知识产权数达 4.4 万件，同比增长 21.84%。其中，众创空间内企业及团队拥有有效知识产权数达 1.3 万件，同比增长 17.24%。拥有有效发明专利数为 5660 件，同比增长 9.90%（表 4 - 94）。

表 4 - 94　河南省创业孵化机构知识产权情况　　　　　　　　　　　　　　　单位：件

知识产权情况	2019 年	2020 年
拥有有效知识产权数	36 295	44 222
其中：孵化器	24 854	30 809
众创空间	11 441	13 413
拥有有效发明专利数	5150	5660
其中：孵化器	3026	3075
众创空间	2124	2585

3. 吸纳就业情况

2020 年，河南省创业孵化机构内在孵企业共吸纳就业 22.7 万人，同比减少 1.25%。其中，应届毕业大学生创业就业共 3.5 万人，同比减少 1.60%（表 4 - 95）。

表 4 - 95 河南省创业孵化机构吸纳就业情况

单位：人

年份	在孵企业吸纳就业情况			其中：应届毕业大学生		
	总数	孵化器	众创空间	总数	孵化器	众创空间
2019	229 498	158 926	70 572	35 171	20 404	14 767
2020	226 638	152 696	73 942	34 610	19 593	15 017

4. 研发强度

2020 年，河南省创业孵化机构在孵企业研发经费支出 19.7 亿元，研发经费占主营业务收入比重为 8.01%，同比增长 0.76 个百分点（图 4 - 61）。

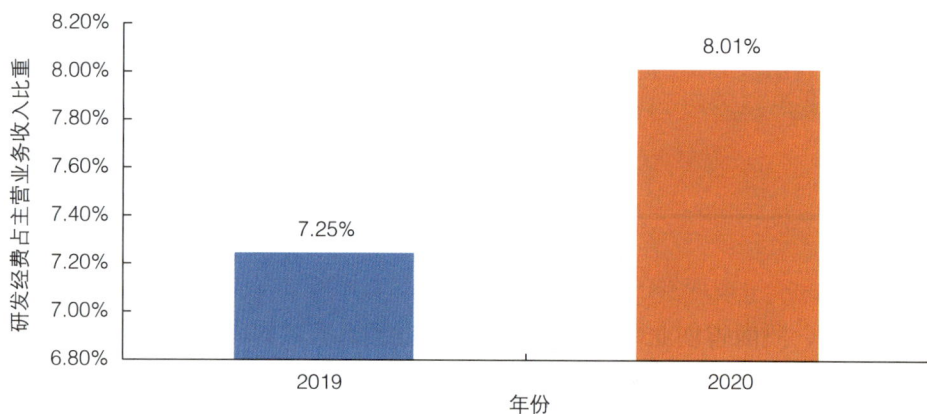

图 4 - 61 河南省创业孵化机构研发强度情况

（三）自身建设情况

1. 收入和运营成本情况

2020 年，河南省创业孵化机构总收入 15.7 亿元，同比增长 23.62%。其中，其他收入最多，占比达 39.61%；其次是综合服务收入，占比为 28.77%。

2020 年，河南省创业孵化机构总成本 12.3 亿元，同比增长 8.85%。其中，人员费用占比最高，达 25.85%；其次是场地费用和管理费用，占比均达 24.00%（表 4 - 96、图 4 - 62）。

表 4 - 96 河南省创业孵化机构收入和运营成本情况

单位：亿元

年份	收入			运营成本		
	总收入	孵化器	众创空间	总成本	孵化器	众创空间
2019	12.7	8.4	4.3	11.3	6.8	4.5
2020	15.7	11.1	4.6	12.3	7.4	4.9

2020 年，河南省创业孵化机构纳税额达 0.7 亿元，同比增长 4.19%。其中，孵化器纳税额为 0.6 亿元，众创空间纳税额为 0.1 亿元。

2. 服务人员情况

2020 年，河南省创业孵化机构共有管理服务人员 5827 人，同比增长 2.26%。

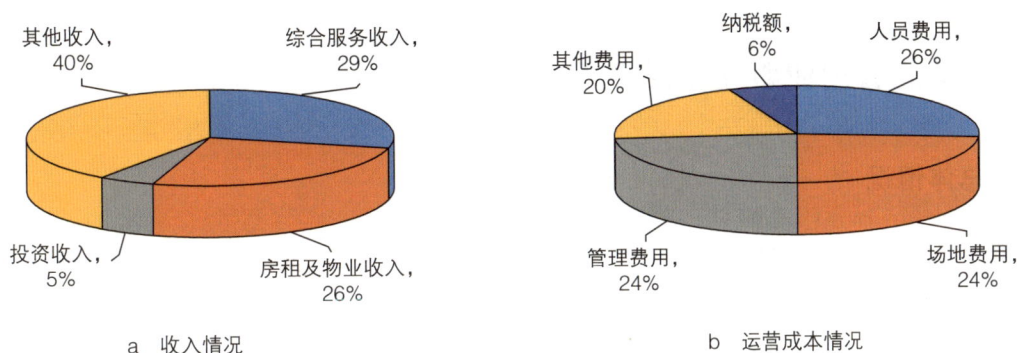

a 收入情况

b 运营成本情况

图4-62 河南省创业孵化机构收入和运营成本情况

2020年，河南省创业孵化机构共有创业导师8531人，同比增长10.26%（图4-63）。

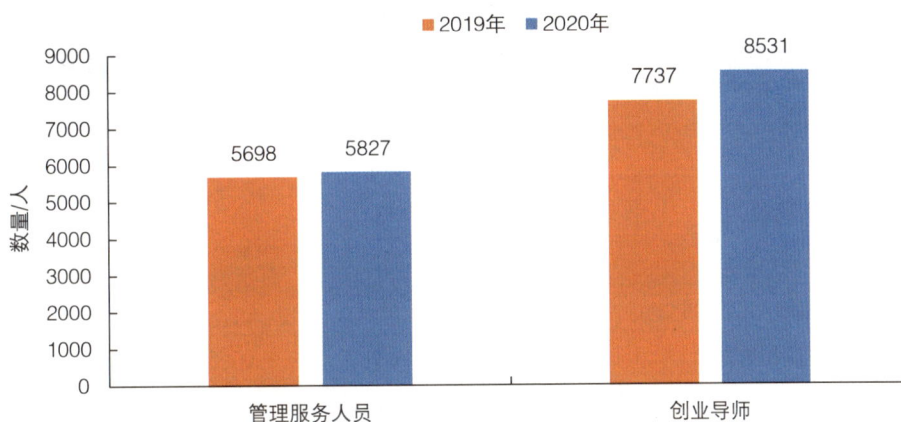

图4-63 河南省创业孵化机构服务人员情况

3. 创业辅导情况

2020年，河南省创业孵化机构共举办创新创业活动8932场，同比增长2.84%。开展创业教育培训3585场，同比减少4.93%。创业导师对接企业8564次，同比增长7.14%（图4-64）。

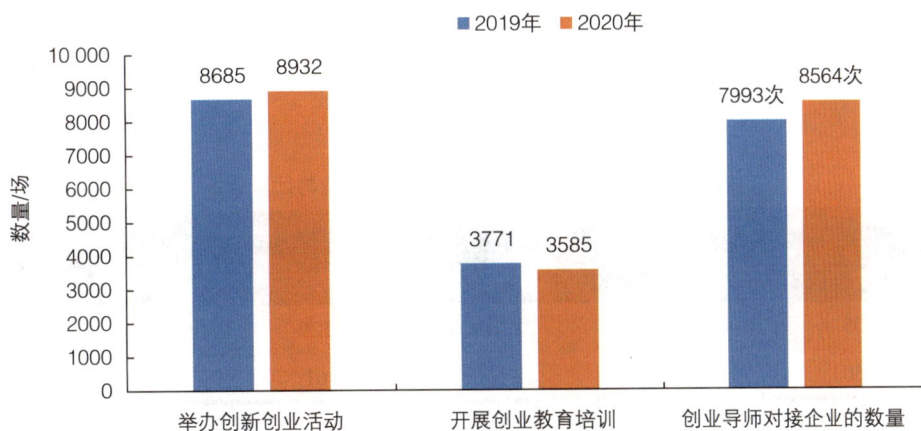

图4-64 河南省创业孵化机构创业辅导情况

十七、湖北省创业孵化发展情况

（一）总体情况

2020 年，湖北省共有创业孵化机构 596 家，同比增加 43 家。其中，孵化器 250 家，同比增长 15.74%，国家级孵化器 62 家，占比为 24.80%；众创空间 346 家，同比增长 2.67%，国家备案的众创空间 80 家，占比为 23.12%。

2020 年，湖北省创业孵化机构面积达 7 百万平方米，同比增长 18.64%。其中，孵化器面积 5.7 百万平方米，同比增长 23.91%；众创空间面积 1.3 百万平方米，与 2019 年持平（表 4 - 97）。

表 4 - 97　湖北省创业孵化机构数量及面积情况

分类	2019 年	2020 年
创业孵化机构数量/家	553	596
孵化器数量	216	250
其中：国家级孵化器	53	62
众创空间数量	337	346
其中：国家备案的众创空间	59	80
创业孵化机构面积/百万平方米	5.9	7.0
其中：孵化器面积	4.6	5.7
众创空间面积	1.3	1.3

2020 年，湖北省创业孵化机构内在孵企业与团队数量达 3.5 万家，同比增长 6.23%。其中，孵化器当年在孵企业数量 1.2 万家，同比增长 10.23%；众创空间当年在孵企业与团队数量 2.3 万家，同比增长 4.15%。

2020 年，湖北省创业孵化机构内当年上市（挂牌）企业总数为 61 家，同比减少 52.71%。其中，孵化器内当年上市（挂牌）企业有 31 家，众创空间内当年上市（挂牌）企业有 30 家（表 4 - 98）。

表 4 - 98　湖北省创业孵化机构在孵企业与团队情况

单位：家

年份	在孵企业数量			当年上市（挂牌）企业数量		
	总数	孵化器	众创空间	总数	孵化器	众创空间
2019	33 005	11 286	21 719	129	76	53
2020	35 060	12 440	22 620	61	31	30

（二）绩效情况

1. 投融资情况

2020 年，湖北省创业孵化机构内当年获得投融资的企业数量为 1124 家，同比增长 3.59%；当年获得投融资额达 26.5 亿元，同比减少 3.28%（表 4 - 99）。

表 4 - 99　湖北省创业孵化机构内获得投融资情况

获得投融资情况	2019 年	2020 年
当年获得投融资的企业数量/家	1085	1124
其中：孵化器	365	443
众创空间	720	681
当年获得投融资额/亿元	27.4	26.5
其中：孵化器	8.8	14.1
众创空间	18.6	12.4

2. 知识产权情况

截至 2020 年年底，湖北省创业孵化机构内在孵企业拥有有效知识产权数达 4.7 万件，同比增长 35.31%。其中，众创空间内企业及团队拥有有效知识产权数达 1.8 万件，同比增长 12.72%。拥有有效发明专利数为 7948 件，同比增长 28.78%（表 4 - 100）。

表 4 - 100　湖北省创业孵化机构知识产权情况　　　　　　　　　　单位：件

知识产权情况	2019 年	2020 年
拥有有效知识产权数	34 601	46 817
其中：孵化器	18 646	28 832
众创空间	15 955	17 985
拥有有效发明专利数	6172	7948
其中：孵化器	2385	3491
众创空间	3787	4457

3. 吸纳就业情况

2020 年，湖北省创业孵化机构内在孵企业共吸纳就业 23.1 万人，同比减少 2.34%。其中，应届毕业大学生创业就业共 2.5 万人，同比减少 19.83%（表 4 - 101）。

表4-101　湖北省创业孵化机构吸纳就业情况　　　　　　　　　　　　　　单位：人

年份	在孵企业吸纳就业情况			其中：应届毕业大学生		
	总数	孵化器	众创空间	总数	孵化器	众创空间
2019	236 158	144 616	91 542	31 794	16 126	15 668
2020	230 639	150 503	80 136	25 489	12 494	12 995

4. 研发强度

2020 年，湖北省创业孵化机构在孵企业研发经费支出 19.5 亿元，研发经费占主营业务收入比重为 6.52%，同比增长 0.98 个百分点（图4-65）。

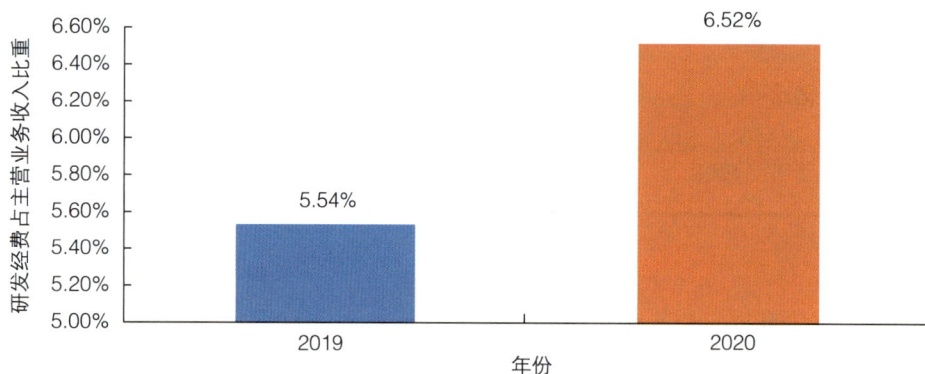

图4-65　湖北省创业孵化机构研发强度情况

（三）自身建设情况

1. 收入和运营成本情况

2020 年，湖北省创业孵化机构总收入 24.4 亿元，同比增长 15.09%。其中，房租及物业收入最多，占比达 37.15%；其次是综合服务收入，占比为 32.95%。

2020 年，湖北省创业孵化机构总成本 21.4 亿元，同比增长 7.54%。其中，管理费用占比最高，达 29.18%；其次是场地费用，占比为 26.05%（表4-102、图4-66）。

表4-102　湖北省创业孵化机构收入和运营成本情况　　　　　　　　　　　　单位：亿元

年份	收入			运营成本		
	总收入	孵化器	众创空间	总成本	孵化器	众创空间
2019	21.2	13.1	8.1	19.9	12.3	7.6
2020	24.4	16.3	8.1	21.4	12.0	9.4

2020 年，湖北省创业孵化机构纳税额达 0.84 亿元，同比减少 37.41%。其中，孵化器纳税额 0.69 亿元，众创空间纳税额 0.15 亿元。

2. 服务人员情况

2020 年，湖北省创业孵化机构共有管理服务人员 7049 人，同比增长 10.47%。

a 收入情况

b 运营成本情况

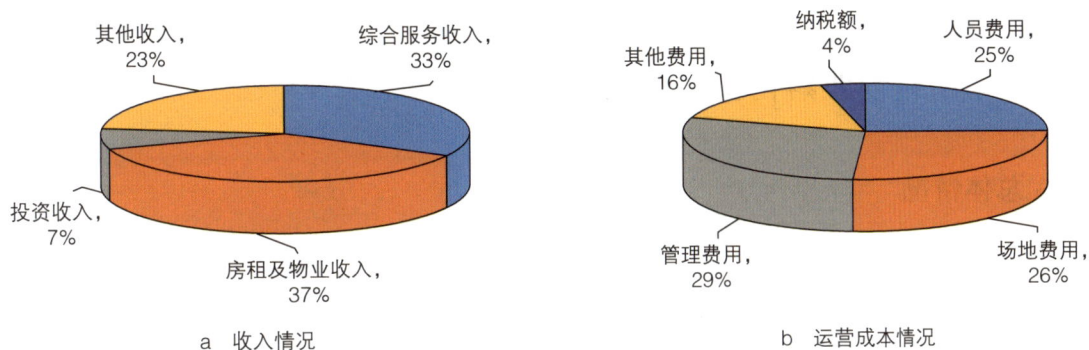

图4-66 湖北省创业孵化机构收入和运营成本情况

2020年，湖北省创业孵化机构共有创业导师10 437人，同比增长6.85%（图4-67）。

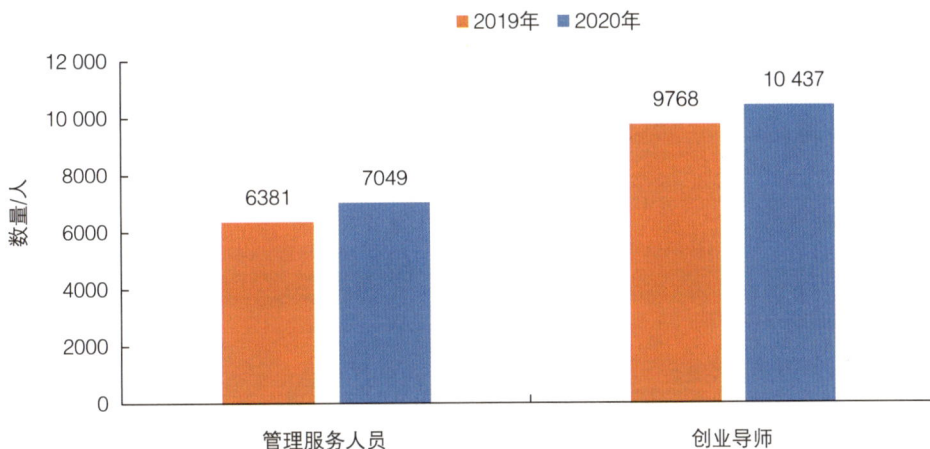

图4-67 湖北省创业孵化机构服务人员情况

3. 创业辅导情况

2020年，湖北省创业孵化机构共举办创新创业活动1.1万场，同比减少13.55%。开展创业教育培训4313场，同比减少12.11%。创业导师对接企业1万余次，同比增长14.93%（图4-68）。

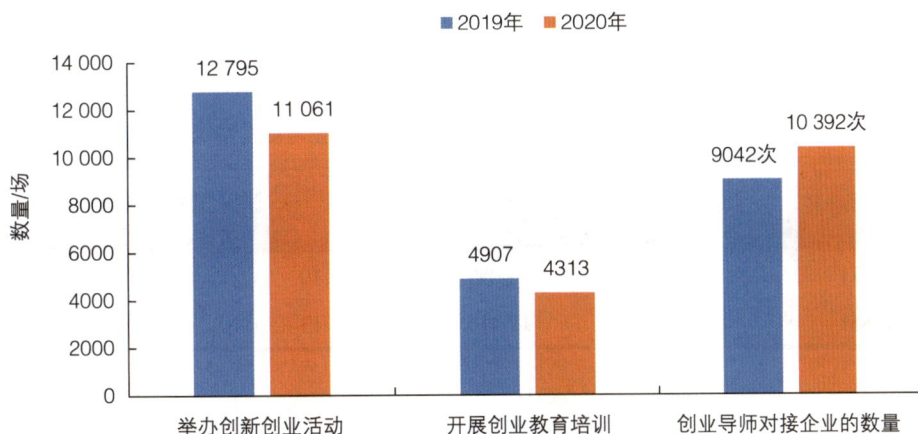

图4-68 湖北省创业孵化机构创业辅导情况

十八、湖南省创业孵化发展情况

（一）总体情况

2020 年，湖南省共有创业孵化机构 389 家，同比增加 114 家，增幅达到 41.45%。其中，孵化器 107 家，同比增长 20.22%，国家级孵化器 25 家，占比为 23.36%；众创空间 282 家，同比增长 51.61%，国家备案的众创空间 57 家，占比为 20.21%。

2020 年，湖南省创业孵化机构面积达 4.1 百万平方米，同比增长 7.89%。其中，孵化器面积 3.2 百万平方米，同比增长 3.23%；众创空间面积 0.9 百万平方米，同比增长 28.57%（表 4 – 103）。

表 4 – 103　湖南省创业孵化机构数量及面积情况

分类	2019 年	2020 年
创业孵化机构数量/家	275	389
孵化器数量	89	107
其中：国家级孵化器	24	25
众创空间数量	186	282
其中：国家备案的众创空间	45	57
创业孵化机构面积/百万平方米	3.8	4.1
其中：孵化器面积	3.1	3.2
众创空间面积	0.7	0.9

2020 年，湖南省创业孵化机构内在孵企业与团队数量达 1.9 万家，同比增长 19.53%。其中，孵化器当年在孵企业数量 6435 家，同比增长 13.45%；众创空间当年在孵企业与团队数量 1.2 万家，同比增长 22.94%。

2020 年，湖南省创业孵化机构内当年上市（挂牌）企业总数为 13 家，同比增长 30%。其中，孵化器内当年上市（挂牌）企业有 9 家，众创空间内当年上市（挂牌）企业有 4 家（表 4 – 104）。

表 4 – 104　湖南省创业孵化机构在孵企业与团队情况　　　　　　　　　　单位：家

年份	在孵企业数量			当年上市（挂牌）企业数量		
	总数	孵化器	众创空间	总数	孵化器	众创空间
2019	15 771	5672	10 099	10	9	1
2020	18 851	6435	12 416	13	9	4

（二）绩效情况

1. 投融资情况

2020年，湖南省创业孵化机构内当年获得投融资的企业数量为1460家，同比增长41.75%；当年获得投融资额达30.3亿元，同比增长21.20%（表4–105）。

表4–105 湖南省创业孵化机构内获得投融资情况

获得投融资情况	2019年	2020年
当年获得投融资的企业数量/家	1030	1460
其中：孵化器	295	418
众创空间	735	1042
当年获得投融资额/亿元	25.0	30.3
其中：孵化器	8.7	12.3
众创空间	16.2	18.0

2. 知识产权情况

截至2020年年底，湖南省创业孵化机构内在孵企业拥有有效知识产权数达3.3万件，同比增长32.40%。其中，众创空间内企业及团队拥有有效知识产权数达1.3万件，同比增长65.96%；拥有有效发明专利总数为6702件，同比增长14.02%（表4–106）。

表4–106 湖南省创业孵化机构知识产权情况 单位：件

知识产权情况	2019年	2020年
拥有有效知识产权数	24 860	32 915
其中：孵化器	17 252	20 289
众创空间	7608	12 626
拥有有效发明专利数	5878	6702
其中：孵化器	3825	4028
众创空间	2053	2674

3. 吸纳就业情况

2020年，湖南省创业孵化机构内在孵企业共吸纳就业20万人，同比增长15.93%。其中，应届毕业大学生创业就业共2.3万人，同比增长7.63%（表4–107）。

表 4 –107　湖南省创业孵化机构吸纳就业情况　　　　　　　　　　　　单位：人

年份	在孵企业吸纳就业情况			其中：应届毕业大学生		
	总数	孵化器	众创空间	总数	孵化器	众创空间
2019	172 641	112 448	60 193	21 315	9182	12 133
2020	200 137	122 929	77 208	22 942	10 004	12 938

4. 研发强度

2020 年，湖南省创业孵化机构在孵企业研发经费支出 13.9 亿元，研发经费占主营业务收入比重为 5.12%，同比减少 0.86 个百分点（图 4 –69）。

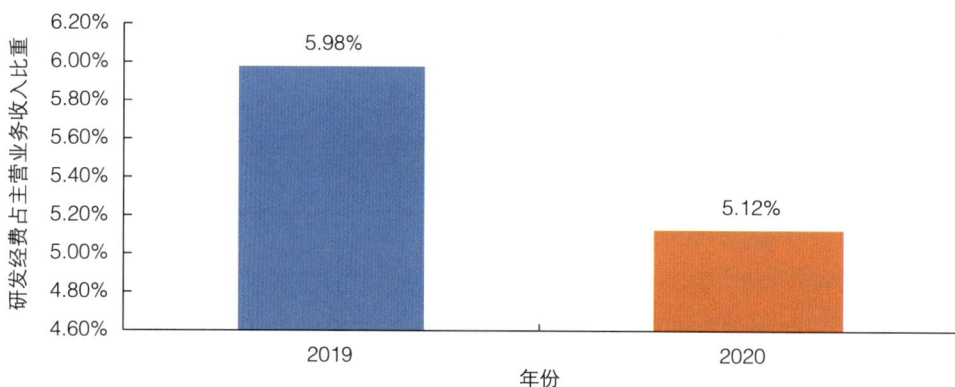

图 4 –69　湖南省创业孵化机构研发强度情况

（三）自身建设情况

1. 收入和运营成本情况

2020 年，湖南省创业孵化机构总收入 13.1 亿元，同比增长 12.93%。其中，房租及物业收入最多，占比达 41.29%；其次是综合服务收入，占比为 30.79%。

2020 年，湖南省创业孵化机构总成本 11.7 亿元，同比增长 3.54%。其中，场地费用占比最高，达 31.85%；其次是人员费用，占比为 26.00%（表 4 –108、图 4 –70）。

表 4 –108　湖南省创业孵化机构收入和运营成本情况　　　　　　　　　单位：亿元

年份	收入			运营成本		
	总收入	孵化器	众创空间	总成本	孵化器	众创空间
2019	11.6	7.9	3.7	11.3	6.9	4.4
2020	13.1	8.2	4.9	11.7	6.5	5.2

2020 年，湖南省创业孵化机构纳税额达 0.51 亿元，同比减少 17.85%。其中，孵化器纳税额 0.42 亿元，众创空间纳税额 0.09 亿元。

2. 服务人员情况

2020 年，湖南省创业孵化机构共有管理服务人员 4751 人，同比增长 25.06%。

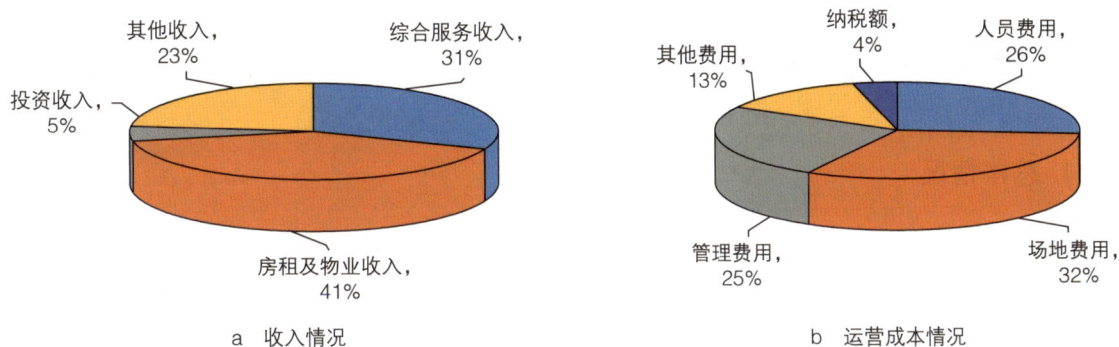

a 收入情况　　　　　　　　　　　　b 运营成本情况

图4－70　湖南省创业孵化机构收入和运营成本情况

2020年，湖南省创业孵化机构共有创业导师7634人，同比增长21.48%（图4－71）。

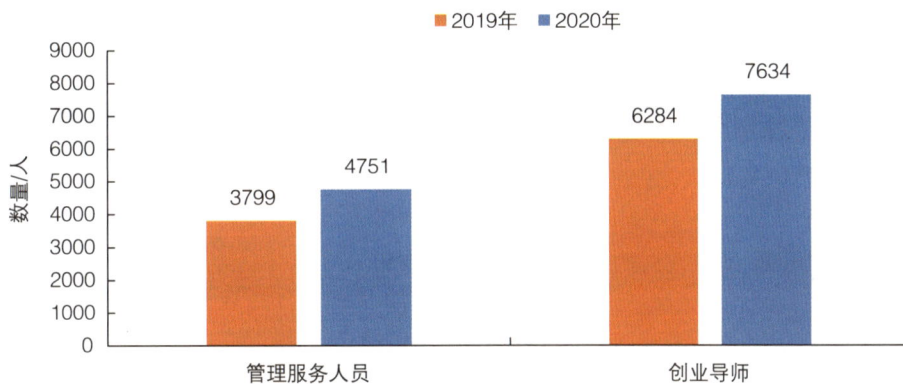

图4－71　湖南省创业孵化机构服务人员情况

3. 创业辅导情况

2020年，湖南省创业孵化机构共举办创新创业活动7343场，同比增长16.91%。开展创业教育培训3601场，同比减少12.18%。创业导师对接企业5072次，同比增长11.20%（图4－72）。

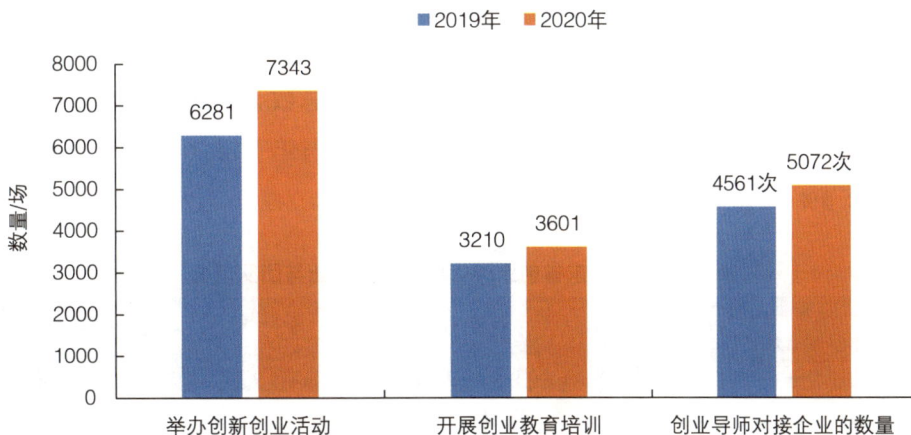

图4－72　湖南省创业孵化机构创业辅导情况

十九、广东省创业孵化发展情况

（一）总体情况

2020 年，广东省共有创业孵化机构 2072 家，同比增加 107 家，增幅达到 5.45%。其中，孵化器 1079 家，同比增长 6.52%，国家级孵化器 171 家，占比为 15.85%；众创空间 993 家，同比增长 4.31%，国家备案的众创空间 259 家，占比为 26.08%。

2020 年，广东省创业孵化机构面积达 21.5 百万平方米，占全国创业孵化机构总面积的 12.83%。其中，孵化器面积 19.0 百万平方米，同比增长 1.79%；众创空间面积 2.5 百万平方米，与 2019 年持平（表 4 – 109）。

表 4 – 109　广东省创业孵化机构数量及面积情况

分类	2019 年	2020 年
创业孵化机构数量/家	1965	2072
孵化器数量	1013	1079
其中：国家级孵化器	150	171
众创空间数量	952	993
其中：国家备案的众创空间	222	259
创业孵化机构面积/百万平方米	21.2	21.5
其中：孵化器面积	18.7	19.0
众创空间面积	2.5	2.5

2020 年，广东省创业孵化机构内在孵企业与团队数量达 7.7 万家，同比增长 1.39%。其中，孵化器当年在孵企业数量 3.5 万家，同比增长 4.82%；众创空间当年在孵企业与团队数量 4.3 万家，同比减少 1.22%。

2020 年，广东省创业孵化机构内当年上市（挂牌）企业总数为 239 家，同比增长 35.03%。其中，孵化器内当年上市（挂牌）企业有 209 家，众创空间内当年上市（挂牌）企业有 30 家，占全国上市企业比例 18.3%（表 4 – 110）。

表 4 – 110　广东省创业孵化机构在孵企业与团队情况　　　　　　　　单位：家

年份	在孵企业数量			当年上市（挂牌）企业数量		
	总数	孵化器	众创空间	总数	孵化器	众创空间
2019	76 279	32 918	43 361	177	126	51
2020	77 338	34 504	42 834	239	209	30

（二）绩效情况

1. 投融资情况

2020 年，广东省创业孵化机构内当年获得投融资的企业数量为 4347 家，同比增长 10.92%；当年获得投融资额达 161.5 亿元，同比增长 6.32%，占全国创业孵化机构内当年获得投融资的 11.31%（表 4 - 111）。

表 4 - 111　广东省创业孵化机构内获得投融资情况

获得投融资情况	2019 年	2020 年
当年获得投融资的企业数量/家	3919	4347
其中：孵化器	1722	2255
众创空间	2197	2092
当年获得投融资额/亿元	151.9	161.5
其中：孵化器	105.6	114.6
众创空间	46.3	46.9

2. 知识产权情况

截至 2020 年年底，广东省创业孵化机构内在孵企业拥有有效知识产权数达 16.7 万件，同比增长 20.14%，占全国创业孵化机构内在孵企业拥有有效知识产权数的 14.53%。其中，孵化器内在孵企业拥有有效知识产权数达 12.6 万件，同比增长 20.40%。拥有有效发明专利数为 2.5 万件，同比增长 4.84%（表 4 - 112）。

表 4 - 112　广东省创业孵化机构知识产权情况　　　　　　　　　　　　　单位：件

知识产权情况	2019 年	2020 年
拥有有效知识产权数	138 861	166 833
其中：孵化器	104 325	125 608
众创空间	34 536	41 225
拥有有效发明专利数	24 215	25 388
其中：孵化器	18 419	19 460
众创空间	5796	5928

3. 吸纳就业情况

2020 年，广东省创业孵化机构内在孵企业共吸纳就业 58.1 万人，同比增长 3.04%，占全国创业孵化机构内在孵企业共吸纳就业的 12.07%。其中，应届毕业大学生创业就业 6 万余人，同比减少 2.69%（表 4 - 113）。

表 4-113　广东省创业孵化机构吸纳就业情况　　　　　　　　　　　单位：人

年份	在孵企业吸纳就业情况			其中：应届毕业大学生		
	总数	孵化器	众创空间	总数	孵化器	众创空间
2019	564 248	408 048	156 200	62 036	34 695	27 341
2020	581 375	424 764	156 611	60 366	36 469	23 897

4. 研发强度

2020 年，广东省创业孵化机构在孵企业研发经费支出 160.1 亿元，占全国在孵企业研发经费支出的 19.8%。研发经费占主营业务收入比重为 8.50%，同比减少 1.85 个百分点（图 4-73）。

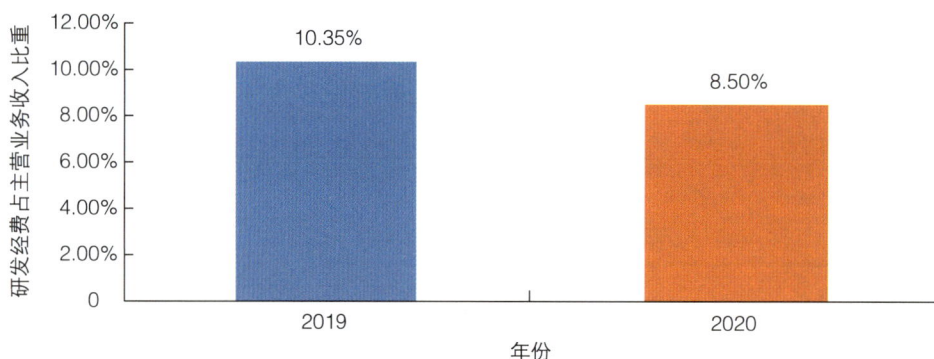

图 4-73　广东省创业孵化机构研发强度情况

（三）自身建设情况

1. 收入和运营成本情况

2020 年，广东省创业孵化机构总收入 135.6 亿元，同比增长 5.03%。其中，房租及物业收入最多，占比达 58.89%；其次是综合服务收入，占比为 23.32%。

2020 年，广东省创业孵化机构总成本 119.9 亿元，同比增长 5.73%。其中，场地费用占比最高，达 36.04%；其次是管理费用，占比为 19.76%（表 4-114、图 4-74）。

表 4-114　广东省创业孵化机构收入和运营成本情况　　　　　　　　单位：亿元

年份	收入			运营成本		
	总收入	孵化器	众创空间	总成本	孵化器	众创空间
2019	129.1	107.50	21.6	113.4	87.9	25.5
2020	135.6	114.0	21.6	119.9	95.6	24.3

2020 年，广东省创业孵化机构纳税额达 9 亿元，同比减少 6.27%。其中，孵化器纳税额 8.3 亿元，众创空间纳税额 0.7 亿元。

2. 服务人员情况

2020 年，广东省创业孵化机构共有管理服务人员近 2 万人，与 2019 年基本持平，占全国管理

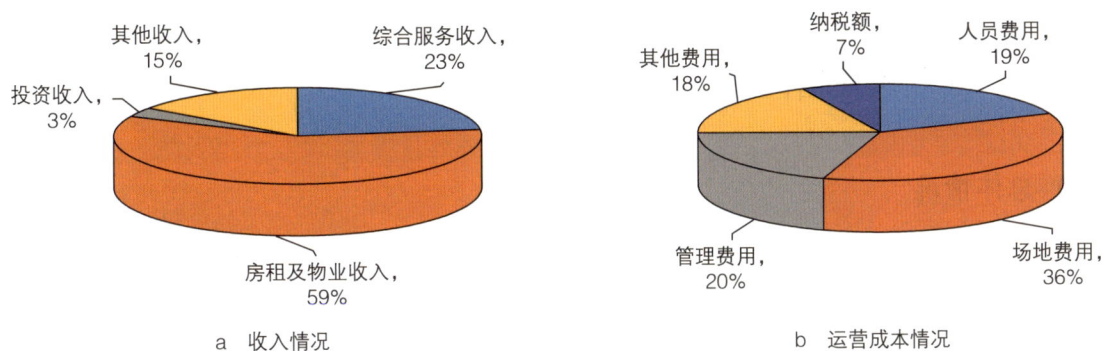

a　收入情况　　　　　　　　b　运营成本情况

图 4-74　广东省创业孵化机构收入和运营成本情况

服务人员的 11.58%。

2020 年，广东省创业孵化机构共有创业导师 2.5 万人，同比增长 12.07%，占全国创业导师总数的 10.21%（图 4-75）。

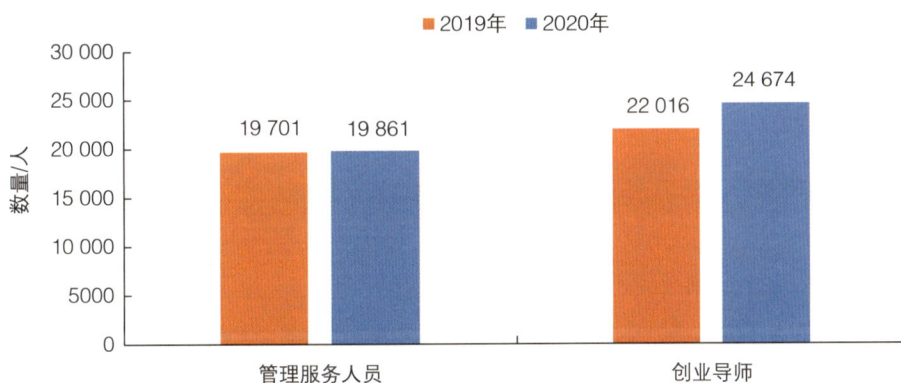

图 4-75　广东省创业孵化机构服务人员情况

3. 创业辅导情况

2020 年，广东省创业孵化机构共举办创新创业活动 2.8 万场，同比减少 6.98%。开展创业教育培训 7744 场，同比减少 10.19%。创业导师对接企业 3.2 万次，同比增长 17.46%（图 4-76）。

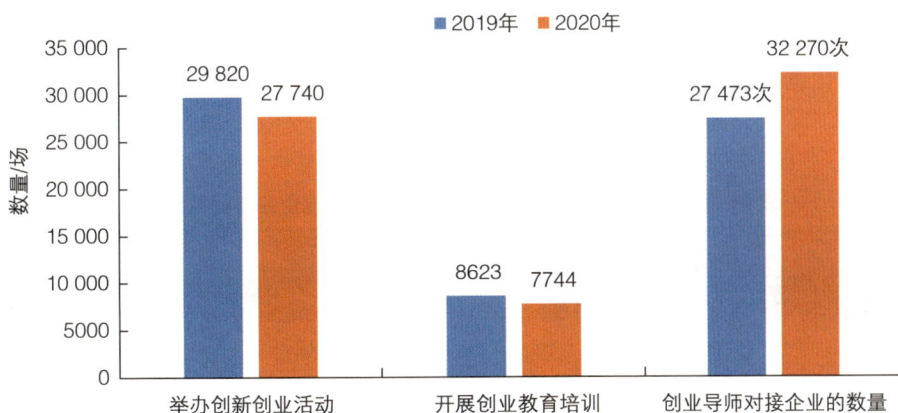

图 4-76　广东省创业孵化机构创业辅导情况

二十、广西壮族自治区创业孵化发展情况

（一）总体情况

2020 年，广西壮族自治区共有创业孵化机构 237 家，同比减少 5 家。其中，孵化器 116 家，同比增长 9.43%，国家级孵化器 19 家，占比为 16.38%；众创空间 121 家，同比减少 11.03%，国家备案的众创空间 28 家，占比为 23.14%。

2020 年，广西壮族自治区创业孵化机构面积达 2.3 百万平方米，同比减少 4.17%。其中，孵化器面积 1.90 百万平方米，同比减少 5.00%；众创空间面积 0.4 百万平方米，与 2019 年持平（表 4 – 115）。

表 4 – 115　广西壮族自治区创业孵化机构数量及面积情况

分类	2019 年	2020 年
创业孵化机构数量/家	242	237
孵化器数量	106	116
其中：国家级孵化器	15	19
众创空间数量	136	121
其中：国家备案的众创空间	20	28
创业孵化机构面积/百万平方米	2.4	2.3
其中：孵化器面积	2.0	1.9
众创空间面积	0.4	0.4

2020 年，广西壮族自治区创业孵化机构内在孵企业与团队数量达 9018 家，同比增长 4.86%。其中，孵化器当年在孵企业数量 4281 家，同比增长 25.29%；众创空间当年在孵企业与团队数量 4737 家，同比减少 8.61%。

2020 年，广西壮族自治区创业孵化机构内当年上市（挂牌）企业总数为 5 家，同比减少 58.33%。其中，孵化器内当年上市（挂牌）企业有 4 家，众创空间内当年上市（挂牌）企业有 1 家（表 4 – 116）。

表 4 – 116　广西壮族自治区创业孵化机构在孵企业与团队情况　　　　　　单位：家

年份	在孵企业数量			当年上市（挂牌）企业数量		
	总数	孵化器	众创空间	总数	孵化器	众创空间
2019	8600	3417	5183	12	10	2
2020	9018	4281	4737	5	4	1

（二）绩效情况

1. 投融资情况

2020年，广西壮族自治区创业孵化机构内当年获得投融资的企业数量为458家，同比减少5.76%；当年获得投融资额达5.8亿元，同比增长93.33%（表4-117）。

表4-117　广西壮族自治区创业孵化机构内获得投融资情况

获得投融资情况	2019年	2020年
当年获得投融资的企业数量/家	486	458
其中：孵化器	123	231
众创空间	363	227
当年获得投融资额/亿元	3.0	5.8
其中：孵化器	2.2	5.1
众创空间	0.8	0.7

2. 知识产权情况

截至2020年年底，广西壮族自治区创业孵化机构内在孵企业拥有有效知识产权数达8240件，同比增长23.82%。其中，众创空间内企业及团队拥有有效知识产权数达1819件，同比增长25.80%。拥有有效发明专利数为1040件，同比减少19.63%（表4-118）。

表4-118　广西壮族自治区创业孵化机构知识产权情况　　　　　　　　　单位：件

知识产权情况	2019年	2020年
拥有有效知识产权数	6655	8240
其中：孵化器	5209	6421
众创空间	1446	1819
拥有有效发明专利数	1294	1040
其中：孵化器	909	691
众创空间	385	349

3. 吸纳就业情况

2020年，广西壮族自治区创业孵化机构内在孵企业共吸纳就业6万余人，同比增长13.13%。其中，应届毕业大学生创业就业共7271人，同比增长25.54%（表4-119）。

表 4 –119　广西壮族自治区创业孵化机构吸纳就业情况　　　　　　　　　　单位：人

年份	在孵企业吸纳就业情况			其中：应届毕业大学生		
	总数	孵化器	众创空间	总数	孵化器	众创空间
2019	53 093	36 796	16 297	5792	2872	2920
2020	60 064	41 606	18 458	7271	3348	3923

4. 研发强度

2020 年，广西壮族自治区创业孵化机构在孵企业研发经费支出 4.9 亿元，研发经费占主营业务收入比重为 4.62%，同比减少 1.88 个百分点（图 4 –77）。

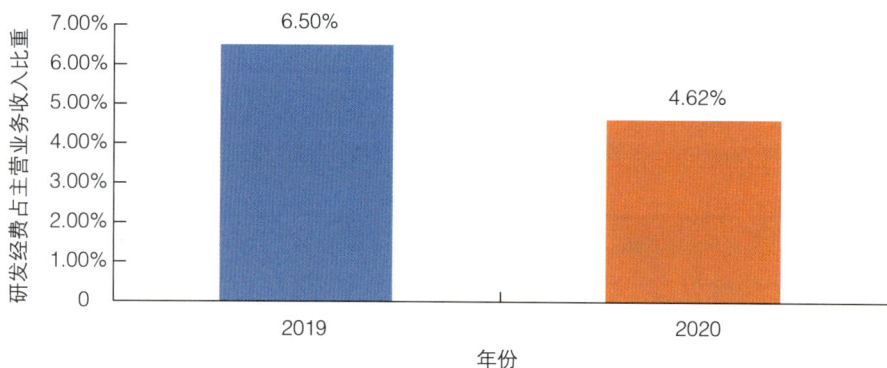

图 4 –77　广西壮族自治区创业孵化机构研发强度情况

（三）自身建设情况

1. 收入和运营成本情况

2020 年，广西壮族自治区创业孵化机构总收入 6.2 亿元，同比增长 21.57%。其中，综合服务收入最多，达 44.36%；其次是房租及物业收入，达 27.11%。

2020 年，广西壮族自治区创业孵化机构总成本 4.4 亿元，同比减少 2.22%。其中，管理费用占比最高，达 28.1%；其次是人员费用，达 27.45%（表 4 –120、图 4 –78）。

表 4 –120　广西壮族自治区创业孵化机构收入和运营成本情况　　　　　　　　单位：亿元

年份	收入			运营成本		
	总收入	孵化器	众创空间	总成本	孵化器	众创空间
2019	5.1	3.9	1.2	4.5	3.2	1.3
2020	6.2	4.7	1.5	4.4	3.1	1.3

2020 年，广西壮族自治区创业孵化机构纳税额达 0.2 亿元，与 2019 年持平。其中，孵化器纳税额 0.17 亿元，众创空间纳税额 0.03 亿元。

2. 服务人员情况

2020 年，广西壮族自治区创业孵化机构共有管理服务人员 2430 人，同比减少 17.66%。

a　收入情况

b　运营成本情况

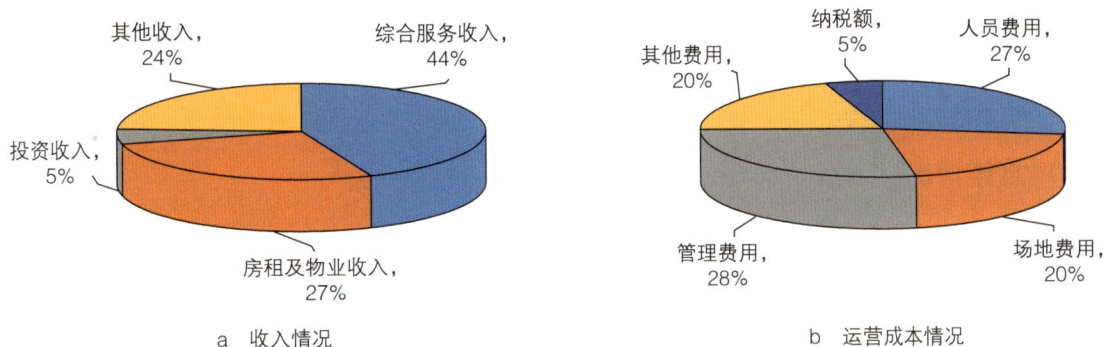

图 4 -78　广西壮族自治区创业孵化机构收入和运营成本情况

2020 年，广西壮族自治区创业孵化机构共有创业导师 3507 人，同比减少 7.64%（图 4 -79）。

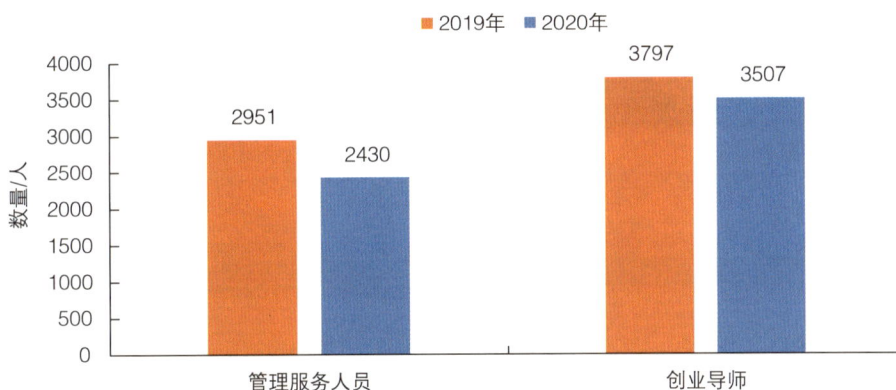

图 4 -79　广西壮族自治区创业孵化机构服务人员情况

3. 创业辅导情况

2020 年，广西壮族自治区创业孵化机构共举办创新创业活动 3663 场，同比减少 2.09% 。开展创业教育培训 1090 场，同比减少 19.56% 。创业导师对接企业 3769 次，同比增长 28.72%（图 4 -80）。

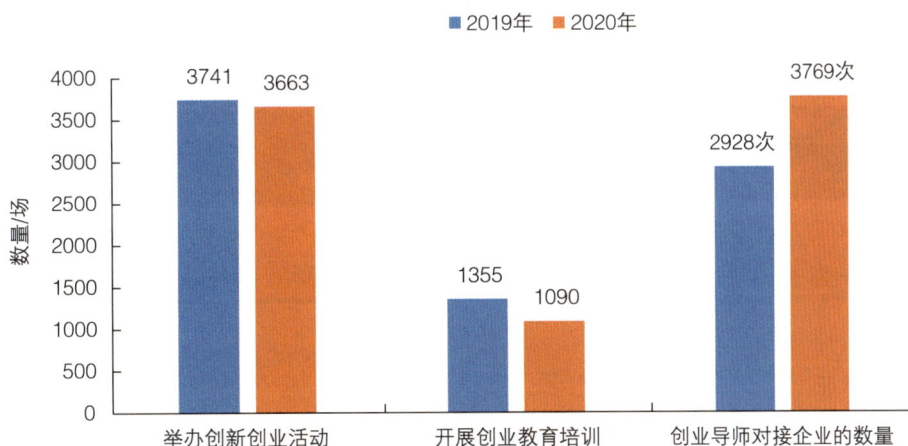

图 4 -80　广西壮族自治区创业孵化机构创业辅导情况

二十一、海南省创业孵化发展情况

（一）总体情况

2020 年，海南省共有创业孵化机构 27 家，同比减少 5 家。其中，孵化器 8 家，与 2019 年持平，国家级孵化器 3 家，占比为 37.50%；众创空间 19 家，同比减少 20.83%，国家备案的众创空间 6 家，占比为 31.58%。

2020 年，海南省创业孵化机构面积达 0.16 百万平方米，同比减少 40.74%。其中，孵化器面积 0.10 百万平方米，同比减少 50.00%；众创空间面积 0.06 百万平方米，同比减少 14.29%（表 4 – 121）。

表 4 – 121　海南省创业孵化机构数量及面积情况

分类	2019 年	2020 年
创业孵化机构数量/家	32	27
孵化器数量	8	8
其中：国家级孵化器	2	3
众创空间数量	24	19
其中：国家备案的众创空间	5	6
创业孵化机构面积/百万平方米	0.27	0.16
其中：孵化器面积	0.2	0.10
众创空间面积	0.07	0.06

2020 年，海南省创业孵化机构内在孵企业与团队数量达 2211 家，同比减少 23.92%。其中，孵化器当年在孵企业数量 603 家，同比减少 20.03%；众创空间当年在孵企业与团队数量 1608 家，同比减少 25.28%（表 4 – 122）。

表 4 – 122　海南省创业孵化机构在孵企业与团队情况

单位：家

年份	在孵企业数量			当年上市（挂牌）企业数量		
	总数	孵化器	众创空间	总数	孵化器	众创空间
2019	2906	754	2152	2	0	2
2020	2211	603	1608	0	0	0

（二）绩效情况

1. 投融资情况

2020 年，海南省创业孵化机构内当年获得投融资的企业数量为 63 家，同比增长 36.96%；当年获得投融资额达 1.0 亿元，同比增长 150.00%（表 4 – 123）。

表 4 – 123　海南省创业孵化机构内获得投融资情况

获得投融资情况	2019 年	2020 年
当年获得投融资的企业数量/家	46	63
其中：孵化器	8	15
众创空间	38	48
当年获得投融资额/亿元	0.4	1.0
其中：孵化器	0.1	0.7
众创空间	0.3	0.3

2. 知识产权情况

截至 2020 年年底，海南省创业孵化机构内在孵企业拥有有效知识产权数达 3822 件，同比增长 49.36%。其中，众创空间内企业及团队拥有有效知识产权数达 2361 件，同比增长了 47.75%。拥有有效发明专利数为 319 件，同比减少 0.62%（表 4 – 124）。

表 4 – 124　海南省创业孵化机构知识产权情况　　　　　　　　　　　　　　单位：件

知识产权情况	2019 年	2020 年
拥有有效知识产权数	2559	3822
其中：孵化器	961	1461
众创空间	1598	2361
拥有有效发明专利数	321	319
其中：孵化器	124	73
众创空间	197	246

3. 吸纳就业情况

2020 年，海南省创业孵化机构内在孵企业共吸纳就业 1.2 万人，同比减少 18.42%。其中，应届毕业大学生创业就业共 1278 人，同比减少 4.63%（表 4 – 125）。

表 4 – 125　海南省创业孵化机构吸纳就业情况　　　　　　　　　　　　　　单位：人

年份	在孵企业吸纳就业情况			其中：应届毕业大学生		
	总数	孵化器	众创空间	总数	孵化器	众创空间
2019	14 220	7261	6959	1340	476	864
2020	11 601	5606	5995	1278	365	913

4. 研发强度

2020 年，海南省创业孵化机构在孵企业研发经费支出 0.7 亿元，研发经费占主营业务收入比重为 0.58%，同比减少 0.32 个百分点（图 4 – 81）。

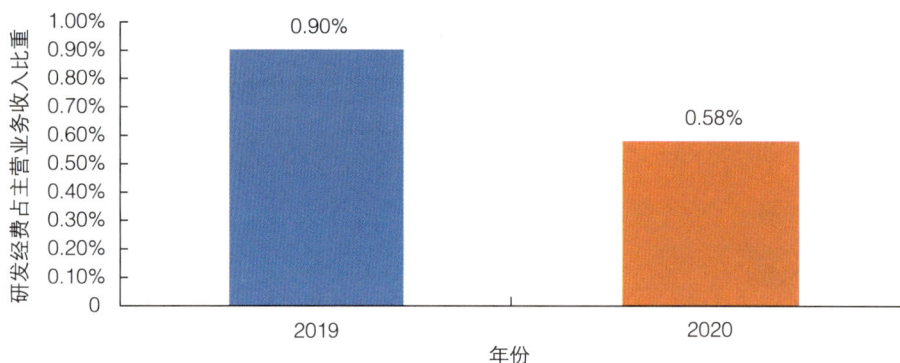

图 4 – 81　海南省创业孵化机构研发强度情况

（三）自身建设情况

1. 收入和运营成本情况

2020 年，海南省创业孵化机构总收入 1.3 亿元，同比增长 30.00%。其中，其他收入最多，占比达 43.68%；其次是房租及物业收入，占比为 37.08%。

2020 年，海南省创业孵化机构总成本 1.3 亿元，同比减少 13.33%。其中，场地费用占比最高，达 31.83%；其次是其他费用，占比为 30.07%（表 4 – 126、图 4 – 82）。

表 4 – 126　海南省创业孵化机构收入和运营成本情况　　　　　　　　　　　单位：亿元

年份	收入			运营成本		
	总收入	孵化器	众创空间	总成本	孵化器	众创空间
2019	1	0.7	0.3	1.5	1	0.5
2020	1.3	0.9	0.4	1.3	0.9	0.4

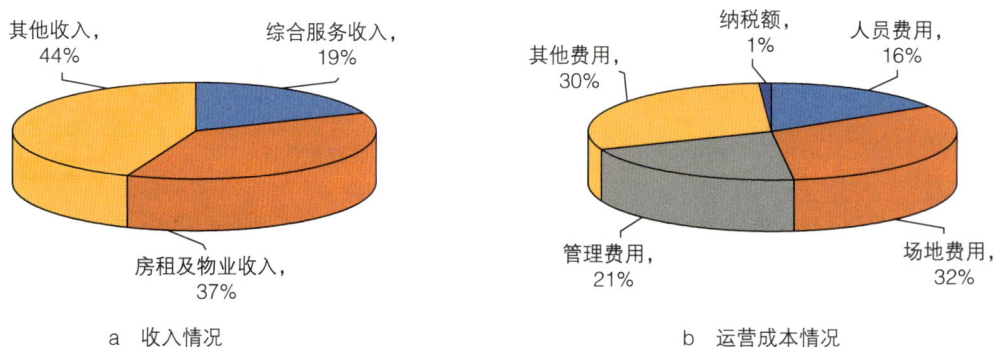

a　收入情况　　　　　　　　　　b　运营成本情况

图 4 – 82　海南省创业孵化机构收入和运营成本情况

2020 年，海南省创业孵化机构纳税额达 0.01 亿元，同比减少 21.14%。

2. 服务人员情况

2020 年，海南省创业孵化机构共有管理服务人员 381 人，同比减少 15.71%。

2020 年，海南省创业孵化机构共有创业导师 535 人，同比减少 22.24%（图 4 - 83）。

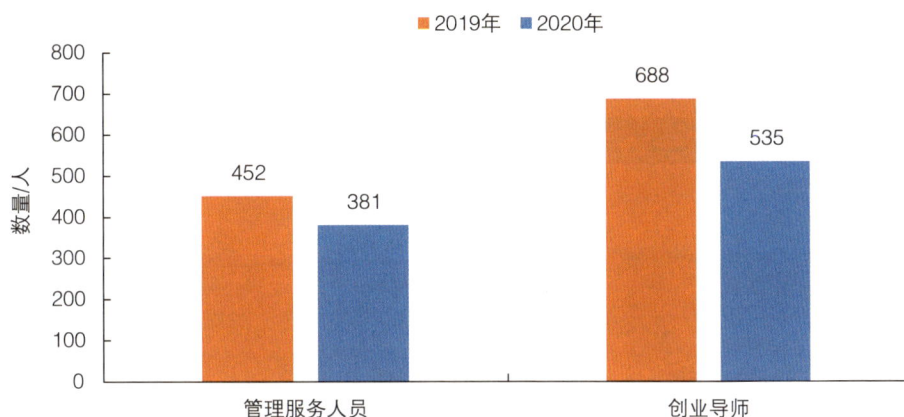

图 4 - 83　海南省创业孵化机构服务人员情况

3. 创业辅导情况

2020 年，海南省创业孵化机构共举办创新创业活动 842 场，同比减少 34.73%。开展创业教育培训 514 场，同比增长 0.39%。创业导师对接企业 533 次，同比增长 3.90%（图 4 - 84）。

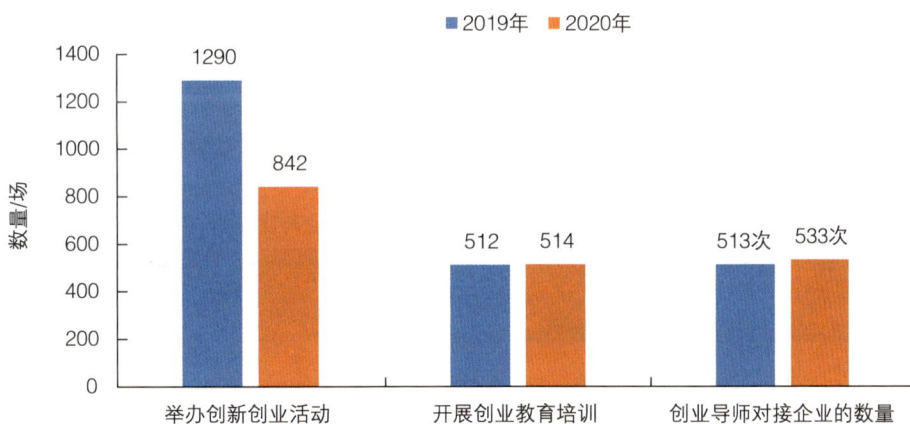

图 4 - 84　海南省创业孵化机构创业辅导情况

二十二、重庆市创业孵化发展情况

（一）总体情况

2020 年，重庆市共有创业孵化机构 374 家，同比增加 83 家，增幅达到 28.52%。其中，孵化器 116 家，同比增长 50.65%，国家级孵化器 22 家，占比为 18.97%；众创空间 258 家，同比增长

20.56%，国家备案的众创空间 53 家，占比为 20.54%。

2020 年，重庆市创业孵化机构面积达 2.8 百万平方米，同比增长 27.27%。其中，孵化器面积 1.6 百万平方米，同比增长 33.33%；众创空间面积 1.2 百万平方米，同比增长 20.00%（表 4 - 127）。

表 4 - 127　重庆市创业孵化机构数量及面积情况

分类	2019 年	2020 年
创业孵化机构数量/家	291	374
孵化器数量	77	116
其中：国家级孵化器	19	22
众创空间数量	214	258
其中：国家备案的众创空间	42	53
创业孵化机构面积/百万平方米	2.2	2.8
其中：孵化器面积	1.2	1.6
众创空间面积	1	1.2

2020 年，重庆市创业孵化机构内在孵企业与团队数量达 1.9 万家，同比增长 20.80%。其中，孵化器当年在孵企业数量 3650 家，同比增长 33.55%；众创空间当年在孵企业与团队数量 1.5 万家，同比增长 18.04%。

2020 年，重庆市创业孵化机构内当年上市（挂牌）企业总数为 10 家，同比减少 78.72%。其中，孵化器当年上市（挂牌）企业有 5 家，众创空间内当年上市（挂牌）企业有 5 家（表 4 - 128）。

表 4 - 128　重庆市创业孵化机构在孵企业与团队情况

单位：家

年份	在孵企业数量			当年上市（挂牌）企业数量		
	总数	孵化器	众创空间	总数	孵化器	众创空间
2019	15 351	2733	12 618	47	13	34
2020	18 544	3650	14 894	10	5	5

（二）绩效情况

1. 投融资情况

2020 年，重庆市创业孵化机构内当年获得投融资的企业数量为 616 家，同比增长 0.33%；当年获得投融资额达 8.43 亿元，同比增长 29.69%（表 4 - 129）。

表 4-129　重庆市创业孵化机构内获得投融资情况

获得投融资情况	2019 年	2020 年
当年获得投融资的企业数量/家	614	616
其中：孵化器	99	180
众创空间	515	436
当年获得投融资额/亿元	6.5	8.43
其中：孵化器	2.0	3.08
众创空间	4.5	5.35

2. 知识产权情况

截至 2020 年年底，重庆市创业孵化机构内在孵企业拥有有效知识产权数达 1.7 万件，同比增长 21.56%。其中，众创空间内企业及团队拥有有效知识产权数达 9984 件，同比增长 13.65%。拥有有效发明专利数为 2980 件，同比增长 24.58%（表 4-130）。

表 4-130　重庆市创业孵化机构知识产权情况　　　　　　　　单位：件

知识产权情况	2019 年	2020 年
拥有有效知识产权数	14 382	17 483
其中：孵化器	5597	7499
众创空间	8785	9984
拥有有效发明专利数	2392	2980
其中：孵化器	882	1180
众创空间	1510	1800

3. 吸纳就业情况

2020 年，重庆市创业孵化机构内在孵企业共吸纳就业 11.2 万人，同比增长 18.18%。其中，应届毕业大学生创业就业共 1.5 万人，同比增长 13.01%（表 4-131）。

表 4-131　重庆市创业孵化机构吸纳就业情况　　　　　　　　单位：人

年份	在孵企业吸纳就业情况			其中：应届毕业大学生		
	总数	孵化器	众创空间	总数	孵化器	众创空间
2019	95 016	36 000	59 016	12 962	3499	9463
2020	112 288	47 868	64 420	14 649	4424	10 225

4. 研发强度

2020 年，重庆市创业孵化机构在孵企业研发经费支出 5.3 亿元，研发经费占主营业务收入比重为 6.56%，同比减少 1.33 个百分点（图 4-85）。

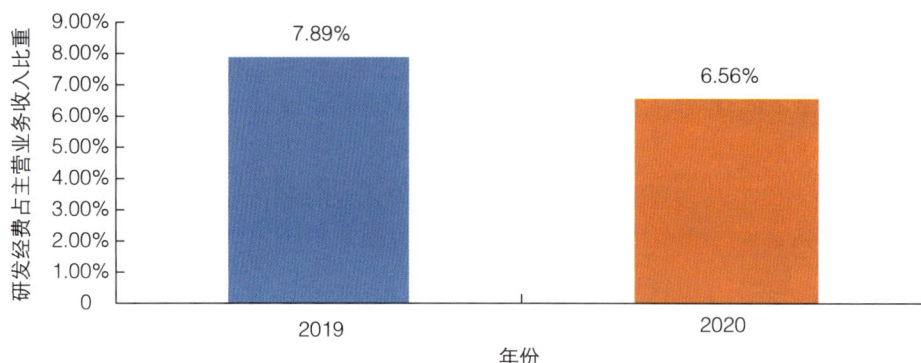

图 4 - 85　重庆市创业孵化机构研发强度情况

（三）自身建设情况

1. 收入和运营成本情况

2020 年，重庆市创业孵化机构总收入 12.2 亿元，同比增长 67.12%。其中，综合服务收入最多，占比达 43.95%；其次是其他收入，占比为 27.76%。

2020 年，重庆市创业孵化机构总成本 15.1 亿元，同比增长 109.72%。其中，管理费用占比最高，达 36.07%；其次是人员费用，占比为 27.80%（表 4 - 132、图 4 - 86）。

表 4 - 132　重庆市创业孵化机构收入和运营成本情况　　　　单位：亿元

年份	收入			运营成本		
	总收入	孵化器	众创空间	总成本	孵化器	众创空间
2019	7.3	3.1	4.2	7.2	3	4.2
2020	12.2	6.3	5.9	15.1	9.8	5.3

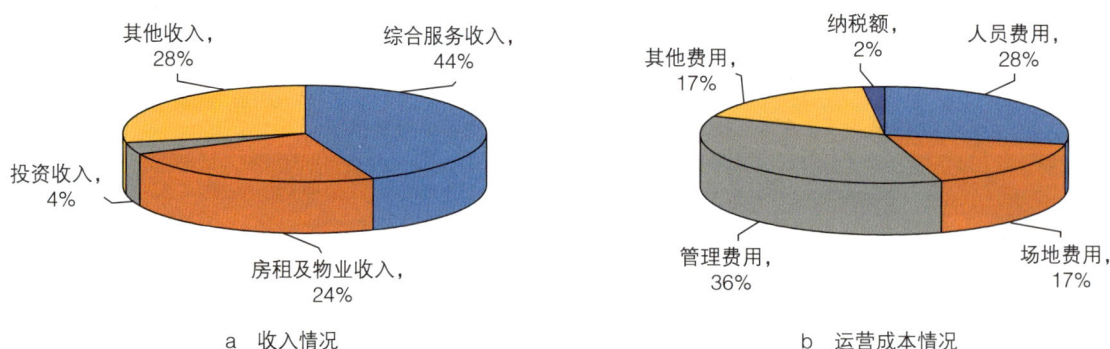

a　收入情况　　　　　　　　　　　b　运营成本情况

图 4 - 86　重庆市创业孵化机构收入和运营成本情况

2020 年，重庆市创业孵化机构纳税额达 0.3 亿元，同比减少 16.31%。其中，孵化器纳税额为 0.2 亿元，众创空间纳税额为 0.1 亿元。

2．服务人员情况

2020 年，重庆市创业孵化机构共有管理服务人员 3929 人，同比增长 13.52%。

2020 年，重庆市创业孵化机构共有创业导师 6802 人，同比增长 12.93%（图 4 - 87）。

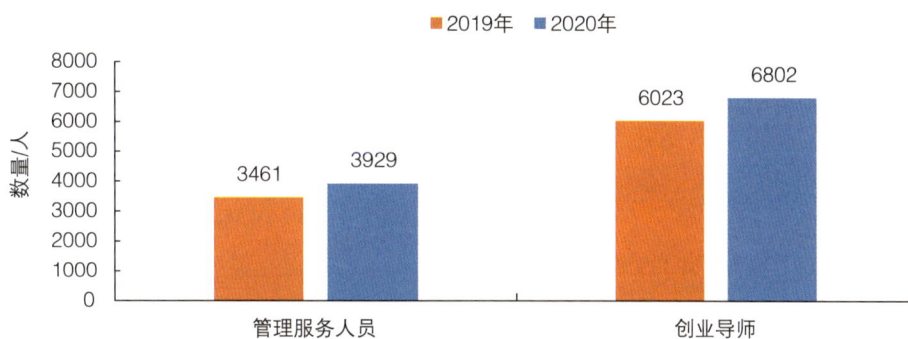

图 4 - 87　重庆市创业孵化机构服务人员情况

3．创业辅导情况

2020 年，重庆市创业孵化机构共举办创新创业活动 6171 场，同比减少 1.04%。开展创业教育培训 3065 场，同比减少 9.21%。创业导师对接企业 3549 次，同比增长 36.45%（图 4 - 88）。

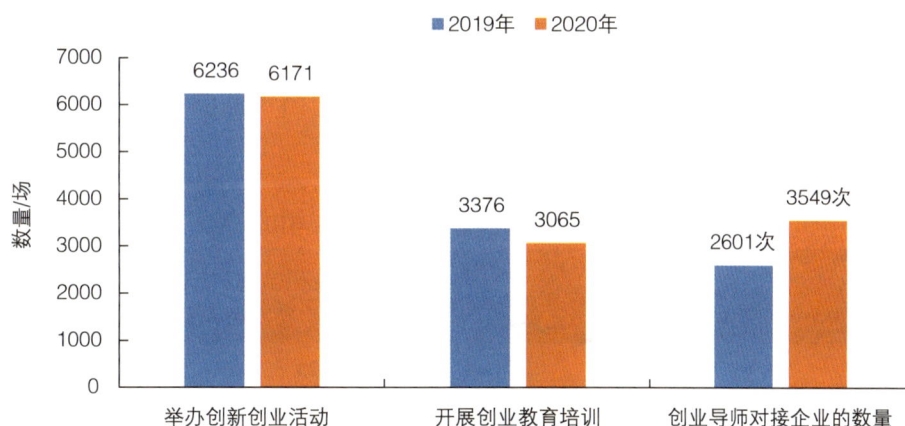

图 4 - 88　重庆市创业孵化机构创业辅导情况

二十三、四川省创业孵化发展情况

（一）总体情况

2020 年，四川省共有创业孵化机构 447 家，同比增加 104 家，增幅达到 30.32%。其中，孵化器 192 家，同比增长 14.29%，国家级孵化器 40 家，占比为 20.83%；众创空间 255 家，同比增长 45.71%，国家备案的众创空间 71 家，占比为 27.84%。

2020 年，四川省创业孵化机构面积达 4.9 百万平方米，同比增长 13.95%。其中，孵化器面积 3.9 百万平方米，同比增长 14.71%；众创空间面积 1 百万平方米，同比增长 11.11%（表 4 - 133）。

表 4 - 133　四川省创业孵化机构数量及面积情况

分类	2019 年	2020 年
创业孵化机构数量/家	343	447
孵化器数量	168	192
其中：国家级孵化器	34	40
众创空间数量	175	255
其中：国家备案的众创空间	62	71
创业孵化机构面积/百万平方米	4.3	4.9
其中：孵化器面积	3.4	3.9
众创空间面积	0.9	1

2020 年，四川省创业孵化机构内在孵企业与团队数量达 2.2 万家，同比增长 17.53%。其中，孵化器当年在孵企业数量 8977 家，同比增长 9.61%；众创空间当年在孵企业与团队数量 1.3 万家，同比增长 23.91%。

2020 年，四川省创业孵化机构内当年上市（挂牌）企业总数为 84 家，同比减少 32.26%。其中，孵化器内当年上市（挂牌）企业有 56 家，众创空间内当年上市（挂牌）企业有 28 家（表 4 - 134）。

表 4 - 134　四川省创业孵化机构在孵企业与团队情况　　　　　单位：家

年份	在孵企业数量			当年上市（挂牌）企业数量		
	总数	孵化器	众创空间	总数	孵化器	众创空间
2019	18 351	8190	10 161	124	77	47
2020	21 568	8977	12 591	84	56	28

（二）绩效情况

1. 投融资情况

2020 年，四川省创业孵化机构内当年获得投融资的企业数量为 885 家，同比增长 27.16%；当年获得投融资额达 30.4 亿元，同比增长 13.01%（表 4 - 135）。

表 4 – 135　四川省创业孵化机构内获得投融资情况

获得投融资情况	2019 年	2020 年
当年获得投融资的企业数量/家	696	885
其中：孵化器	354	456
众创空间	342	429
当年获得投融资额/亿元	26.9	30.4
其中：孵化器	21.0	23.6
众创空间	5.9	6.8

2. 知识产权情况

截至 2020 年年底，四川省创业孵化机构内在孵企业拥有有效知识产权数达 3.3 万件，同比增长 53.75%。其中，孵化器内在孵企业拥有有效知识产权数达 2.1 万件，同比增长 27.38%。拥有有效发明专利数为 4650 件，同比增长 23.24%（表 4 – 136）。

表 4 – 136　四川省创业孵化机构知识产权情况　　　　　　单位：件

知识产权情况	2019 年	2020 年
拥有有效知识产权数	21 519	33 085
其中：孵化器	16 538	21 066
众创空间	4981	12 019
拥有有效发明专利数	3773	4650
其中：孵化器	2711	3285
众创空间	1062	1365

3. 吸纳就业情况

2020 年，四川省创业孵化机构内在孵企业共吸纳就业 16.9 万人，同比增长 3.34%。其中，应届毕业大学生创业就业共 1.7 万人，同比增长 6.67%（表 4 – 137）。

表 4 – 137　四川省创业孵化机构吸纳就业情况　　　　　　单位：人

年份	在孵企业吸纳就业情况			其中：应届毕业大学生		
	总数	孵化器	众创空间	总数	孵化器	众创空间
2019	163 663	111 337	52 326	16 316	8919	7397
2020	169 122	115 539	53 583	17 405	9759	7646

4. 研发强度

2020 年，四川省创业孵化机构在孵企业研发经费支出 27.4 亿元，研发经费占主营业务收入比重为 8.61%，同比增长 2.18 个百分点（图 4 – 89）。

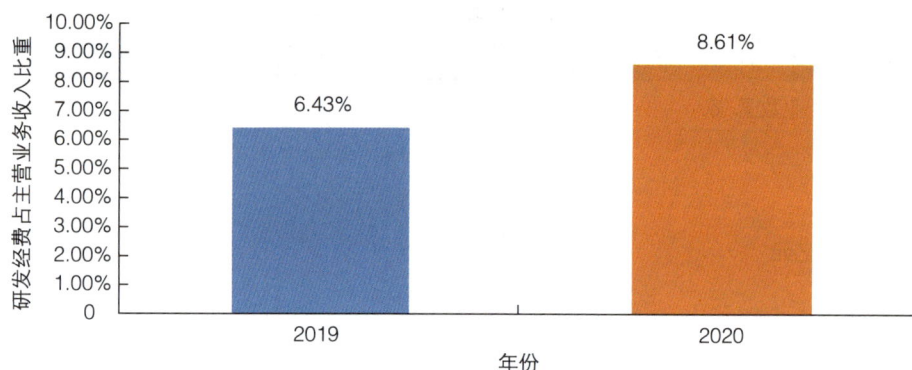

图 4-89 四川省创业孵化机构研发强度情况

（三）自身建设情况

1. 收入和运营成本情况

2020 年，四川省创业孵化机构总收入 26.94 亿元，同比增长 49.25%。其中，综合服务收入最多，占比达 38.93%；其次是其他收入，占比为 32.56%。

2020 年，四川省创业孵化机构总成本 29.59 亿元，同比增长 92.27%。其中，其他费用占比最多，达 48%；其次是人员费用，占比为 15.75%（表 4-138、图 4-90）。

表 4-138　四川省创业孵化机构收入和运营成本情况　　　　　　　　单位：亿元

年份	收入			运营成本		
	总收入	孵化器	众创空间	总成本	孵化器	众创空间
2019	18.05	14.31	3.74	15.39	12.04	3.35
2020	26.94	17.12	9.82	29.59	13.20	16.39

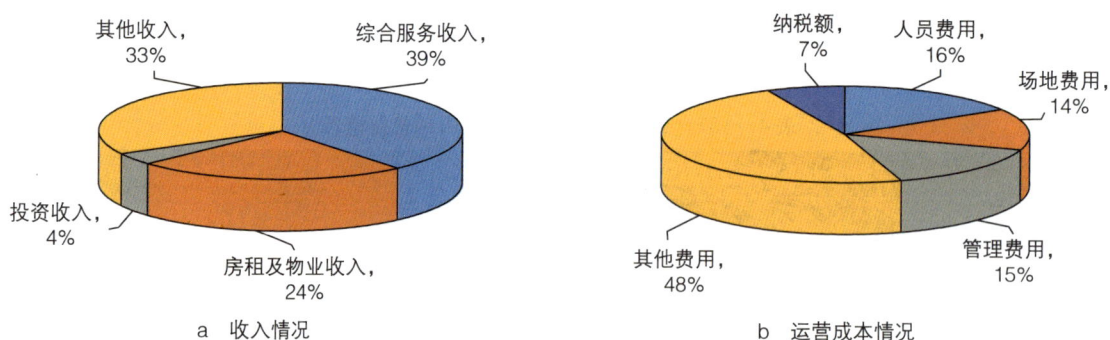

a　收入情况　　　　　　　　　　　b　运营成本情况

图 4-90　四川省创业孵化机构收入和运营成本情况

2020 年，四川省创业孵化机构纳税额达 2.2 亿元，同比增长 103.46%。其中，孵化器纳税额 1.8 亿元，众创空间纳税额 0.4 亿元。

2. 服务人员情况

2020 年，四川省创业孵化机构共有管理服务人员 5139 人，同比增长 19.68%。

2020 年，四川省创业孵化机构共有创业导师 10 858 人，同比增长 18.00%（图 4 - 91）。

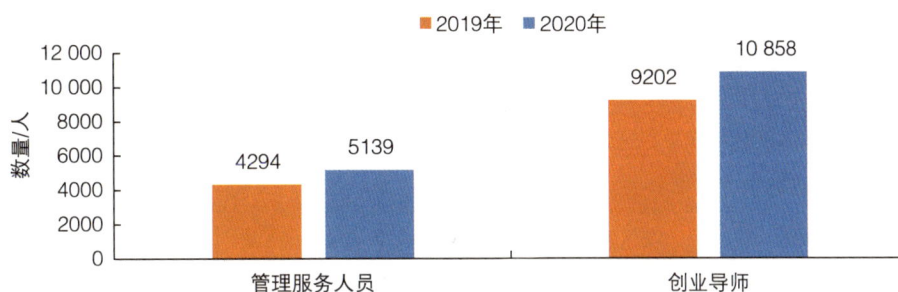

图 4 - 91　四川省创业孵化机构服务人员情况

3. 创业辅导情况

2020 年，四川省创业孵化机构共举办创新创业活动 9270 场，同比增长 5.02%，开展创业教育培训 3172 场，同比增长 0.86%。创业导师对接企业 8728 次，同比增长 17.88%（图 4 - 92）。

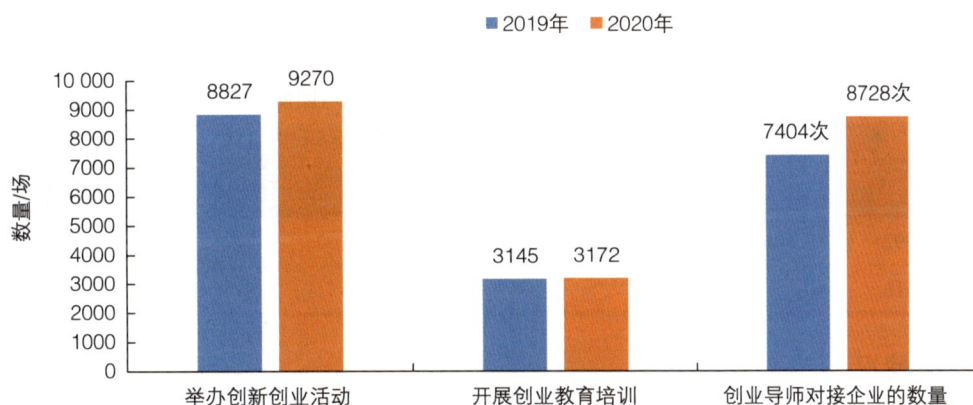

图 4 - 92　四川省创业孵化机构创业辅导情况

二十四、贵州省创业孵化发展情况

（一）总体情况

2020 年，贵州省共有创业孵化机构 125 家，同比增加 1 家，增幅 0.81%。其中，孵化器 47 家，同比增长 11.90%，国家级孵化器 9 家，占比为 19.15%；众创空间 78 家，同比减少 4.88%，国家备案的众创空间 24 家，占比为 30.77%。

2020 年，贵州省创业孵化机构面积达 4.3 百万平方米，同比增长 13.75%。其中，孵化器面积 3.9 百万平方米，同比增长 13.16%；众创空间面积 0.4 百万平方米，同比增长 33.33%（表 4 - 139）。

表 4 – 139　贵州省创业孵化机构数量及面积情况

分类	2019 年	2020 年
创业孵化机构数量/家	124	125
孵化器数量	42	47
其中：国家级孵化器	8	9
众创空间数量	82	78
其中：国家备案的众创空间	23	24
创业孵化机构面积/百万平方米	3.8	4.3
其中：孵化器面积	3.5	3.9
众创空间面积	0.3	0.4

2020 年，贵州省创业孵化机构内在孵企业与团队数量达 4510 家，同比增长 9.66%。其中，孵化器当年在孵企业数量 1300 家，同比增长 3.92%；众创空间当年在孵企业与团队数量 3210 家，同比减少 14.19%。

2020 年，贵州省创业孵化机构内当年上市（挂牌）企业总数为 4 家，比 2019 年增加 3 家，全部来自孵化器（表 4 – 140）。

表 4 – 140　贵州省创业孵化机构在孵企业与团队情况　　　　　　　　　　单位：家

年份	在孵企业数量			当年上市（挂牌）企业数量		
	总数	孵化器	众创空间	总数	孵化器	众创空间
2019	4992	1251	3741	1	0	1
2020	4510	1300	3210	4	4	0

（二）绩效情况

1. 投融资情况

2020 年，贵州省创业孵化机构内当年获得投融资的企业数量为 120 家，同比减少 50.21%；当年获得投融资额达 2.1 亿元，同比增长 23.53%（表 4 – 141）。

表 4 – 141　贵州省创业孵化机构内获得投融资情况

获得投融资情况	2019 年	2020 年
当年获得投融资的企业数量/家	241	120
其中：孵化器	33	54
众创空间	208	66
当年获得投融资额/亿元	1.7	2.1
其中：孵化器	1.4	1.8
众创空间	0.3	0.3

2. 知识产权情况

截至 2020 年年底，贵州省创业孵化机构内在孵企业拥有有效知识产权数达 6285 件，同比增长 33.33%。其中，众创空间内企业及团队拥有有效发明产权数达 2040 件，同比增长 22.38%。拥有有效发明专利数为 483 件，同比减少 26.48%（表 4 – 142）。

表 4 – 142　贵州省创业孵化机构知识产权情况　　　　　　　　单位：件

知识产权情况	2019 年	2020 年
拥有有效知识产权数	4714	6285
其中：孵化器	3047	4245
众创空间	1667	2040
拥有有效发明专利数	657	483
其中：孵化器	446	282
众创空间	211	201

3. 吸纳就业情况

2020 年，贵州省创业孵化机构内在孵企业共吸纳就业 3.5 万人，同比减少 10.77%。其中，应届毕业大学生创业就业共 5528 人，同比减少 20.30%（表 4 – 143）。

表 4 – 143　贵州省创业孵化机构吸纳就业情况　　　　　　　　单位：人

年份	在孵企业吸纳就业情况			其中：应届毕业大学生		
	总数	孵化器	众创空间	总数	孵化器	众创空间
2019	38 794	22 950	15 844	6936	2328	4608
2020	34 614	19 214	15 400	5528	1648	3880

4. 研发强度

2020 年，贵州省创业孵化机构在孵企业研发经费支出 3.5 亿元，研发经费占主营业务收入比重为 5.91%，与 2019 年基本持平（图 4 – 93）。

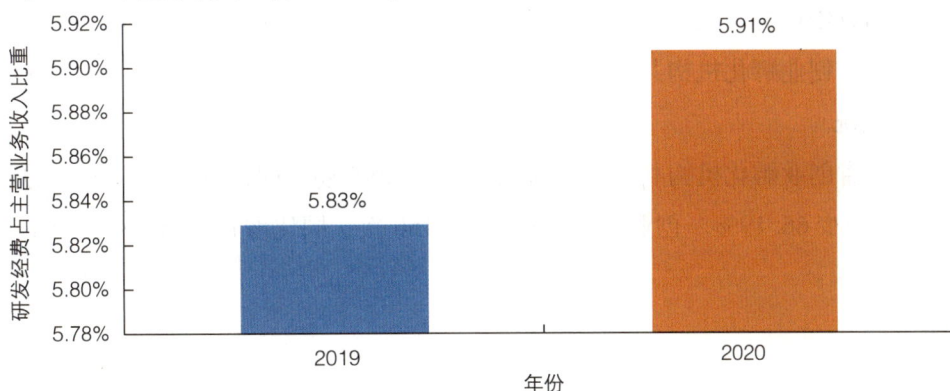

图 4 – 93　贵州省创业孵化机构研发强度情况

（三）自身建设情况

1. 收入和运营成本情况

2020 年，贵州省创业孵化机构总收入 11.4 亿元，同比增长 6.48%。其中，其他收入最多，占比达 41%；其次是综合服务收入，占比为 25.32%。

2020 年，贵州省创业孵化机构总成本 3.5 亿元，同比增长 18.14%。其中，人员费用占比最高，达 34%；其次是其他费用，占比为 33%（表 4-144、图 4-94）。

表 4-144　贵州省创业孵化机构收入和运营成本情况　　　　　　　　　　单位：亿元

年份	收入			运营成本		
	总收入	孵化器	众创空间	总成本	孵化器	众创空间
2019	10.7	9.1	1.6	3	1.2	1.8
2020	11.4	9.8	1.6	3.5	1.9	1.6

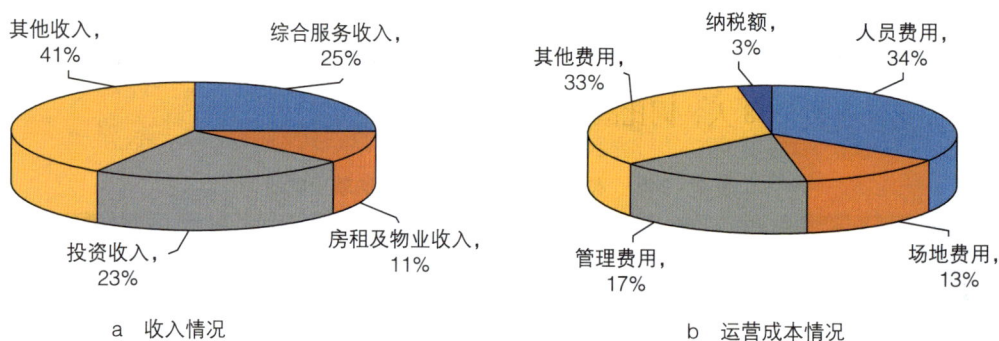

a　收入情况　　　　　　　　　　　　b　运营成本情况

图 4-94　贵州省创业孵化机构收入和运营成本情况

2020 年，贵州省创业孵化机构纳税额达 0.1 亿元，同比减少 68.97%。其中，孵化器纳税额 0.07 亿元，众创空间纳税额 0.03 亿元。

2. 服务人员情况

2020 年，贵州省创业孵化机构共有管理服务人员 2132 人，同比减少 10.53%。

2020 年，贵州省创业孵化机构共有创业导师 1932 人，同比增长 4.15%（图 4-95）。

3. 创业辅导情况

2020 年，贵州省创业孵化机构共举办创新创业活动 1398 场，同比减少 21.06%。开展创业教育培训 633 场，同比减少 66.19%。创业导师对接企业 1166 次，同比增长 12.01%（图 4-96）。

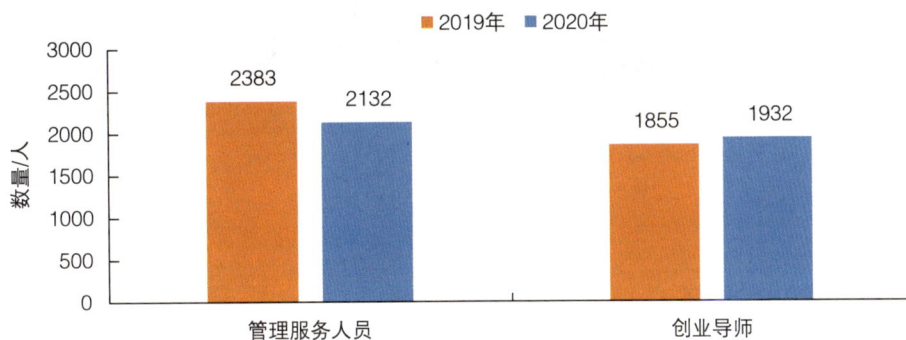

图 4-95　贵州省创业孵化机构服务人员情况

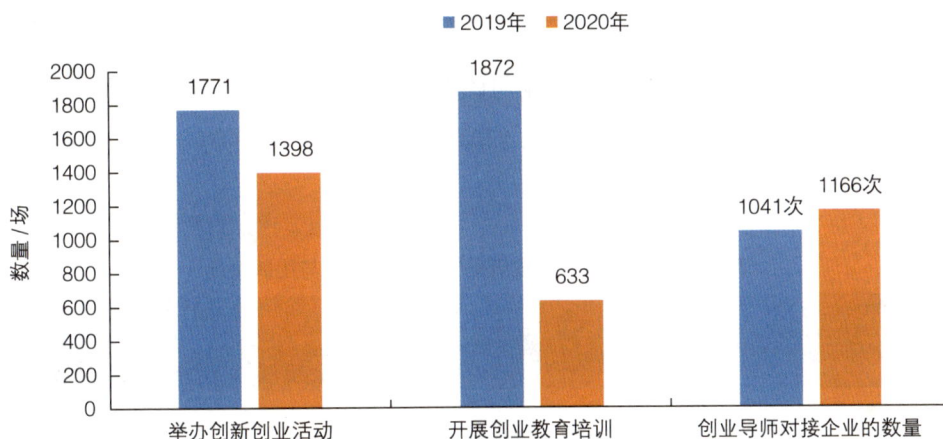

图 4-96　贵州省创业孵化机构创业辅导情况

二十五、云南省创业孵化发展情况

（一）总体情况

2020 年，云南省共有创业孵化机构 177 家，同比增加 15 家，增幅达到 9.26%。其中，孵化器 44 家，同比增长 10.00%，国家级孵化器 15 家，占比为 34.09%；众创空间 133 家，同比增长 9.02%，国家备案的众创空间 38 家，占比为 28.57%。

2020 年，云南省创业孵化机构面积达 3.1 百万平方米，同比增长 3.33%。其中，孵化器面积 0.9 百万平方米，同比增长 12.50%；众创空间面积 2.2 百万平方米，与 2019 年持平（表 4-145）。

表 4 - 145 云南省创业孵化机构数量及面积情况

分类	2019 年	2020 年
创业孵化机构数量/家	162	177
孵化器数量	40	44
其中：国家级孵化器	13	15
众创空间数量	122	133
其中：国家备案的众创空间	33	38
创业孵化机构面积/百万平方米	3	3.1
其中：孵化器面积	0.8	0.9
众创空间面积	2.2	2.2

2020 年，云南省创业孵化机构内在孵企业与团队数量达 9777 家，同比减少 2.86%。其中，孵化器当年在孵企业数量达 2397 家，同比增长 5.13%；众创空间当年在孵企业与团队数量为 7380 家，同比减少 5.20%（表 4 - 146）。

表 4 - 146 云南省创业孵化机构在孵企业与团队情况   单位：家

年份	在孵企业数量			当年上市（挂牌）企业数量		
	总数	孵化器	众创空间	总数	孵化器	众创空间
2019	10 065	2280	7785	0	0	0
2020	9777	2397	7380	0	0	0

（二）绩效情况

1. 投融资情况

2020 年，云南省创业孵化机构内当年获得投融资的企业数量为 243 家，同比增长 11.47%；当年获得投融资额达 16.4 亿元，同比增长 613.04%（表 4 - 147）。

表 4 - 147 云南省创业孵化机构内获得投融资情况

获得投融资情况	2019 年	2020 年
当年获得投融资的企业数量/家	218	243
其中：孵化器	24	48
众创空间	194	195
当年获得投融资额/亿元	2.3	16.4
其中：孵化器	0.3	15.4
众创空间	2.0	1.0

2. 知识产权情况

截至 2020 年年底，云南省创业孵化机构内在孵企业拥有有效知识产权数达 9869 件，同比增长 40.48%。其中，众创空间内企业及团队拥有有效知识产权数达 4493 件，同比增长 50.42%。拥有有效发明专利数为 1304 件，同比增长 64.03%（表 4 – 148）。

表 4 – 148 云南省创业孵化机构知识产权情况　　　　　　　　　　　　单位：件

知识产权情况	2019 年	2020 年
拥有有效知识产权数/件	7025	9869
其中：孵化器	4038	5376
众创空间	2987	4493
拥有有效发明专利数/件	795	1304
其中：孵化器	337	478
众创空间	458	826

3. 吸纳就业情况

2020 年，云南省创业孵化机构内在孵企业共吸纳就业 5.5 万人，同比增长 0.28%。其中，应届毕业大学生创业就业 5936 人，同比减少 22.73%（表 4 – 149）。

表 4 – 149 云南省创业孵化机构吸纳就业情况　　　　　　　　　　　　单位：人

年份	在孵企业吸纳就业情况			其中：应届毕业大学生		
	总数	孵化器	众创空间	总数	孵化器	众创空间
2019	55 229	25 313	29 916	7682	2316	5366
2020	55 381	24 202	31 179	5936	1626	4310

4. 研发强度

2020 年，云南省创业孵化机构在孵企业研发经费支出 2.1 亿元，研发经费占主营业务收入比重为 3.84%，同比减少 0.96 个百分点（图 4 – 97）。

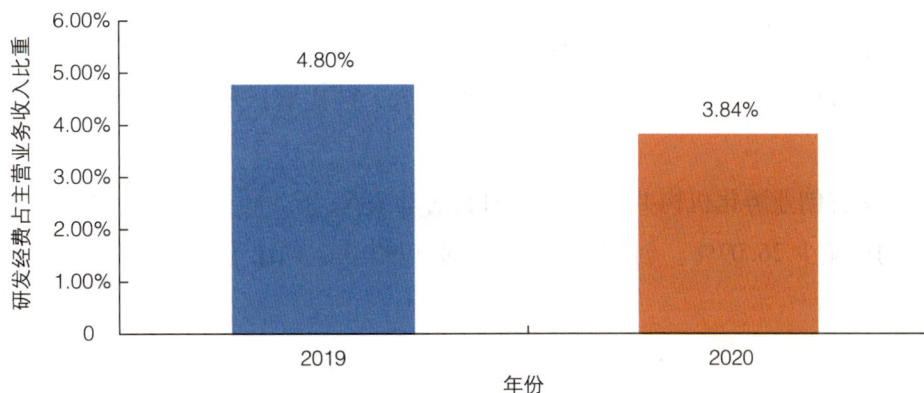

图 4 – 97 云南省创业孵化机构研发强度情况

（三）自身建设情况

1. 收入和运营成本情况

2020 年，云南省创业孵化机构总收入 5.63 亿元，同比增长 41.81%。其中，综合服务收入最多，占比达 55.27%；其次是房租及物业收入，占比为 23.16%。

2020 年，云南省创业孵化机构总成本 3.80 亿元，同比减少 1.04%。其中，场地费用占比最高，达 34.87%；其次是人员费用，占比为 23.71%（表 4 - 150、图 4 - 98）。

表 4 - 150　云南省创业孵化机构收入和运营成本情况　　　　　　　　　单位：亿元

年份	收入			运营成本		
	总收入	孵化器	众创空间	总成本	孵化器	众创空间
2019	3.97	1.67	2.30	3.84	1.94	1.90
2020	5.63	1.58	4.05	3.80	1.82	1.98

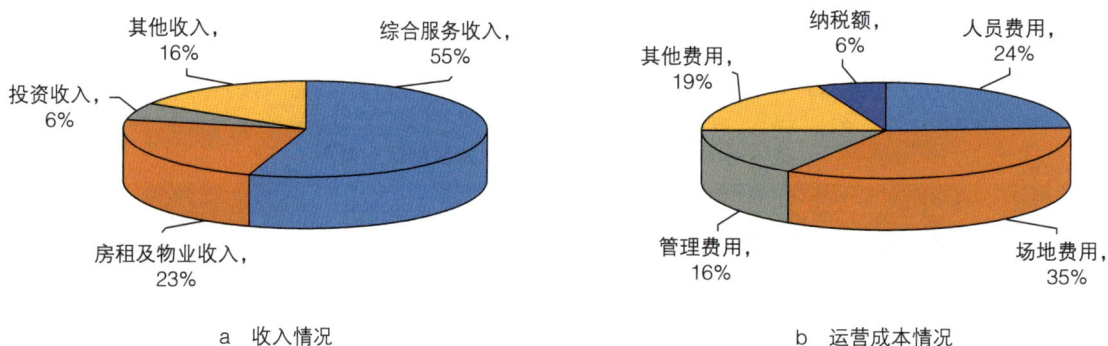

a　收入情况　　　　　　　　　　　　　　b　运营成本情况

图 4 - 98　云南省创业孵化机构收入和运营成本情况

2020 年，云南省创业孵化机构纳税额达 0.2 亿元，同比减少 42.77%。其中，孵化器纳税额 0.1 亿元，众创空间纳税额 0.1 亿元。

2. 服务人员情况

2020 年，云南省创业孵化机构共有管理服务人员 2722 人，同比增长 7.80%。

2020 年，云南省创业孵化机构共有创业导师 4959 人，同比增长 8.92%（图 4 - 99）。

3. 创业辅导情况

2020 年，云南省创业孵化机构共举办创新创业活动 2965 场，同比减少 4.11%。开展创业教育培训 1404 场，同比减少 26.07%。创业导师对接企业 1999 次，同比增长 7.88%（图 4 - 100）。

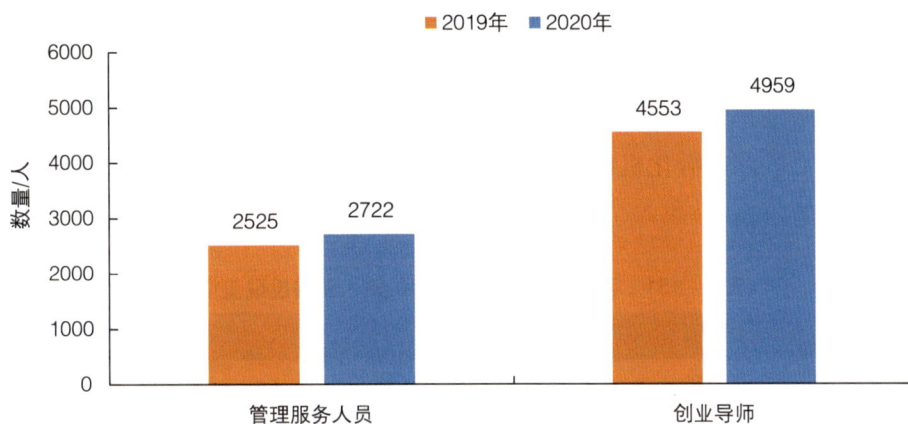

图 4 – 99　云南省创业孵化机构服务人员情况

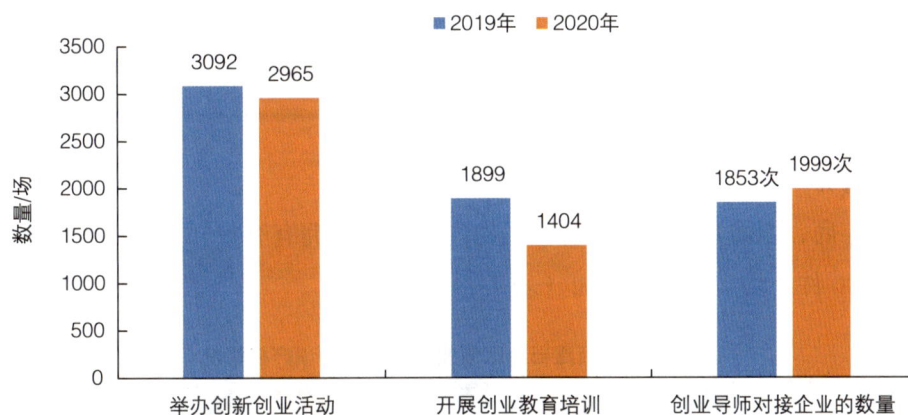

图 4 – 100　云南省创业孵化机构创业辅导情况

二十六、西藏自治区创业孵化发展情况

（一）总体情况

2020 年，西藏自治区共有创业孵化机构 26 家，同比增长 23 家，增幅达到 766.67%。其中，孵化器 4 家，2 家为国家级孵化器，占比达 50%；众创空间 22 家，其中 5 家为国家备案的众创空间，占比为 22.73%。

2020 年，西藏自治区创业孵化机构总面积为 0.18 百万平方米，同比增长 564.79%。其中，孵化器面积 0.08 百万平方米，众创空间 0.10 百万平方米。

2020 年，西藏自治区创业孵化机构内在孵企业与团队数量达 1409 家，同比增长 674.18%。其中，孵化器当年在孵企业数量 123 家，众创空间在孵企业数量 463 家。当年新增 5 家上市（挂牌）企业。

（二）绩效情况

1. 投融资情况

2020 年，西藏自治区创业孵化机构内当年获得投融资的企业数量为 63 家；当年获得的投融资总额为 0.2 亿元（表 4 – 151）。

表 4 – 151　西藏自治区创业孵化机构内获得投融资情况

获得投融资情况	2019 年	2020 年
当年获得投融资的企业数量/家	1	63
其中：孵化器	0	6
众创空间	1	57
当年获得投融资额/亿元	0.0	0.2
其中：孵化器	0.0	0.0
众创空间	0.0	0.2

2. 知识产权情况

截至 2020 年年底，西藏自治区创业孵化机构内在孵企业拥有有效知识产权数为 601 件，拥有有效发明专利数为 126 件，均实现明显增加（表 4 – 152）。

表 4 – 152　西藏自治区创业孵化机构知识产权情况　　　　　　　　　　单位：件

知识产权情况	2019 年	2020 年
拥有有效知识产权数	131	601
其中：孵化器	128	49
众创空间	3	552
拥有有效发明专利数	21	126
其中：孵化器	19	27
众创空间	2	99

3. 吸纳就业情况

2020 年，西藏自治区创业孵化机构内在孵企业共吸纳就业 7243 人。其中，应届毕业大学生创业就业共 566 人。

（三）自身建设情况

1. 收入和运营成本情况

2020 年，西藏自治区创业孵化机构总收入为 0.75 亿元。创业孵化机构总成本为 0.72 亿元，其中人员费用占比高达 31%（图 4 – 101）。

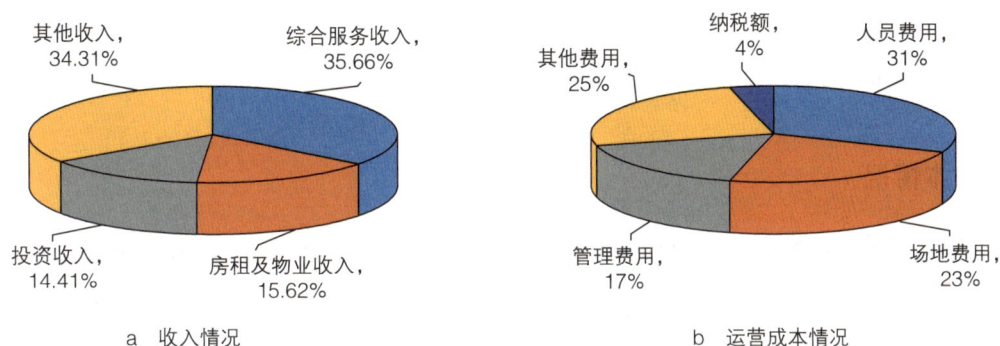

a 收入情况

b 运营成本情况

图 4 - 101 西藏自治区创业孵化机构运营成本情况

2. 服务人员情况

2020 年，西藏自治区创业孵化机构共有管理服务人员 389 人。

2020 年，西藏自治区创业孵化机构共有创业导师 762 人，同比增加 710 人（图 4 - 102）。

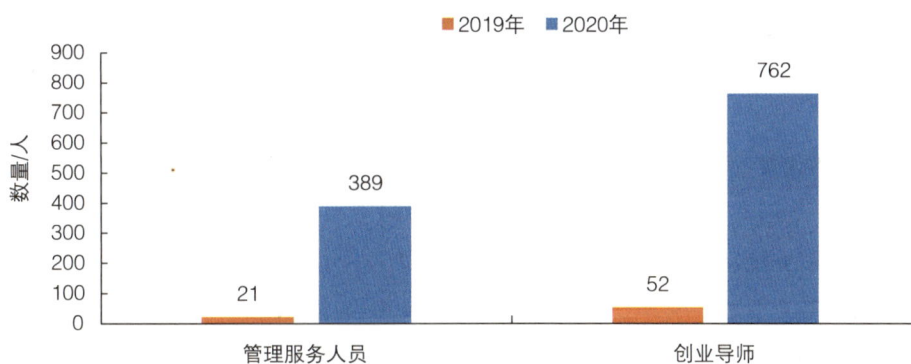

图 4 - 102 西藏自治区创业孵化机构服务人员情况

3. 创业辅导情况

2020 年，西藏自治区创业孵化机构共举办创新创业活动 488 场，开展创业教育培训 262 场，创业导师对接企业 75 次（图 4 - 103）。

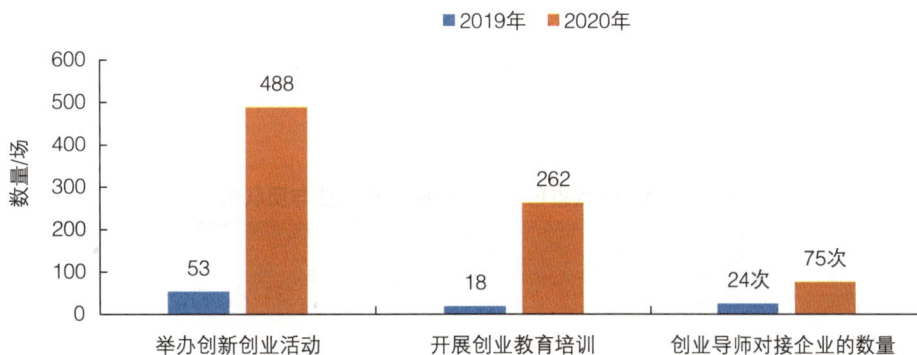

图 4 - 103 西藏自治区创业孵化机构创业辅导情况

二十七、陕西省创业孵化发展情况

（一）总体情况

2020 年，陕西省共有创业孵化机构 449 家，同比增加 43 家，增幅达到 10.59%。其中，孵化器 151 家，同比增长 23.77%，国家级孵化器 36 家，占比为 23.84%；众创空间 298 家，同比增长 4.93%，国家备案的众创空间 82 家，占比为 27.52%。

2020 年，陕西省创业孵化机构面积达 6.1 百万平方米，同比增长 32.61%。其中，孵化器面积 4.4 百万平方米，同比增长 33.33%；众创空间面积 1.7 百万平方米，同比增长 13.33%（表 4 - 153）。

表 4 - 153　陕西省创业孵化机构数量及面积情况

分类	2019 年	2020 年
创业孵化机构数量/家	406	449
孵化器数量	122	151
其中：国家级孵化器	33	36
众创空间数量	284	298
其中：国家备案的众创空间	71	82
创业孵化机构面积/百万平方米	4.6	6.1
其中：孵化器面积	3.3	4.4
众创空间面积	1.5	1.7

2020 年，陕西省创业孵化机构内在孵企业与团队数量达 2 万家，同比增长 4.06%。其中，孵化器当年在孵企业数量 5171 家，同比增长 9.32%；众创空间当年在孵企业与团队数量 1.5 万家，同比增长 2.38%。

2020 年，陕西省创业孵化机构内当年上市（挂牌）企业总数为 37 家，同比减少 27.45%。其中，孵化器内当年上市（挂牌）企业有 20 家，众创空间内当年上市（挂牌）企业有 17 家（表 4 - 154）。

表 4 - 154　陕西省创业孵化机构在孵企业与团队情况　　　　　　　　单位：家

年份	在孵企业数量			当年上市（挂牌）企业数量		
	总数	孵化器	众创空间	总数	孵化器	众创空间
2019	19 590	4730	14 860	51	24	27
2020	20 385	5171	15 214	37	20	17

（二）绩效情况

1. 投融资情况

2020 年，陕西省创业孵化机构内当年获得投融资的企业数量为 969 家，同比减少 8.24%；当年获得投融资额达 37.8 亿元，同比减少 6.90%（表 4－155）。

表 4－155　陕西省创业孵化机构内获得投融资情况

获得投融资情况	2019 年	2020 年
当年获得投融资的企业数量/家	1056	969
其中：孵化器	372	365
众创空间	684	604
当年获得投融资额/亿元	40.6	37.8
其中：孵化器	15.8	23.0
众创空间	24.9	14.9

2. 知识产权情况

截至 2020 年年底，陕西省创业孵化机构内在孵企业拥有有效知识产权数达 3.8 万件，同比增长 18.23%。其中，众创空间内企业及团队拥有有效知识产权数达 1.6 万件，同比增长 18.39%。拥有有效发明专利数为 5341 件，同比增长 3.65%（表 4－156）。

表 4－156　陕西省创业孵化机构知识产权情况　　　　　　　　　　　　　单位：件

知识产权情况	2019 年	2020 年
拥有有效知识产权数	32 495	38 418
其中：孵化器	18 815	22 222
众创空间	13 680	16 196
拥有有效发明专利数	5153	5341
其中：孵化器	3521	3009
众创空间	1632	2332

3. 吸纳就业情况

2020 年，陕西省创业孵化机构内在孵企业共吸纳就业 16.2 万人，同比增长 1.68%。其中，应届毕业大学生创业就业共 1.6 万人，同比减少 19.09%（表 4－157）。

表 4 - 157　陕西省创业孵化机构吸纳就业情况　　　　　　　　　　单位：人

年份	在孵企业吸纳就业情况			其中：应届毕业大学生		
	总数	孵化器	众创空间	总数	孵化器	众创空间
2019	159 708	90 395	69 313	19 501	7631	11 870
2020	162 399	92 095	70 304	15 779	6124	9655

4. 研发强度

2020 年，陕西省创业孵化机构在孵企业研发经费支出 18.3 亿元，研发经费占主营业务收入比重为 6.49%，同比减少 12.73 个百分点（图 4 - 104）。

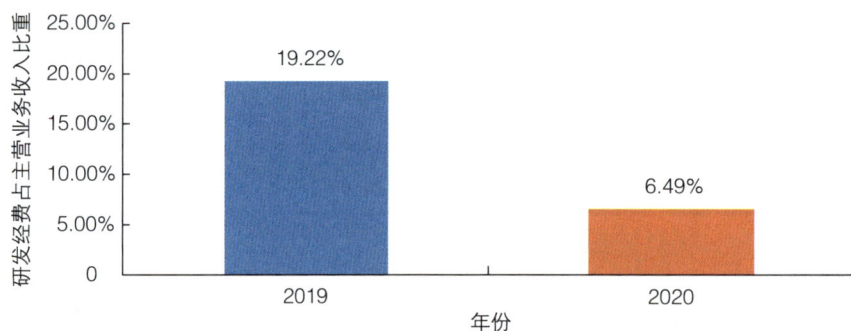

图 4 - 104　陕西省创业孵化机构研发强度情况

（三）自身建设情况

1. 收入和运营成本情况

2020 年，陕西省创业孵化机构总收入 25.1 亿元，同比减少 3.46%。其中，房租及物业收入最多，占比达 37.82%；其次是综合服务收入，占比为 37.56%。

2020 年，陕西省创业孵化机构总成本 20.9 亿元，同比减少 25.62%。其中，场地费用占比最高，达 32.51%；其次是管理费用，占比为 22.22%（表 4 - 158、图 4 - 105）。

表 4 - 158　陕西省创业孵化机构收入和运营成本情况　　　　　　　　单位：亿元

年份	收入			运营成本		
	总收入	孵化器	众创空间	总成本	孵化器	众创空间
2019	26.0	14.6	11.5	28.1	11.1	17.0
2020	25.1	18.0	7.2	20.9	14.2	6.8

2020 年，陕西省创业孵化机构纳税额达 1.1 亿元，同比减少 17.83%。其中，孵化器纳税额 0.9 亿元，众创空间纳税额 0.2 亿元。

2. 服务人员情况

2020 年，陕西省创业孵化机构共有管理服务人员 6590 人，同比增长 13.25%。

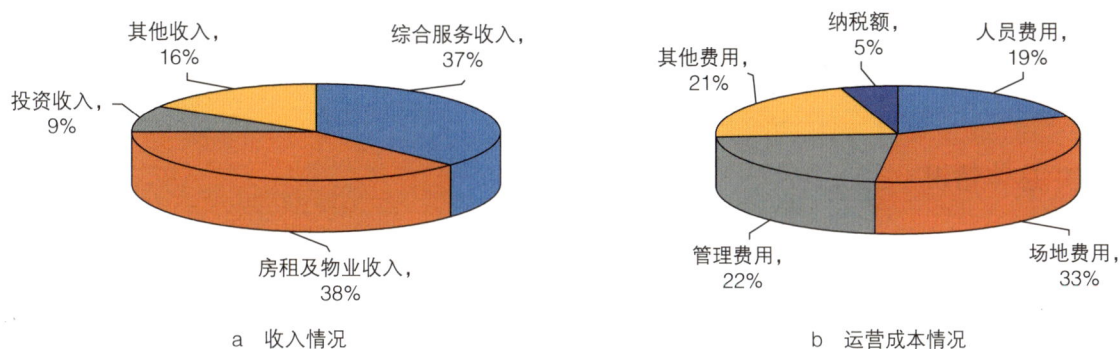

a　收入情况　　　　　　　　　　　　b　运营成本情况

图 4 - 105　陕西省创业孵化机构收入和运营成本情况

2020 年，陕西省创业孵化机构共有创业导师 10 284 人，同比增长 7.69%（图 4 - 106）。

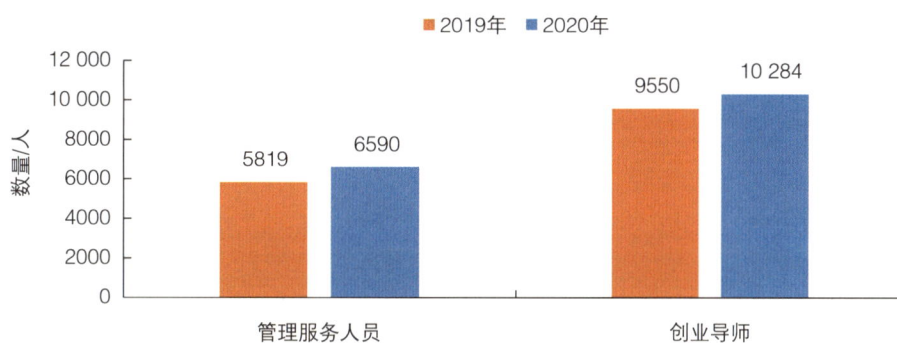

图 4 - 106　陕西省创业孵化机构服务人员情况

3. 创业辅导情况

2020 年，陕西省创业孵化机构共举办创新创业活动 9655 场，同比减少 11.95%。开展创业教育培训 4020 场，同比减少 12.48%。创业导师对接企业 4955 次，同比增长 18.77%（图 4 - 107）。

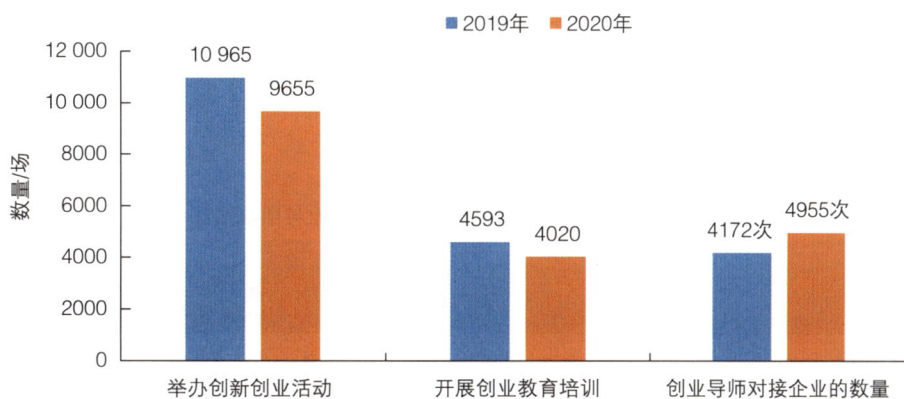

图 4 - 107　陕西省创业孵化机构创业辅导情况

二十八、甘肃省创业孵化发展情况

（一）总体情况

2020 年，甘肃省共有创业孵化机构 294 家，同比增加 8 家，增幅达 2.80%。其中，孵化器 77 家，同比减少 2.53%，国家级孵化器 12 家，占比 15.58%；众创空间 217 家，同比增长 4.83%，国家备案的众创空间 31 家，占比为 14.29%。

2020 年，甘肃省创业孵化机构面积达 2.9 百万平方米，同比减少 23.68%。其中，孵化器面积 2 百万平方米，同比减少 33.11%；众创空间面积 0.9 百万平方米，同比增长 5.88%（表 4 - 159）。

表 4 - 159　甘肃省创业孵化机构数量及面积情况

分类	2019 年	2020 年
创业孵化机构数量/家	286	294
孵化器数量	79	77
其中：国家级孵化器	10	12
众创空间数量	207	217
其中：国家备案的众创空间	29	31
创业孵化机构面积/百万平方米	3.8	2.9
其中：孵化器面积	2.99	2
众创空间面积	0.85	0.9

2020 年，甘肃省创业孵化机构内在孵企业与团队达 1.2 万家，同比减少 6.67%。其中，孵化器当年在孵企业数量 2513 家，同比减少 2.22%；众创空间当年在孵企业与团队数量 9034 家，同比减少 7.84%。

2020 年，甘肃省创业孵化机构内当年上市（挂牌）企业总数为 2 家，同比增长 2 家，全部来自众创空间（表 4 - 160）。

表 4 - 160　甘肃省创业孵化机构在孵企业与团队情况　　　　　　　　　　　　单位：家

年份	在孵企业数量			当年上市（挂牌）企业数量		
	总数	孵化器	众创空间	总数	孵化器	众创空间
2019	12 372	2570	9802	0	0	0
2020	11 547	2513	9034	2	0	2

（二）绩效情况

1. 投融资情况

2020 年，甘肃省创业孵化机构内当年获得投融资的企业数量为 531 家，同比减少 18.68%；当年获得投融资额达 3.9 亿元，同比增长 14.71%（表 4－161）。

表 4－161　甘肃省创业孵化机构内获得投融资情况

获得投融资情况	2019 年	2020 年
当年获得投融资的企业数量/家	653	531
其中：孵化器	55	124
众创空间	598	407
当年获得投融资额/亿元	3.4	3.9
其中：孵化器	2.1	2.8
众创空间	1.4	1.1

2. 知识产权情况

截至 2020 年年底，甘肃省创业孵化机构内在孵企业拥有有效知识产权数达 6690 件，同比增长 7.07%。其中，众创空间内企业及团队拥有有效知识产权数达 4266 件，同比减少 1.59%。拥有有效发明专利数为 1307 件，同比增长 0.38%（表 4－162）。

表 4－162　甘肃省创业孵化机构知识产权情况　　　　　　　　单位：件

知识产权情况	2019 年	2020 年
拥有有效知识产权数	6248	6690
其中：孵化器	1913	2424
众创空间	4335	4266
拥有有效发明专利数	1302	1307
其中：孵化器	465	595
众创空间	837	712

3. 吸纳就业情况

2020 年，甘肃省创业孵化机构内在孵企业共吸纳就业 6.1 万人，同比减少 4.06%。其中，应届毕业大学生创业就业共 7946 人，同比减少 17.93%（表 4－163）。

表 4－163　甘肃省创业孵化机构吸纳就业情况　　　　　　　　单位：人

年份	在孵企业吸纳就业情况			其中：应届毕业大学生		
	总数	孵化器	众创空间	总数	孵化器	众创空间
2019	64 003	30 023	33 980	9682	4262	5420
2020	61 407	27 609	33 798	7946	3091	4855

4. 研发强度

2020 年，甘肃省创业孵化机构在孵企业研发经费支出 3.3 亿元，研发经费占主营业务收入比重为 7.01%，同比增长 0.63 个百分点（图 4 - 108）。

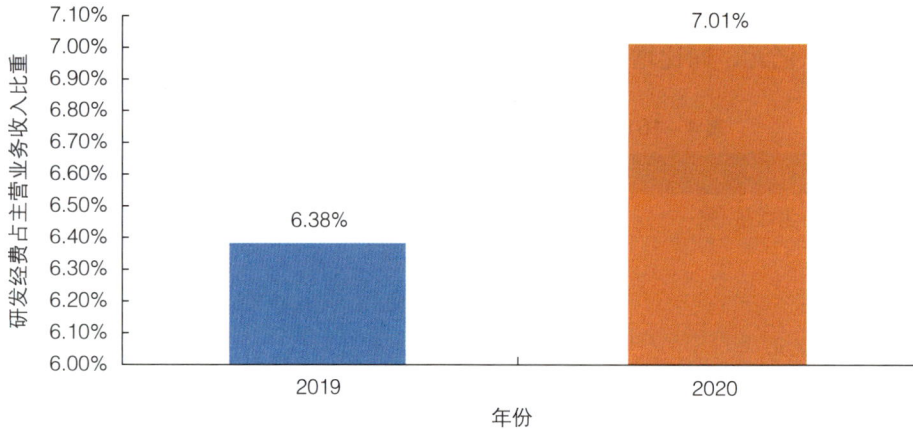

图 4 - 108 甘肃省创业孵化机构研发强度情况

（三）自身建设情况

1. 收入和运营成本情况

2020 年，甘肃省创业孵化机构总收入 8.2 亿元，同比增长 2.50%。其中，综合服务收入最多，占比 45.39%；其次是其他收入，占比为 22.5%。

2020 年，甘肃省创业孵化机构总成本 7.2 亿元，同比减少 1.37%。其中，人员费用占比最高，达 26.16%；其次是场地费用，占比为 23.66%（表 4 - 164、图 4 - 109）。

表 4 - 164 甘肃省创业孵化机构收入和运营成本情况   单位：亿元

年份	收入			运营成本		
	总收入	孵化器	众创空间	总成本	孵化器	众创空间
2019	8	4.8	3.3	7.3	4.5	2.8
2020	8.2	4.3	3.9	7.2	4.1	3.1

2020 年，甘肃省创业孵化机构纳税额达 0.4 亿元，同比减少 12.79%。其中，孵化器纳税额 0.2 亿元，众创空间纳税额 0.2 亿元。

2. 服务人员情况

2020 年，甘肃省创业孵化机构共有管理服务人员 4395 人，同比减少 18.22%。

2020 年，甘肃省创业孵化机构共有创业导师 4244 人，同比减少 3.63%（图 4 - 110）。

a　收入情况

b　运营成本情况

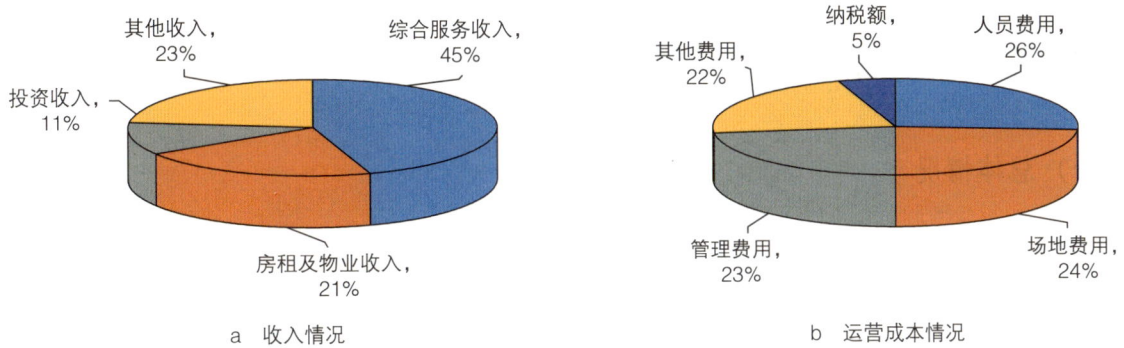

图 4 - 109　甘肃省创业孵化机构收入和运营成本情况

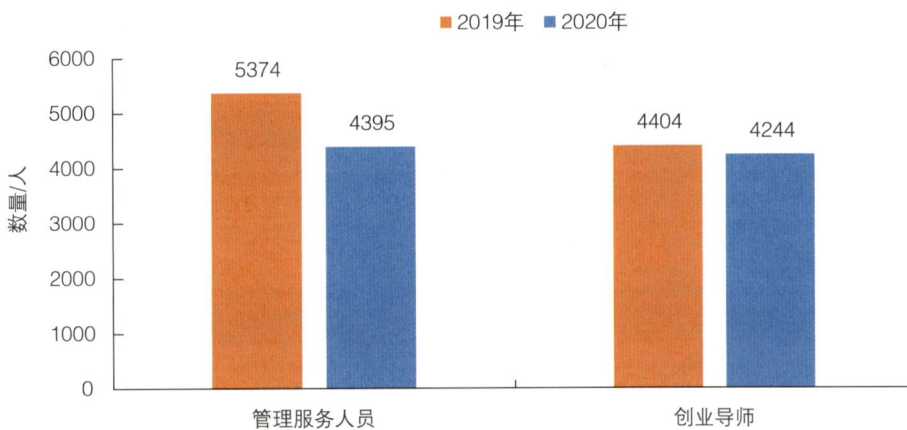

图 4 - 110　甘肃省创业孵化机构服务人员情况

3. 创业辅导情况

2020 年，甘肃省创业孵化机构共举办创新创业活动 3857 场，同比减少 20%。开展创业教育培训 2286 场，同比减少 17.26%。创业导师对接企业 1902 次，同比减少 2.46%（图 4 - 111）。

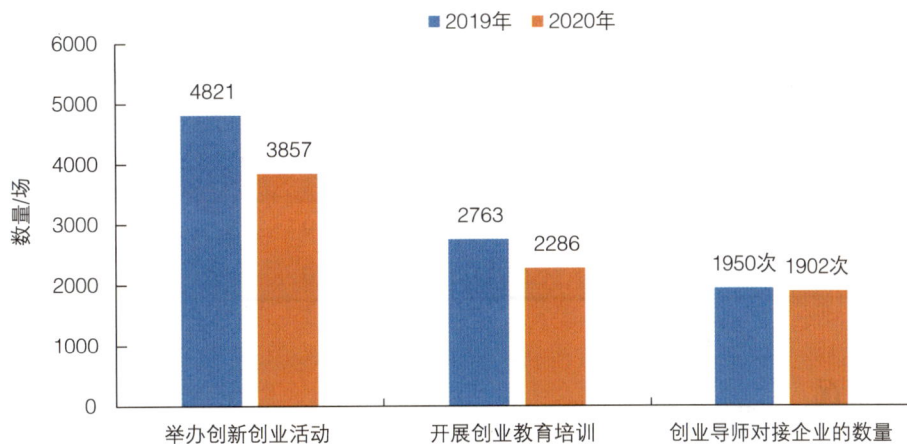

图 4 - 111　甘肃省创业孵化机构创业辅导情况

二十九、青海省创业孵化发展情况

（一）总体情况

2020 年，青海省共有创业孵化机构 51 家，同比减少 9 家。其中，孵化器 15 家，同比增长 7.14%，国家级孵化器 7 家，占比为 46.67%；众创空间 36 家，同比减少 21.74%，国家备案的众创空间 13 家，占比 36.11%。

2020 年，青海省创业孵化机构面积为 1.4 百万平方米，与 2019 年持平。其中，孵化器面积 1.3 百万平方米，同比增长 8.33%；众创空间面积 0.1 百万平方米，同比减少 50.00%（表 4 – 165）。

表 4 – 165　青海省创业孵化机构数量及面积情况

分类	2019 年	2020 年
创业孵化机构数量/家	60	51
孵化器数量	14	15
其中：国家级孵化器	6	7
众创空间数量	46	36
其中：国家备案的众创空间	11	13
创业孵化机构面积/百万平方米	1.4	1.4
其中：孵化器面积	1.2	1.3
众创空间面积	0.2	0.1

2020 年，青海省创业孵化机构内在孵企业与团队数量达 2240 家，同比减少 17.59%。其中，孵化器当年在孵企业数量 528 家，同比增长 12.10%；众创空间当年在孵企业与团队数量 1712 家，同比减少 23.81%（表 4 – 166）。

表 4 – 166　青海省创业孵化机构在孵企业与团队情况　　　　　　　　　　　　单位：家

年份	在孵企业数量			当年上市（挂牌）企业数量		
	总数	孵化器	众创空间	总数	孵化器	众创空间
2019	2718	471	2247	0	0	0
2020	2240	528	1712	0	0	0

（二）绩效情况

1. 投融资情况

2020 年，青海省创业孵化机构内当年获得投融资的企业数量为 89 家，同比减少 20.54%；当年获得投融资额达 2.7 亿元，同比增长 17.39%（表 4－167）。

表 4－167　青海省创业孵化机构内获得投融资情况

获得投融资情况	2019 年	2020 年
当年获得投融资的企业数量/家	112	89
其中：孵化器	5	24
众创空间	107	65
当年获得投融资额/亿元	2.3	2.7
其中：孵化器	0.2	2.2
众创空间	2.1	0.5

2. 知识产权情况

截至 2020 年年底，青海省创业孵化机构内在孵企业拥有有效知识产权数达 1047 件，同比增长 4.18%。其中，孵化器内在孵企业拥有有效知识产权数达 606 件，同比增长 11.81%。拥有有效发明专利数为 294 件，同比增长 1.38%（表 4－168）。

表 4－168　青海省创业孵化机构知识产权情况　　　　　　　　　　单位：件

知识产权情况	2019 年	2020 年
拥有有效知识产权数	1005	1047
其中：孵化器	542	606
众创空间	463	441
拥有有效发明专利数	290	294
其中：孵化器	199	207
众创空间	91	87

3. 吸纳就业情况

2020 年，青海省创业孵化机构内在孵企业共吸纳就业 1.5 万人，同比减少 7.96%。其中，应届毕业大学生创业就业共 924 人，同比减少 19.79%（表 4－169）。

表 4－169　青海省创业孵化机构吸纳就业情况　　　　　　　　　　单位：人

年份	在孵企业吸纳就业情况			其中：应届毕业大学生		
	总数	孵化器	众创空间	总数	孵化器	众创空间
2019	15 895	6575	9320	1152	329	823
2020	14 629	7406	7223	924	255	669

4. 研发强度

2020 年，青海省创业孵化机构在孵企业研发经费支出 0.5 亿元，研发经费占主营业务收入比重为 1.99%，同比增长 0.40 个百分点（图 4-112）。

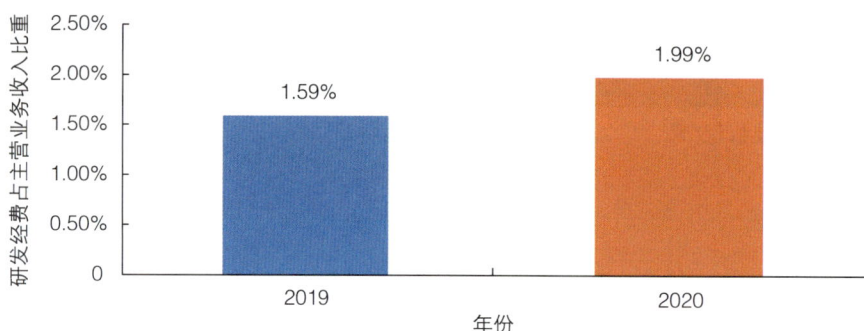

图 4-112 青海省创业孵化机构研发强度情况

（三）自身建设情况

1. 收入和运营成本情况

2020 年，青海省创业孵化机构总收入 1.6 亿元，同比减少 40.74%。其中，房租及物业收入最多，占比为 46%；其次是其他收入，占比为 29%。

2020 年，青海省创业孵化机构总成本 2.2 亿元，同比增长 4.76%。其中，其他费用占比最高，达 37.05%；其次是场地费用，占比为 19.87%（表 4-170、图 4-113）。

表 4-170　青海省创业孵化机构收入和运营成本情况　　　　　　　　　　　　单位：亿元

年份	收入			运营成本		
	总收入	孵化器	众创空间	总成本	孵化器	众创空间
2019	2.7	2.1	0.6	2.1	1.5	0.6
2020	1.6	1.0	0.6	2.2	1.7	0.4

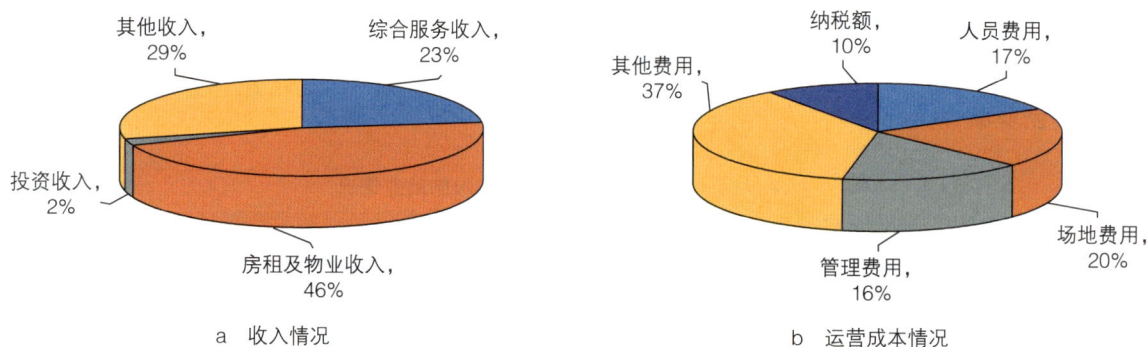

a　收入情况　　　　　　　　　　　　b　运营成本情况

图 4-113 青海省创业孵化机构收入和运营成本情况

2020 年，青海省创业孵化机构纳税额达 0.2 亿元，同比增长 8.06%。其中，孵化器纳税额 0.19 亿元，众创空间纳税额 0.01 亿元。

2. 服务人员情况

2020 年，青海省创业孵化机构共有管理服务人员 581 人，同比减少 26.64%。

2020 年，青海省创业孵化机构共有创业导师 1384 人，同比减少 19.16%（图 4 - 114）。

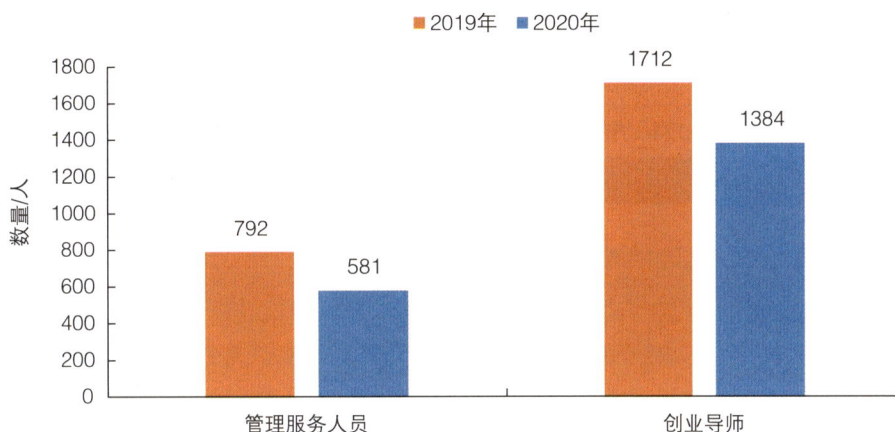

图 4 - 114 青海省创业孵化机构服务人员情况

3. 创业辅导情况

2020 年，青海省创业孵化机构共举办创新创业活动 727 场，同比减少 10.36%。开展创业教育培训 447 场，同比减少 13.37%。创业导师对接企业 516 次，同比减少 0.39%（图 4 - 115）。

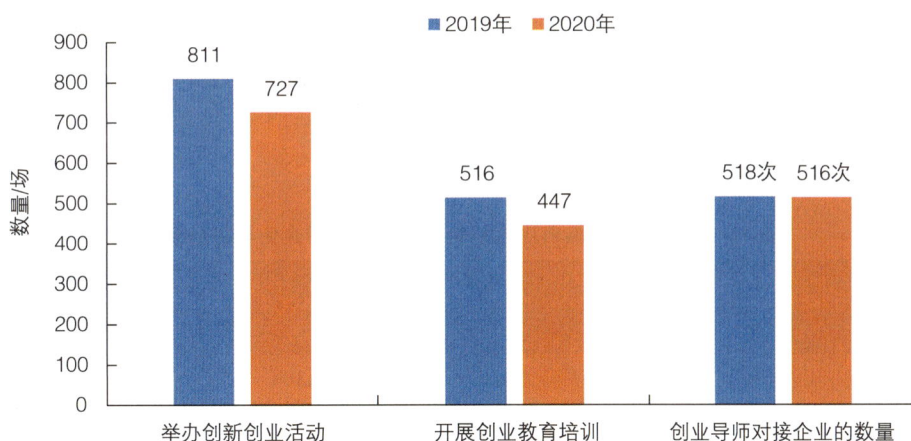

图 4 - 115 青海省创业孵化机构创业辅导情况

三十、宁夏回族自治区创业孵化发展情况

（一）总体情况

2020 年，宁夏回族自治区共有创业孵化机构 29 家，同比增加 8 家，增幅达到 38.10%。其中，

孵化器 23 家，同比增长 53.33%，国家级孵化器 5 家，占比为 21.74%；众创空间 6 家，与 2019 年持平，国家备案的众创空间 5 家，占比 83.33%。

2020 年，宁夏回族自治区创业孵化机构面积为 0.78 百万平方米，同比增长 85.71%。其中，孵化器面积 0.75 百万平方米，同比增长 82.93%；众创空间面积 0.03 百万平方米，同比增长 200.00%（表 4 –171）。

表 4 –171　宁夏回族自治区创业孵化机构数量及面积情况

分类	2019 年	2020 年
创业孵化机构数量/家	21	29
孵化器数量	15	23
其中：国家级孵化器	4	5
众创空间数量	6	6
其中：国家备案的众创空间	6	5
创业孵化机构面积/百万平方米	0.42	0.78
其中：孵化器面积	0.41	0.75
众创空间面积	0.01	0.03

2020 年，宁夏回族自治区创业孵化机构内在孵企业与团队数量达 1259 家，同比增长 34.80%。其中，孵化器当年在孵企业数量 767 家，同比增长 37.46%；众创空间当年在孵企业与团队数量 492 家，同比增长 30.85%。

2020 年，宁夏回族自治区创业孵化机构内当年上市（挂牌）企业总数为 14 家，同比增长 7.69%，均在孵化器内（表 4 –172）。

表 4 –172　宁夏回族自治区创业孵化机构在孵企业与团队情况

单位：家

年份	在孵企业数量			当年上市（挂牌）企业数量		
	总数	孵化器	众创空间	总数	孵化器	众创空间
2019	934	558	376	13	10	3
2020	1259	767	492	14	14	0

（二）绩效情况

1. 投融资情况

2020 年，宁夏回族自治区创业孵化机构内当年获得投融资的企业数量为 30 家，同比增长 57.89%；当年获得投融资额为 1.2 亿元（表 4 –173）。

表 4 –173　宁夏回族自治区创业孵化机构内获得投融资情况

获得投融资情况	2019 年	2020 年
当年获得投融资的企业数量/家	19	30
其中：孵化器	4	13
众创空间	15	17
当年获得投融资额/亿元	0.1	1.2
其中：孵化器	0.0	1.2
众创空间	0.0	0.0

2. 知识产权情况

截至 2020 年年底，宁夏回族自治区创业孵化机构内在孵企业拥有有效知识产权数达 1511 件，同比增长 31.73%。其中，孵化器内在孵企业拥有有效知识产权数达 1332 件，同比增长 39.77%。拥有有效发明专利数为 198 件，同比增长 122.47%（表 4 – 174）。

表 4 –174　宁夏回族自治区创业孵化机构知识产权情况　　　　单位：件

知识产权情况	2019 年	2020 年
拥有有效知识产权数	1147	1511
其中：孵化器	953	1332
众创空间	194	179
拥有有效发明专利数	89	198
其中：孵化器	78	163
众创空间	11	35

3. 吸纳就业情况

2020 年，宁夏回族自治区创业孵化机构内在孵企业共吸纳就业 1.2 万人，同比增长 94.76%。其中，应届毕业大学生创业就业共 1330 人，同比增长 208.58%（表 4 – 175）。

表 4 –175　宁夏回族自治区创业孵化机构吸纳就业情况　　　　单位：人

年份	在孵企业吸纳就业情况			其中：应届毕业大学生		
	总数	孵化器	众创空间	总数	孵化器	众创空间
2019	6108	4955	1153	431	253	178
2020	11 896	10 397	1499	1330	1061	269

4. 研发强度

2020 年，宁夏回族自治区创业孵化机构在孵企业研发经费支出 1.4 亿元，研发经费占主营业务收入比重为 6.68%，同比增长 1.36 个百分点（图 4 – 116）。

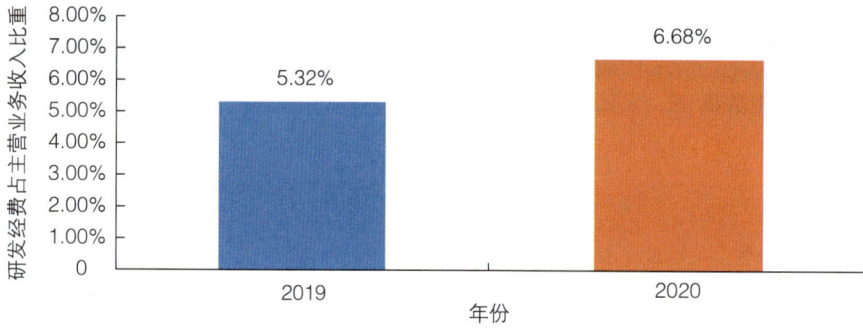

图 4 -116　宁夏回族自治区创业孵化机构研发强度情况

（三）自身建设情况

1. 收入和运营成本情况

2020 年，宁夏回族自治区创业孵化机构总收入 1 亿元，同比增长 66.67%。其中，房租及物业收入最多，占比为 43%；其次是综合服务收入，占比为 33.28%。

2020 年，宁夏回族自治区创业孵化机构总成本 1 亿元，同比增长 42.86%。其中，管理费用占比最高，达 39.72%；其次是人员费用，占比为 24.68%（表 4 -176、图 4 -117）。

表 4 -176　宁夏回族自治区创业孵化机构收入和运营成本情况　　　　　　　　单位：亿元

年份	收入			运营成本		
	总收入	孵化器	众创空间	总成本	孵化器	众创空间
2019	0.6	0.5	0.1	0.7	0.6	0.1
2020	1.0	0.9	0.1	1.0	0.9	0.1

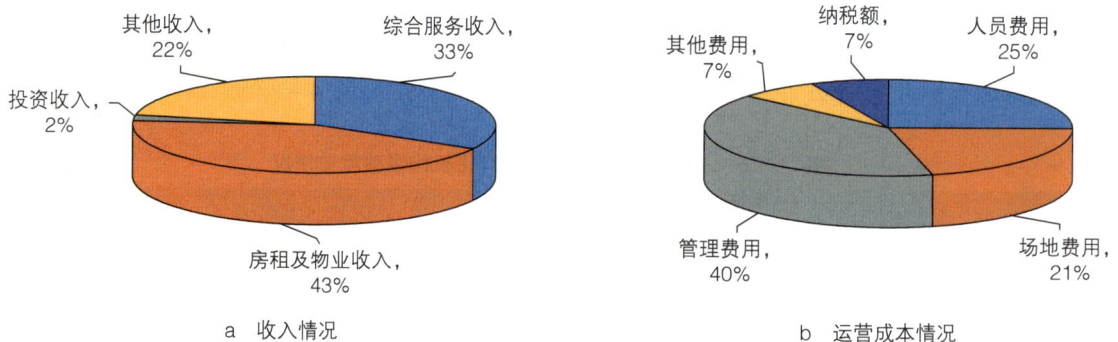

a　收入情况　　　　　　　　　　　　　　b　运营成本情况

图 4 -117　宁夏回族自治区创业孵化机构收入和运营成本情况

2020 年，宁夏回族自治区创业孵化机构纳税额达 0.07 亿元，同比增长 4.28%，主要来自孵化器。

2．服务人员情况

2020 年，宁夏回族自治区创业孵化机构共有管理服务人员 468 人，同比增长 59.18%。

2020 年，宁夏回族自治区创业孵化机构共有创业导师 412 人，同比增长 29.56%（图 4 −118）。

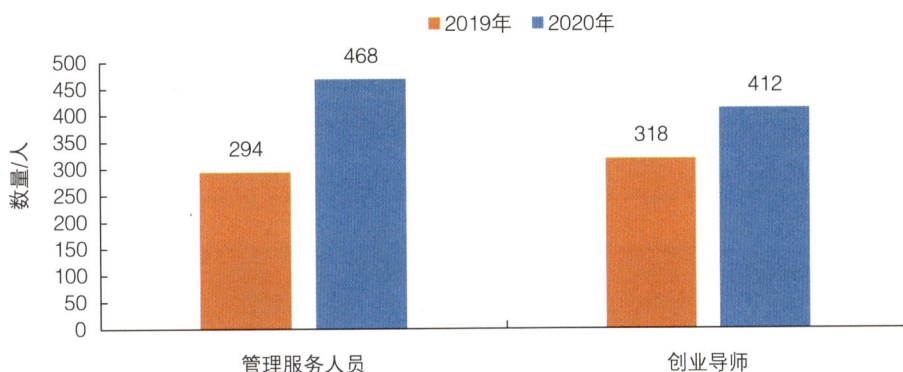

图 4 −118　宁夏回族自治区创业孵化机构服务人员情况

3．创业辅导情况

2020 年，宁夏回族自治区创业孵化机构共举办创新创业活动 558 场，同比增长 77.14%。开展创业教育培训 59 场，同比减少 38.54%。创业导师对接企业 688 次，同比增长 105.37%（图 4 −119）。

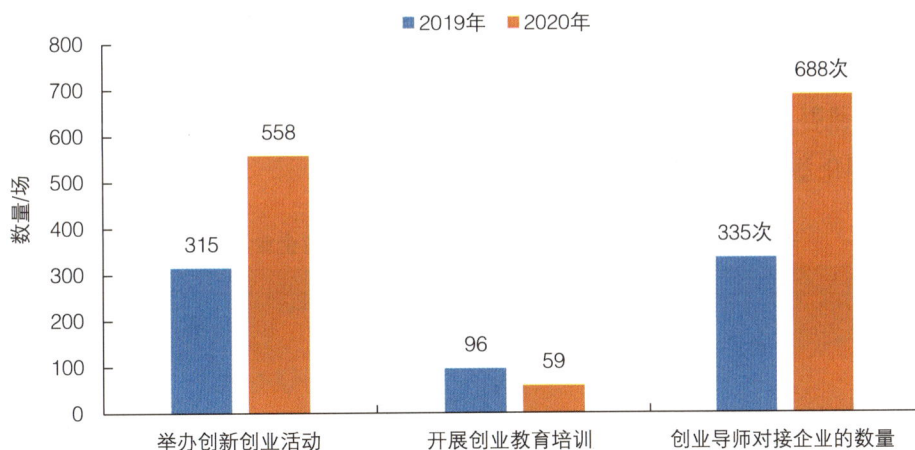

图 4 −119　宁夏回族自治区创业孵化机构创业辅导情况

三十一、新疆维吾尔自治区创业孵化发展情况

（一）总体情况

2020 年，新疆维吾尔自治区共有创业孵化机构 91 家，同比减少 1 家。其中，孵化器 29 家，与 2019 年持平，国家级孵化器 10 家，占比为 34.48%；众创空间 62 家，同比减少 1.59%，国家备案

的众创空间 27 家，占比为 43.55%。

2020 年，新疆维吾尔自治区创业孵化机构面积达 1.0 百万平方米，同比减少 9.09%。其中，孵化器面积 0.8 百万平方米，同比减少 11.11%；众创空间面积 0.2 百万平方米，与 2019 年持平（表 4 - 177）。

表 4 - 177 新疆维吾尔自治区创业孵化机构数量及面积情况

分类	2019 年	2020 年
创业孵化机构数量/家	92	91
孵化器数量	29	29
其中：国家级孵化器	9	10
众创空间数量	63	62
其中：国家备案的众创空间	23	27
创业孵化机构面积/百万平方米	1.1	1.0
其中：孵化器面积	0.9	0.8
众创空间面积	0.2	0.2

2020 年，新疆维吾尔自治区创业孵化机构内在孵企业与团队数量达 6082 家，同比增长 0.15%。其中，孵化器当年在孵企业数量 1608 家，同比减少 4.85%；众创空间当年在孵企业与团队数量 4474 家，同比增长 2.08%。

2020 年，新疆维吾尔自治区创业孵化机构内当年上市（挂牌）企业总数为 4 家，同比减少 55.56%，均来自孵化器（表 4 - 178）。

表 4 - 178 新疆维吾尔自治区创业孵化机构在孵企业与团队情况 单位：家

年份	在孵企业数量			当年上市（挂牌）企业数量		
	总数	孵化器	众创空间	总数	孵化器	众创空间
2019	6073	1690	4383	9	4	5
2020	6082	1608	4474	4	4	0

（二）绩效情况

1. 投融资情况

2020 年，新疆维吾尔自治区创业孵化机构内当年获得投融资的企业数量为 198 家，同比增长 72.17%；当年获得投融资额达 0.6 亿元，同比减少 53.85%（表 4 - 179）。

表 4 –179　新疆维吾尔自治区创业孵化机构内获得投融资情况

获得投融资情况	2019 年	2020 年
当年获得投融资的企业数量/家	115	198
其中：孵化器	43	59
众创空间	72	139
当年获得投融资额/亿元	1.3	0.6
其中：孵化器	1.0	0.4
众创空间	0.3	0.1

2. 知识产权情况

截至 2020 年年底，新疆维吾尔自治区创业孵化机构内在孵企业拥有有效知识产权数达 3288 件，同比增长 30.32%。其中，众创空间内企业及团队拥有有效知识产权数达 1169 件，同比增长 43.44%。拥有有效发明专利数为 489 件，同比增长 65.76%（表 4 –180）。

表 4 –180　新疆维吾尔自治区创业孵化机构知识产权情况　　　　　单位：件

知识产权情况	2019 年	2020 年
拥有有效知识产权数	2523	3288
其中：孵化器	1708	2119
众创空间	815	1169
拥有有效发明专利数	295	489
其中：孵化器	201	349
众创空间	94	140

3. 吸纳就业情况

2020 年，新疆维吾尔自治区创业机构内在孵企业共吸纳就业 27 543 人，同比减少 14.01%。其中，应届毕业大学生创业就业 3211 人，同比减少 28.60%（表 4 –181）。

表 4 –181　新疆维吾尔自治区创业孵化机构吸纳就业情况　　　　　单位：人

年份	在孵企业吸纳就业情况			其中：应届毕业大学生		
	总数	孵化器	众创空间	总数	孵化器	众创空间
2019	32 032	17 884	14 148	4497	1940	2557
2020	27 543	14 124	13 419	3211	1400	1811

4. 研发强度

2020 年，新疆维吾尔自治区创业孵化机构在孵企业研发经费支出 0.9 亿元，研发经费占主营业务收入比重为 2.81%，同比减少 0.29 个百分点（图 4 –120）。

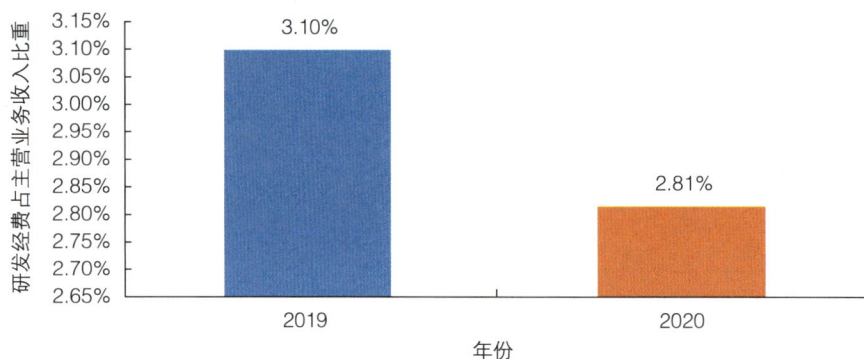

图 4 - 120　新疆维吾尔自治区创业孵化机构研发强度情况

（三）自身建设情况

1. 收入和运营成本情况

2020 年，新疆维吾尔自治区创业孵化机构总收入 2.6 亿元，同比减少 22.13%。其中，房租及物业收入和其他收入较多，占比分别为 54.95% 和 25.43%。

2020 年，新疆维吾尔自治区创业孵化机构总成本 2.5 亿元，同比减少 18.33%。其中，人员费用占比最高，达 29.42%；其次是管理费用，占比达 27.67%（表 4 - 182、图 4 - 121）。

表 4 - 182　新疆维吾尔自治区创业孵化机构收入和运营成本情况　　　　单位：亿元

年份	收入			运营成本		
	总收入	孵化器	众创空间	总成本	孵化器	众创空间
2019	3.3	2.5	0.8	3.0	2.3	0.7
2020	2.6	2.0	0.6	2.5	1.8	0.7

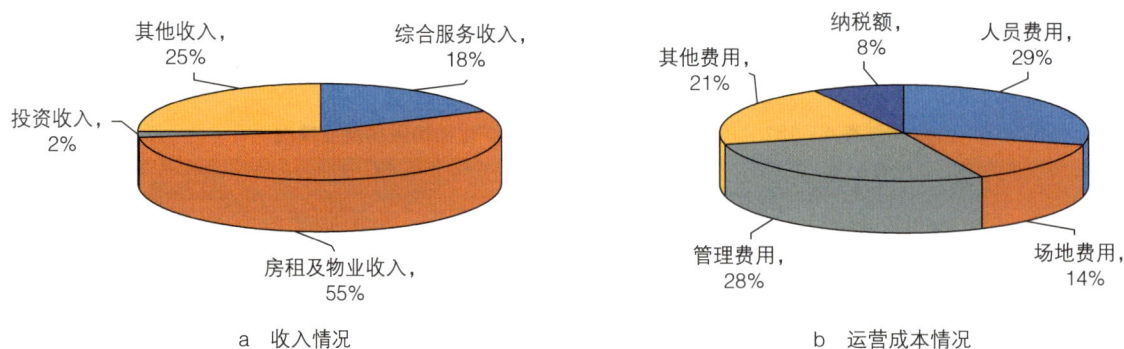

a　收入情况　　　　　　　　　　　　　　　b　运营成本情况

图 4 - 121　新疆维吾尔自治区创业孵化机构收入和运营成本情况

2020 年，新疆维吾尔自治区创业孵化机构纳税额达 0.2 亿元，同比减少 39.64%。其中，孵化器纳税额 0.19 亿元，众创空间纳税额 0.01 亿元。

2. 服务人员情况

2020 年，新疆维吾尔自治区创业孵化机构共有管理服务人员 1121 人，同比减少 8.34% 。

2020 年，新疆维吾尔自治区创业孵化机构共有创业导师 1991 人，同比增长 9.82% （图 4 – 122）。

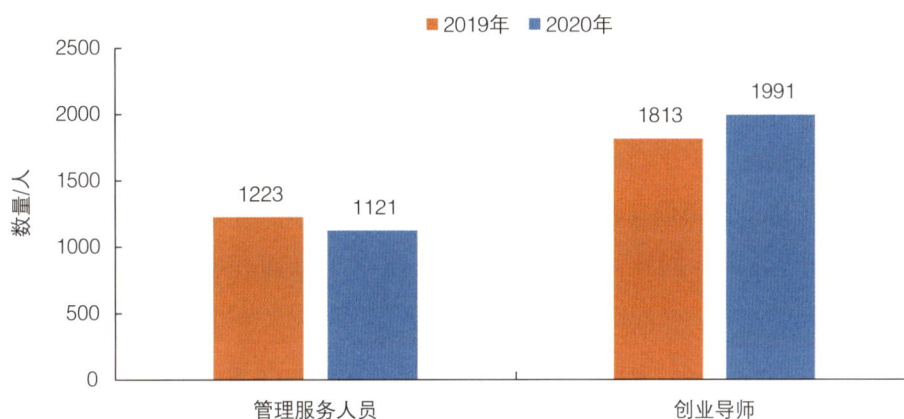

图 4 – 122　新疆维吾尔自治区创业孵化机构服务人员情况

3. 创业辅导情况

2020 年，新疆维吾尔自治区创业孵化机构共举办创新创业活动 1246 场，同比减少 19.87% 。开展创业教育培训 745 场，同比减少 3.87% 。创业导师对接企业 1416 次，同比减少 0.84% （图 4 – 123）。

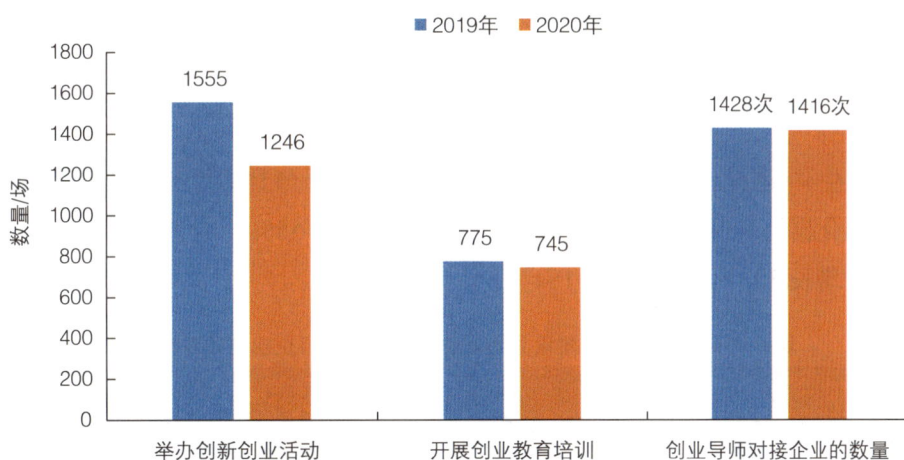

图 4 – 123　新疆维吾尔自治区创业孵化机构创业辅导情况

三十二、新疆生产建设兵团创业孵化发展情况

(一) 总体情况

2020 年,新疆生产建设兵团共有创业孵化机构 39 家,同比减少 3 家。其中,孵化器 8 家,同比减少 11.11%,国家级孵化器 4 家,占比为 50%;众创空间 31 家,同比减少 6.06%,国家备案的众创空间 14 家,占比为 45.16%。

2020 年,新疆生产建设兵团创业孵化机构面积达 0.68 百万平方米,同比增长 13.33%。其中,孵化器面积 0.53 百万平方米,同比减少 0.13%;众创空间总面积 0.15 百万平方米,同比增长 146.56%(表 4-183)。

表 4-183　新疆生产建设兵团创业孵化机构数量及面积情况

分类	2019 年	2020 年
创业孵化机构数量/家	42	39
孵化器数量	9	8
其中:国家级孵化器	4	4
众创空间数量	33	31
其中:国家备案的众创空间	12	14
创业孵化机构面积/百万平方米	0.60	0.68
其中:孵化器面积	0.54	0.53
众创空间面积	0.06	0.15

2020 年,新疆生产建设兵团创业孵化机构内在孵企业与团队数量达 2007 家,同比增长 20.40%。其中,孵化器当年在孵企业数量 539 家,同比减少 0.55%;众创空间当年在孵企业与团队数量 1468 家,同比增长 30.49%(表 4-184)。

表 4-184　新疆生产建设兵团创业孵化机构在孵企业与团队情况　　单位:家

年份	在孵企业数量			当年上市(挂牌)企业数量		
	总数	孵化器	众创空间	总数	孵化器	众创空间
2019	1667	542	1125	0	0	0
2020	2007	539	1468	0	0	0

(二) 绩效情况

1. 投融资情况

2020 年,新疆生产建设兵团创业孵化机构内当年获得投融资的企业数量为 36 家,同比减少

23.40%，其中孵化器内当年获得投融资的企业数量为13家，同比减少3家；当年获投融资额达0.1亿元，同比减少56.52%（表4－185）。

表4－185　新疆生产建设兵团创业孵化机构内获得投融资情况

获得投融资情况	2019年	2020年
当年获得投融资的企业数量/家	47	36
其中：孵化器	16	13
众创空间	31	12
当年获得投融资额/亿元	0.23	0.1
其中：孵化器	0.16	0.04
众创空间	0.07	0.05

2. 知识产权情况

截至2020年年底，新疆生产建设兵团创业孵化机构内在孵企业拥有有效知识产权数达494件，同比增长90.73%。其中，孵化器内在孵企业拥有有效知识产权数达224件，同比增长53.42%。拥有有效发明专利数为129件，与2019年持平（表4－186）。

表4－186　新疆生产建设兵团创业孵化机构知识产权情况　　　　　　　　　单位：件

知识产权情况	2019年	2020年
拥有有效知识产权数	259	494
其中：孵化器	146	224
众创空间	113	270
拥有有效发明专利数	129	129
其中：孵化器	20	28
众创空间	39	101

3. 吸纳就业情况

2020年，新疆生产建设兵团创业孵化机构内在孵企业共吸纳就业8406人，同比减少14.18%。其中，应届毕业大学生创业就业567人，同比减少25.20%（表4－187）。

表4－187　新疆生产建设兵团创业孵化机构吸纳就业情况　　　　　　　　　单位：人

年份	在孵企业吸纳就业情况			其中：应届毕业大学生		
	总数	孵化器	众创空间	总数	孵化器	众创空间
2019	9795	7328	2467	758	392	366
2020	8406	5651	2755	567	209	358

4. 研发强度

2020年，新疆生产建设兵团创业孵化机构在孵企业研发经费支出0.1亿元，研发经费占主营业务收入比重为 1.18%，同比减少 0.35 个百分点（图 4-124）。

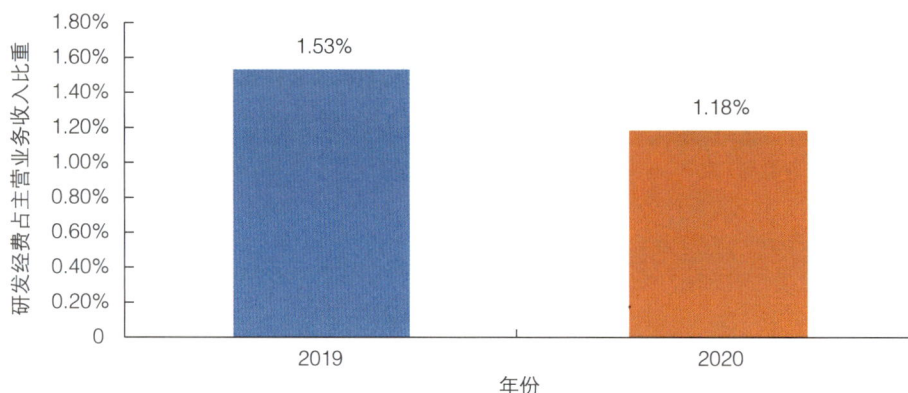

图 4-124　新疆生产建设兵团创业孵化机构研发强度情况

（三）自身建设情况

1. 收入和运营成本情况

2020 年，新疆生产建设兵团创业孵化机构总收入 1.1 亿元，同比减少 45.00%。其中，其他收入最多，占比为 70.74%；其次是房租及物业收入，占比为 13.3%。

2020 年，新疆生产建设兵团创业孵化机构总成本 1.2 亿元，同比增长 20.00%。其中，管理费用占比最高，达 30.92%；其次是其他费用，占比 28.01%（表 4-188、图 4-125）。

表 4-188　新疆生产建设兵团创业孵化机构收入和运营成本情况　　　　　单位：亿元

年份	收入			运营成本		
	总收入	孵化器	众创空间	总成本	孵化器	众创空间
2019	2	1.7	0.2	1	0.8	0.2
2020	1.1	1	0.2	1.2	1.0	0.2

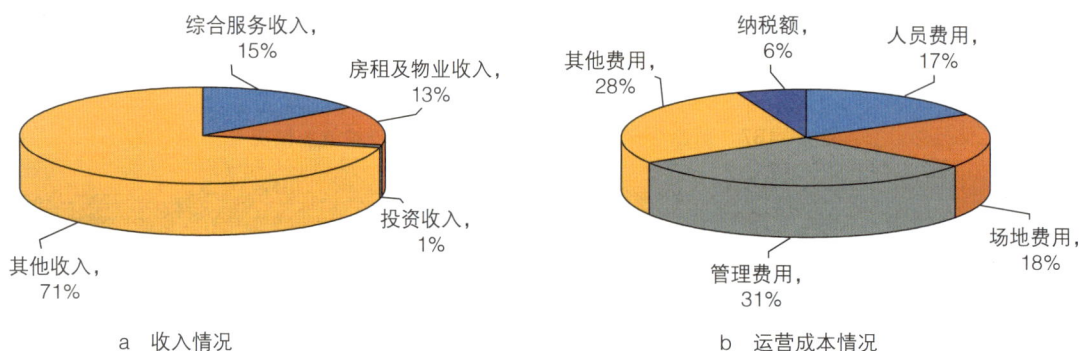

a　收入情况　　　　　　　　　　　b　运营成本情况

图 4-125　新疆生产建设兵团创业孵化机构收入和运营成本情况

2020年，新疆生产建设兵团创业孵化机构纳税额0.07亿元，同比减少14.91%。其中，孵化器纳税额0.06亿元，众创空间纳税额0.01亿元。

2. 服务人员

2020年，新疆生产建设兵团创业孵化机构共有管理服务人员475人，同比减少6.31%。

2020年，新疆生产建设兵团创业孵化机构共有创业导师438人，同比增长5.80%（图4-126）。

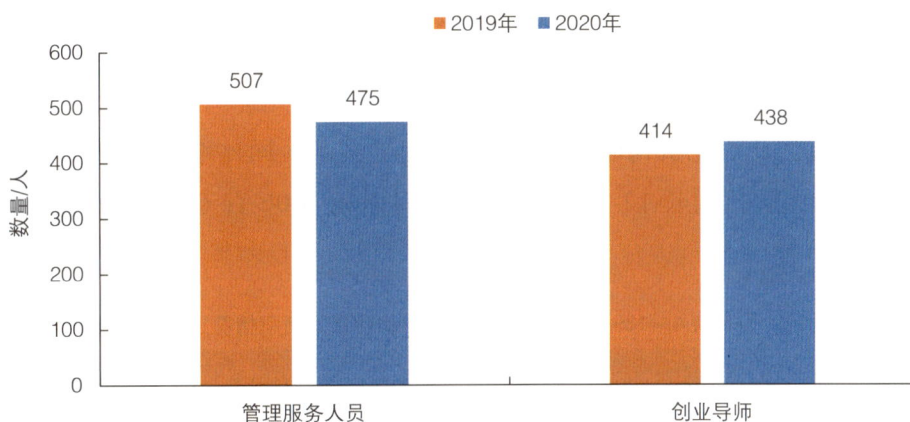

图4-126　新疆生产建设兵团创业孵化机构服务人员情况

3. 创业辅导情况

2020年，新疆生产建设兵团创业孵化机构共举办创新创业活动350场，同比减少57.47%。开展创业教育培训517场，同比增长60.56%。创业导师对接企业448次，同比增长10.89%（图4-127）。

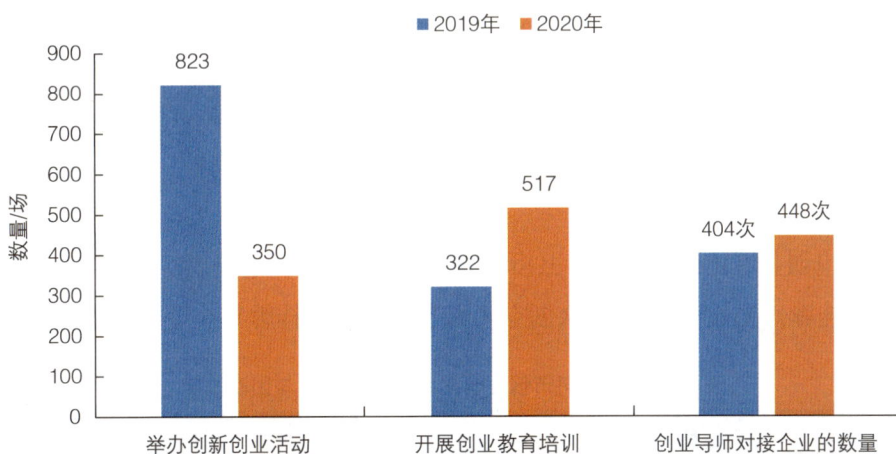

图4-127　新疆维吾尔自治区创业孵化机构创业辅导情况

三十三、深圳市创业孵化发展情况

（一）总体情况

2020 年，深圳市共有创业孵化机构 522 家，同比增长 1.95%。其中，孵化器 206 家，同比增长 10.16%，国家级孵化器 35 家，占比为 16.99%；众创空间 316 家，同比减少 2.77%，国家备案的众创空间 102 家，占比为 32.28%。

2020 年，深圳市创业孵化机构面积达 5.46 百万平方米，同比增长 8.76%。其中，孵化器面积 4.4 百万平方米，同比增长 12.82%；众创空间面积 1.06 百万平方米，同比减少 5.36%（表 4－189）。

表 4－189　深圳市创业孵化机构数量及面积情况

分类	2019 年	2020 年
创业孵化机构数量/家	512	522
孵化器数量	187	206
其中：国家级孵化器	30	35
众创空间数量	325	316
其中：国家备案的众创空间	86	102
创业孵化机构面积/百万平方米	5.02	5.46
其中：孵化器面积	3.9	4.4
众创空间面积	1.12	1.06

2020 年，深圳市创业孵化机构内在孵企业与团队数量达 19 609 家，同比减少 0.55%。其中，孵化器当年在孵企业数量 6968 家，同比增长 11.76%；众创空间当年在孵企业与团队数量 12 641 家，同比减少 6.24%。

2020 年，深圳市创业孵化机构内当年上市（挂牌）企业总数为 27 家，同比增长 80.00%。其中，孵化器当年上市（挂牌）企业有 19 家，众创空间内当年上市（挂牌）企业有 8 家（表 4－190）。

表 4－190　深圳市创业孵化机构在孵企业与团队情况　　　　　单位：家

年份	在孵企业数量			当年上市（挂牌）企业数量		
	总数	孵化器	众创空间	总数	孵化器	众创空间
2019	19 718	6235	13 483	15	10	5
2020	19 609	6968	12 641	27	19	8

（二）绩效情况

1. 投融资情况

2020 年，深圳市创业孵化机构内当年获得投融资的企业数量为 976 家，同比增长 6.09%；当年获得投融资额达 86 亿元，同比增长 12.57%（表 4-191）。

表 4-191　深圳市创业孵化机构内获得投融资情况

获得投融资情况	2019 年	2020 年
当年获得投融资的企业数量/家	920	976
其中：孵化器	356	467
众创空间	564	509
当年获得投融资额/亿元	76.4	86.0
其中：孵化器	44.1	52.9
众创空间	32.3	33.1

2. 知识产权情况

截至 2020 年年底，深圳市创业孵化机构内在孵企业拥有有效知识产权数达 6.1 万件，同比增长 16.85%。其中，众创空间内企业及团队拥有有效知识产权数达 18 494 件，同比增长 6.36%。拥有有效发明专利数为 1.2 万件，同比增长 8.09%（表 4-192）。

表 4-192　深圳市创业孵化机构知识产权情况　　　　单位：件

知识产权情况	2019 年	2020 年
拥有有效知识产权数	51 933	60 686
其中：孵化器	34 545	42 192
众创空间	17 388	18 494
拥有有效发明专利数	10 723	11 590
其中：孵化器	7309	8457
众创空间	3414	3133

3. 吸纳就业情况

2020 年，深圳市创业孵化机构内在孵企业共吸纳就业 18.3 万人，同比增长 10.10%。其中，应届毕业大学生创业就业共 1.3 万人，同比减少 0.15%（表 4-193）。

表 4-193　深圳市创业孵化机构吸纳就业情况　　　　单位：人

年份	在孵企业吸纳就业情况			其中：应届毕业大学生		
	总数	孵化器	众创空间	总数	孵化器	众创空间
2019	166 086	109 431	56 655	13 275	5544	7731
2020	182 867	123 407	59 460	13 255	6752	6503

4. 研发强度

2020 年，深圳市创业孵化机构在孵企业研发经费支出 67.3 亿元，研发经费占主营业务收入比重为 8.36%，同比减少 1.29 个百分点（图 4 - 128）。

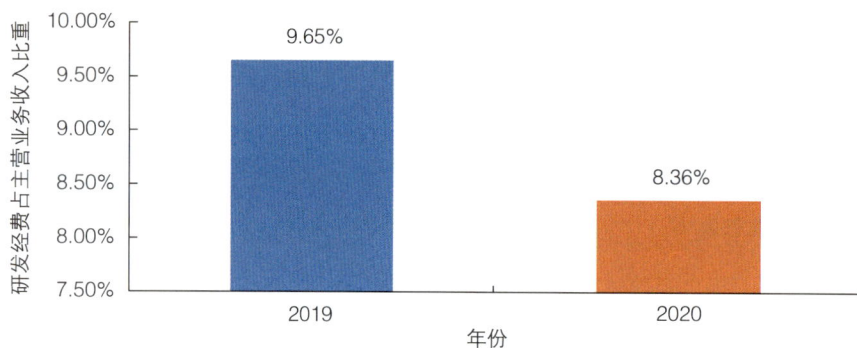

图 4 - 128　深圳市创业孵化机构研发强度情况

（三）自身建设情况

1. 收入和运营成本情况

2020 年，深圳市创业孵化机构总收入 54.8 亿元，同比增长 8.73%。其中，房租及物业收入最多，占比达 62.55%；其次是综合服务收入，占比为 24.28%。

2020 年，深圳市创业孵化机构总成本 52.5 亿元，同比增长 15.23%。其中，场地费用占比最高，达 39.78%；其次是其他费用，占比为 19.63%（表 4 - 194、图 4 - 129）。

表 4 - 194　深圳市创业孵化机构收入和运营成本情况　　　　　　　　　单位：亿元

年份	收入			运营成本		
	总收入	孵化器	众创空间	总成本	孵化器	众创空间
2019	50.4	36.0	14.4	45.3	27.9	17.4
2020	54.8	40.1	14.7	52.5	36.1	16.4

2020 年，深圳市创业孵化机构纳税额达 3.4 亿元，同比增长 12.24%。其中，孵化器纳税额 2.9 亿元，众创空间纳税额 0.5 亿元。

2. 服务人员情况

2020 年，深圳市创业孵化机构共有管理服务人员 5987 人，同比减少 7.76%。

2020 年，深圳市创业孵化机构共有创业导师 6228 人，同比减少 2.67%（图 4 - 130）。

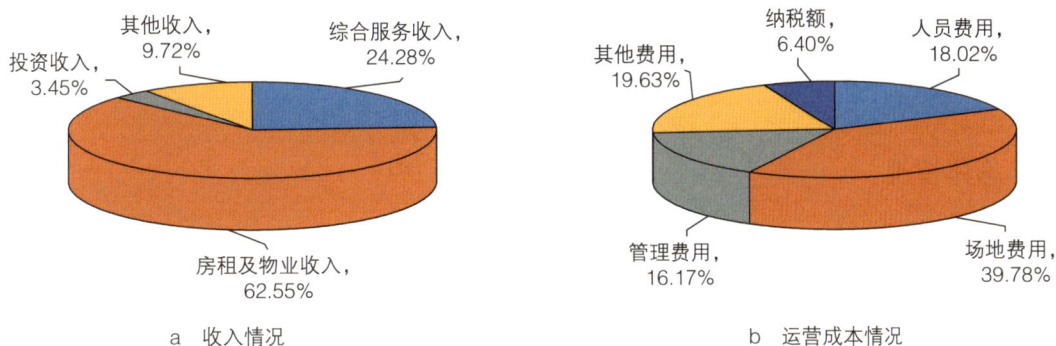

a　收入情况　　　　　　　　　　　b　运营成本情况

图 4-129　深圳市创业孵化机构收入和运营成本情况

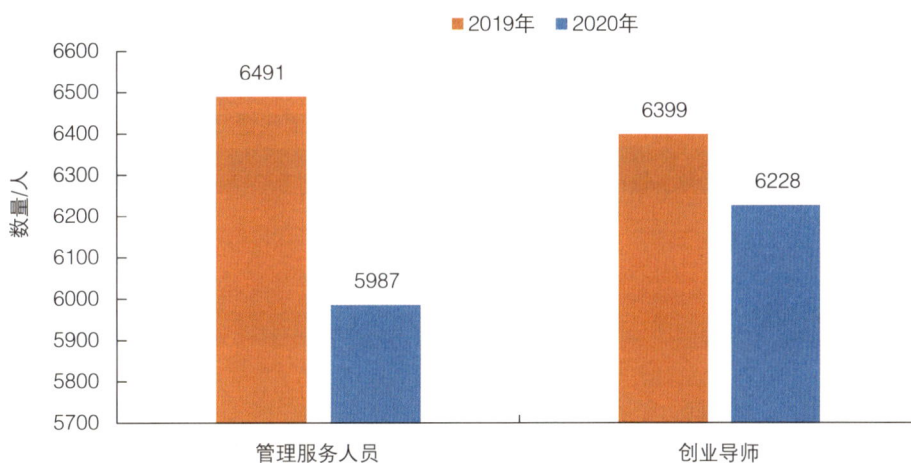

图 4-130　深圳市创业孵化机构服务人员情况

3. 创业辅导情况

2020 年，深圳市创业孵化机构共举办创新创业活动 7292 场，同比减少 23.14%。开展创业教育培训 1964 场，同比减少 31.40%。创业导师对接企业 7234 次，同比增长 37.35%（图 4-131）。

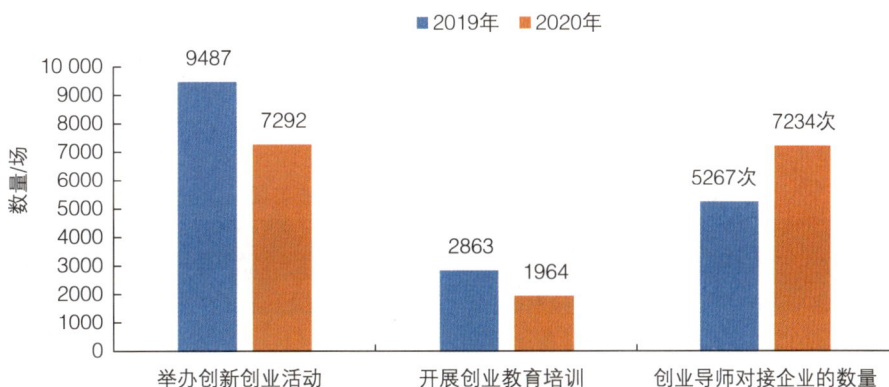

图 4-131　深圳市创业孵化机构创业辅导情况

三十四、青岛市创业孵化发展情况

(一) 总体情况

2020 年,青岛市共有创业孵化机构 148 家,同比减少 21.28%。其中,孵化器 50 家,同比减少 1.96%,国家级孵化器 21 家,占比为 42%;众创空间 98 家,同比减少 28.47%,国家备案的众创空间 65 家,占比为 66.33%。

2020 年,青岛市创业孵化机构面积达 1.1 百万平方米,同比减少 15.38%。其中,孵化器面积 0.9 百万平方米,同比减少 10.00%;众创空间面积 0.2 百万平方米,同比减少 33.33%(表 4 - 195)。

表 4 - 195　青岛市创业孵化机构数量及面积情况

分类	2019 年	2020 年
创业孵化机构数量/家	188	148
孵化器数量	51	50
其中:国家级孵化器	19	21
众创空间数量	137	98
其中:国家备案的众创空间	72	65
创业孵化机构面积/百万平方米	1.3	1.1
其中:孵化器面积	1.0	0.9
众创空间面积	0.3	0.2

2020 年,青岛市创业孵化机构内在孵企业与团队数量达 6268 家,同比减少 16.12%。其中,孵化器当年在孵企业数量 2183 家,同比减少 7.22%;众创空间当年在孵企业与团队数量 4085 家,同比减少 20.21%。

2020 年,青岛市创业孵化机构内当年上市(挂牌)企业总数为 7 家,同比减少 46.15%,均在孵化器内(表 4 - 196)。

表 4 - 196　青岛市创业孵化机构在孵企业与团队情况　　单位:家

年份	在孵企业数量			当年上市(挂牌)企业数量		
	总数	孵化器	众创空间	总数	孵化器	众创空间
2019	7473	2353	5120	13	9	4
2020	6268	2183	4085	7	7	0

（二）绩效情况

1. 投融资情况

2020 年，青岛市创业孵化机构内当年获得投融资的企业数量为 206 家，同比减少 23.99%；当年获得投融资额达 9.2 亿元，同比增长 20.05%（表 4-197）。

表 4-197 青岛市创业孵化机构内获得投融资情况

获得投融资情况	2019 年	2020 年
当年获得投融资的企业数量/家	271	206
其中：孵化器	114	121
众创空间	157	85
当年获得投融资额/亿元	7.6	9.2
其中：孵化器	5.3	7.2
众创空间	2.3	2.0

2. 知识产权情况

截至 2020 年年底，青岛市创业孵化机构内在孵企业拥有有效知识产权数达 8687 件，同比增长 2.31%。其中，孵化器内在孵企业拥有有效知识产权数达 5774 件，同比增长 19.87%。拥有有效发明专利数为 1305 件，同比减少 21.86%（表 4-198）。

表 4-198 青岛市创业孵化机构知识产权情况　　　　　　单位：件

知识产权情况	2019 年	2020 年
拥有有效知识产权数	8491	8687
其中：孵化器	4817	5774
众创空间	3674	2913
拥有有效发明专利数	1670	1305
其中：孵化器	919	787
众创空间	751	518

3. 吸纳就业情况

2020 年，青岛市创业孵化机构内在孵企业共吸纳就业 3.9 万人，同比减少 2%。其中，应届毕业大学生创业就业共 4928 人，同比减少 24.95%（表 4-199）。

表 4-199 青岛市创业孵化机构吸纳就业情况　　　　　　单位：人

年份	在孵企业吸纳就业情况			其中：应届毕业大学生		
	总数	孵化器	众创空间	总数	孵化器	众创空间
2019	40 166	25 038	15 128	6566	3199	3367
2020	39 364	26 942	12 422	4928	2477	2451

4. 研发强度

2020 年,青岛市创业孵化机构在孵企业研发经费支出 5.3 亿元,研发经费占主营业务收入比重为 4.25%,同比减少 1.75 个百分点(图 4-132)。

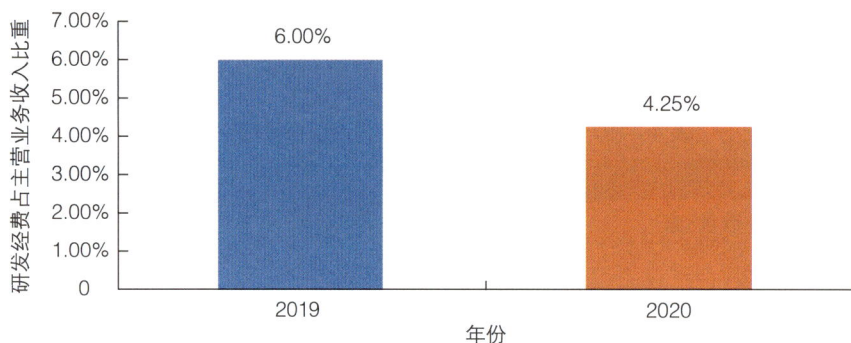

图 4-132 青岛市创业孵化机构研发强度情况

(三)自身建设情况

1. 收入和运营成本情况

2020 年,青岛市创业孵化机构总收入 6 亿元,同比增长 17.65%。其中,房租及物业收入最多,占比达 52.64%;其次是综合服务收入,占比为 30.37%。

2020 年,青岛市创业孵化机构总成本 4.7 亿元,同比减少 12.96%。其中,场地费用占比最高,达 29.52%;其次是管理费用,占比为 23.74%(表 4-200、图 4-133)。

表 4-200 青岛市创业孵化机构收入和运营成本情况 单位:亿元

年份	收入			运营成本		
	总收入	孵化器	众创空间	总成本	孵化器	众创空间
2019	5.1	3.4	1.7	5.4	3.3	2.1
2020	6.0	4.8	1.2	4.7	3.4	1.3

2020 年,青岛市创业孵化机构纳税额达 0.75 亿元,同比增长 19.09%。其中,孵化器纳税额 0.73 亿元,众创空间纳税额 0.02 亿元。

2. 服务人员情况

2020 年,青岛市创业孵化机构共有管理服务人员 1500 人,同比减少 8.59%。

2020 年,青岛市创业孵化机构共有创业导师 2653 人,同比减少 6.62%(图 4-134)。

a　收入情况

b　运营成本情况

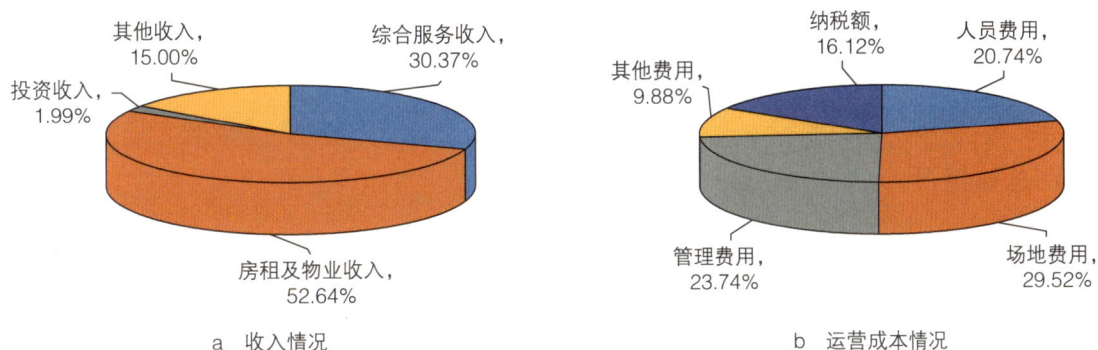

图4−133　青岛市创业孵化机构收入和运营成本情况

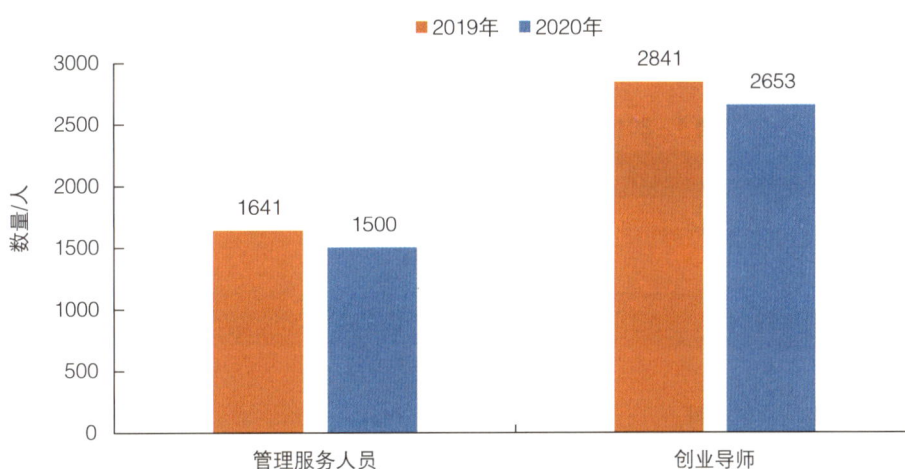

图4−134　青岛市创业孵化机构服务人员情况

3. 创业辅导情况

2020年，青岛市创业孵化机构共举办创新创业活动3444场，同比减少21.44%。开展创业教育培训1157场，同比减少39.39%。创业导师对接企业2621次，同比减少0.76%（图4−135）。

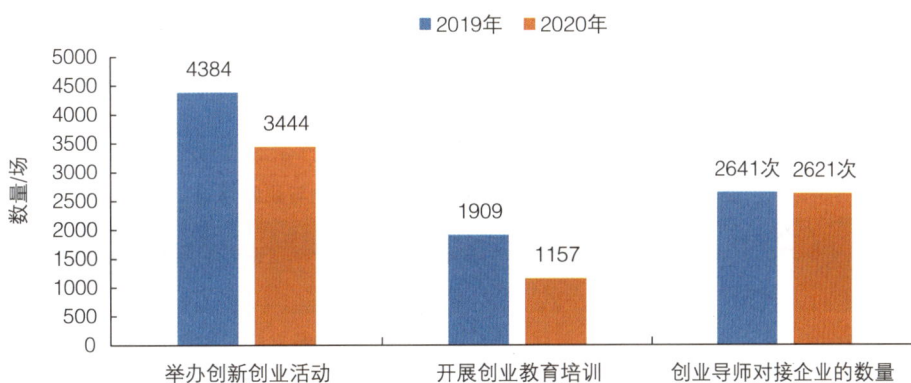

图4−135　青岛市创业孵化机构创业辅导情况

三十五、厦门市创业孵化发展情况

(一) 总体情况

2020 年，厦门市共有创业孵化机构 155 家，同比减少 16.67%。其中，孵化器 37 家，同比增长 2.78%，国家级孵化器 9 家，占比为 24.32%；众创空间 118 家，同比减少 21.33%，国家备案的众创空间 38 家，占比为 32.20%。

2020 年，厦门市创业孵化机构面积达 1.3 百万平方米，同比减少 13.33%。其中，孵化器面积 0.9 百万平方米，同比减少 10.00%；众创空间面积 0.4 百万平方米，同比减少 20.00%（表 4 – 201）。

表 4 – 201　厦门市创业孵化机构数量及面积情况

分类	2019 年	2020 年
创业孵化机构数量/家	186	155
孵化器数量	36	37
其中：国家级孵化器	7	9
众创空间数量	150	118
其中：国家备案的众创空间	29	38
创业孵化机构面积/百万平方米	1.5	1.3
其中：孵化器面积	1.0	0.9
众创空间面积	0.5	0.4

2020 年，厦门市创业孵化机构内在孵企业与团队数量达 6349 家，同比减少 20.26%。其中，孵化器当年在孵企业数量 1667 家，同比增长 14.57%；众创空间当年在孵企业与团队数量 4682 家，同比减少 28.05%。

2020 年，厦门市创业孵化机构内当年上市（挂牌）企业总数为 20 家，同比减少 54.55%。其中，孵化器当年上市（挂牌）企业有 13 家，众创空间内当年上市（挂牌）企业有 7 家（表 4 – 202）。

表 4 – 202　厦门市创业孵化机构在孵企业与团队情况

单位：家

年份	在孵企业数量			当年上市（挂牌）企业数量		
	总数	孵化器	众创空间	总数	孵化器	众创空间
2019	7962	1455	6507	44	3	41
2020	6349	1667	4682	20	13	7

（二）绩效情况

1. 投融资情况

2020 年，厦门市创业孵化机构内当年获得投融资的企业数量为 334 家，同比减少 17.53%；当年获得投融资额达 11.5 亿元，同比减少 31.55%（表 4-203）。

表 4-203　厦门市创业孵化机构内获得投融资情况

获得投融资情况	2019 年	2020 年
当年获得投融资的企业数量/家	405	334
其中：孵化器	167	190
众创空间	238	144
当年获得投融资额/亿元	16.8	11.5
其中：孵化器	5.9	7.7
众创空间	10.9	3.8

2. 知识产权情况

截至 2020 年年底，厦门市创业孵化机构内在孵企业拥有有效知识产权数达 1.2 万件，同比增长 10.26%。其中，孵化器内在孵企业拥有有效知识产权数达 6766 件，同比增长 32.12%。拥有有效发明专利数为 1286 件，同比增长 26.70%（表 4-204）。

表 4-204　厦门市创业孵化机构知识产权情况　　　　　　　　　　单位：件

知识产权情况	2019 年	2020 年
拥有有效知识产权数	11 215	12 366
其中：孵化器	5121	6766
众创空间	6094	5600
拥有有效发明专利数	1015	1286
其中：孵化器	558	834
众创空间	457	452

3. 吸纳就业情况

2020 年，厦门市创业孵化机构内在孵企业共吸纳就业 3.8 万人，同比减少 13.24%。其中，应届毕业大学生创业就业共 3581 人，同比减少 26.78%（表 4-205）。

表 4-205　厦门市创业孵化机构吸纳就业情况　　　　　　　　　　　　　　单位：人

年份	在孵企业吸纳就业情况			其中：应届毕业大学生		
	总数	孵化器	众创空间	总数	孵化器	众创空间
2019	43 844	21 019	22 825	4891	1844	3047
2020	38 038	21 894	16 144	3581	1939	1642

4. 研发强度

2020 年，厦门市创业孵化机构在孵企业研发经费支出 11.2 亿元，研发经费占主营业务收入比重为 19.99%，同比增长 1.04 个百分点（图 4-136）。

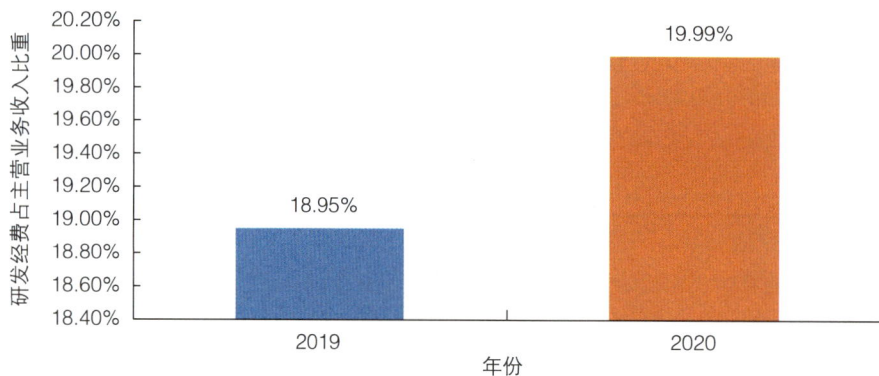

图 4-136　厦门市创业孵化机构研发强度情况

（三）自身建设情况

1. 收入和运营成本情况

2020 年，厦门市创业孵化机构总收入 8.4 亿元，同比减少 3.45%。其中，房租及物业收入最多，占比达 54.64%；其次是综合服务收入，占比为 22.10%。

2020 年，厦门市创业孵化机构运营总成本 7.6 亿元，同比减少 11.63%。其中，其他费用占比最高，达 32.20%；其次是人员费用，占比为 23.88%（表 4-206、图 4-137）。

表 4-206　厦门市创业孵化机构收入和运营成本情况　　　　　　　　　　单位：亿元

年份	收入			运营成本		
	总收入	孵化器	众创空间	总成本	孵化器	众创空间
2019	8.7	4.9	3.8	8.6	4.5	4.1
2020	8.4	5.2	3.2	7.6	4.6	3.0

2020 年，厦门市创业孵化机构纳税额达 0.78 亿元，同比减少 25.14%。其中，孵化器纳税额 0.74 亿元，众创空间纳税额 0.4 亿元。

2. 服务人员情况

2020 年，厦门市创业孵化机构共有管理服务人员 1420 人，同比减少 30.39%。

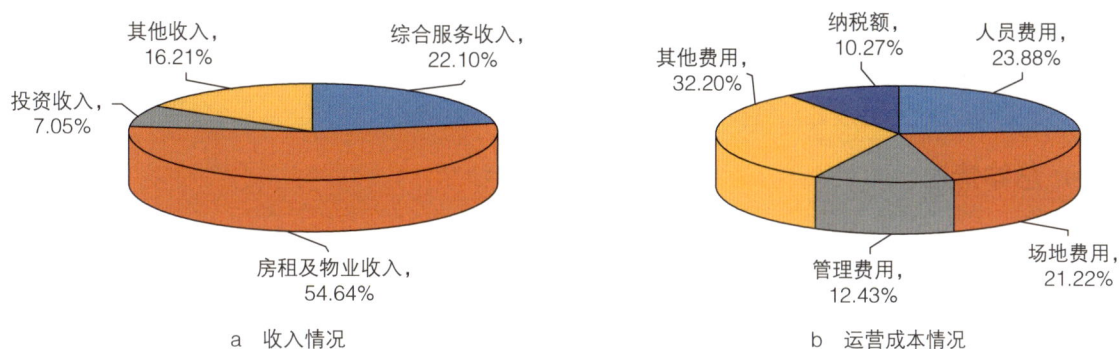

a　收入情况　　　　　　　　　　b　运营成本情况

图 4 –137　厦门市创业孵化机构收入和运营成本情况

2020 年，厦门市创业孵化机构共有创业导师 2626 人，同比减少 23.06%（图 4 – 138）。

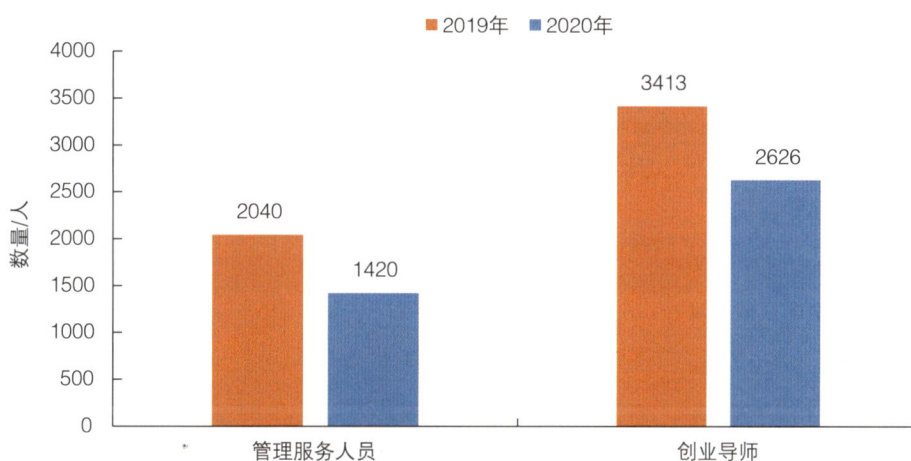

图 4 –138　厦门市创业孵化机构服务人员情况

3. 创业辅导情况

2020 年，厦门市创业孵化机构共举办创新创业活动 1834 场，同比减少 36.23%。开展创业教育培训 1014 场，同比减少 30.26%。创业导师对接企业 1471 次，同比增长 56.32%（图 4 – 139）。

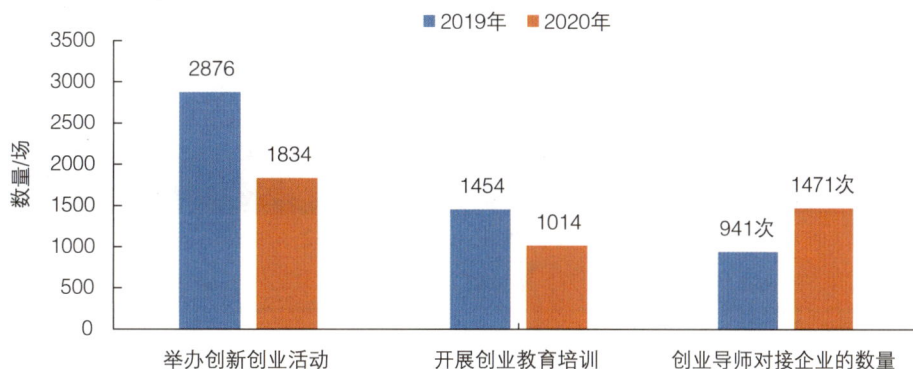

图 4 –139　厦门市创业孵化机构创业辅导情况

三十六、宁波市创业孵化发展情况

（一）总体情况

2020 年，宁波市共有创业孵化机构 89 家，与 2019 年持平。其中，孵化器 28 家，同比增长 27.27%，国家级孵化器 12 家，占比为 42.86%；众创空间 61 家，同比减少 8.96%，国家备案的众创空间 27 家，占比为 44.26%。

2020 年，宁波市创业孵化机构面积达 1.6 百万平方米，与 2019 年持平。其中，孵化器面积 0.8 百万平方米，同比增长 14.29%；众创空间面积 0.8 百万平方米，同比减少 11.11%（表 4 - 207）。

表 4 - 207　宁波市创业孵化机构数量及面积情况

分类	2019 年	2020 年
创业孵化机构数量/家	89	89
孵化器数量	22	28
其中：国家级孵化器	11	12
众创空间数量	67	61
其中：国家备案的众创空间	21	27
创业孵化机构面积/百万平方米	1.6	1.6
其中：孵化器面积	0.7	0.8
众创空间面积	0.9	0.8

2020 年，宁波市创业孵化机构内在孵企业与团队数量达 8196 家，同比减少 14.38%。其中，孵化器当年在孵企业数量 1798 家，同比增长 4.47%；众创空间当年在孵企业与团队数量 6398 家，同比减少 18.51%。

2020 年，宁波市创业孵化机构内当年上市（挂牌）企业总数为 32 家，与 2019 年持平。其中，孵化器当年上市（挂牌）企业有 21 家，众创空间内当年上市（挂牌）企业有 11 家（表 4 - 208）。

表 4 - 208　宁波市创业孵化机构在孵企业与团队情况　　　　　　单位：家

年份	在孵企业数量			当年上市（挂牌）企业数量		
	总数	孵化器	众创空间	总数	孵化器	众创空间
2019	9572	1721	7851	32	18	14
2020	8196	1798	6398	32	21	11

（二）绩效情况

1. 投融资情况

2020 年，宁波市创业孵化机构内当年获得投融资的企业数量为 433 家，同比增长 10.18%；当年获得投融资额达 11.4 亿元，同比减少 12.31%（表 4 - 209）。

表 4 - 209　宁波市创业孵化机构内获得投融资情况

获得投融资情况	2019 年	2020 年
当年获得投融资的企业数量/家	393	433
其中：孵化器	153	225
众创空间	240	208
当年获得投融资额/亿元	13.0	11.4
其中：孵化器	5.5	6.8
众创空间	7.5	4.6

2. 知识产权情况

截至 2020 年年底，宁波市创业孵化机构内在孵企业拥有有效知识产权数达 8479 件，同比增长 5.91%。其中，孵化器内在孵企业拥有有效知识产权数达 4949 件，同比增长 13.07%。拥有有效发明专利数为 2431 件，同比增长 0.50%（表 4 - 210）。

表 4 - 210　宁波市创业孵化机构知识产权情况　　　　　　　　　单位：件

知识产权情况	2019 年	2020 年
拥有有效知识产权数	8006	8479
其中：孵化器	4377	4949
众创空间	3629	3530
拥有有效发明专利数	2419	2431
其中：孵化器	1255	1420
众创空间	1164	1011

3. 吸纳就业情况

2020 年，宁波市创业孵化机构内在孵企业共吸纳就业 4.4 万人，同比减少 3.9%。其中，应届毕业大学生创业就业共 4634 人，同比减少 31.04%（表 4 - 211）。

表 4 - 211　宁波市创业孵化机构吸纳就业情况　　　　　　　　　　单位：人

年份	在孵企业吸纳就业情况			其中：应届毕业大学生		
	总数	孵化器	众创空间	总数	孵化器	众创空间
2019	46 155	18 058	28 097	6720	1854	4866
2020	44 354	20 150	24 204	4634	1579	3055

4. 研发强度

2020 年，宁波市创业孵化机构在孵企业研发经费支出 9.3 亿元，研发经费占主营业务收入比重为 13.22%，同比减少 8.00 个百分点（图 4 - 140）。

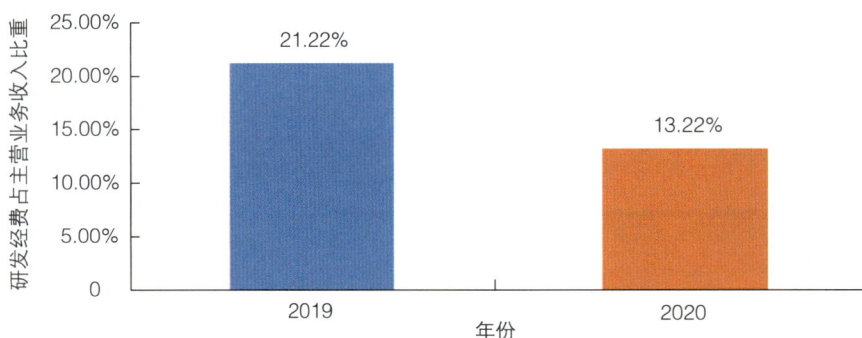

图 4 - 140　宁波市创业孵化机构研发强度情况

（三）自身建设情况

1. 收入和运营成本情况

2020 年，宁波市创业孵化机构总收入 4.4 亿元，同比减少 12.00%。其中，房租及物业收入最多，占比达 44.70%；其次是其他收入，占比为 28.21%。

2020 年，宁波市创业孵化机构总成本 3.7 亿元，同比减少 11.90%。其中，场地费用占比最高，达 31.80%；其次是管理费用，占比为 24.59%（表 4 - 212、图 4 - 141）。

表 4 - 212　宁波市创业孵化机构收入和运营成本情况　　　　　　　　单位：亿元

年份	收入			运营成本		
	总收入	孵化器	众创空间	总成本	孵化器	众创空间
2019	5.0	1.9	3.1	4.2	1.5	2.7
2020	4.4	2.3	2.1	3.7	1.8	1.9

2020 年，宁波市创业孵化机构纳税额达 0.26 亿元，同比减少 15.9%。其中，孵化器纳税额 0.14 亿元，众创空间纳税额 0.12 亿元。

2. 服务人员情况

2020 年，宁波市创业孵化机构共有管理服务人员 1228 人，同比减少 9.57%。

a 收入情况

b 运营成本情况

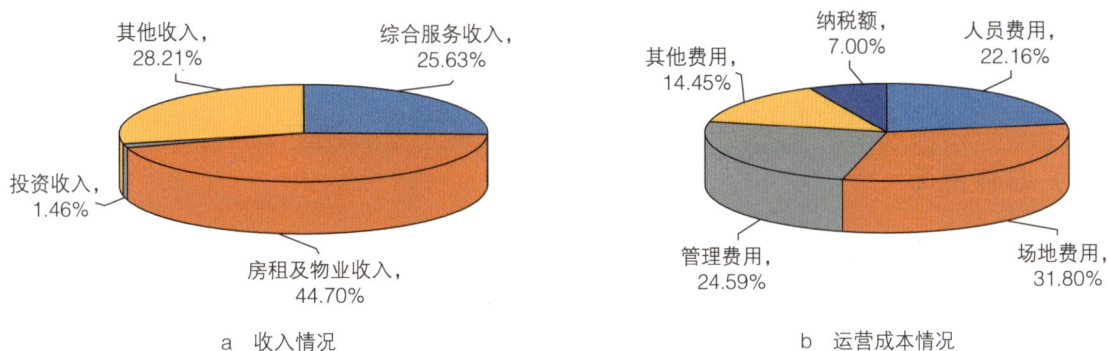

图 4 - 141 宁波市创业孵化机构收入和运营成本情况

2020 年，宁波市创业孵化机构共有创业导师 2189 人，同比减少 5.93%（图 4 - 142）。

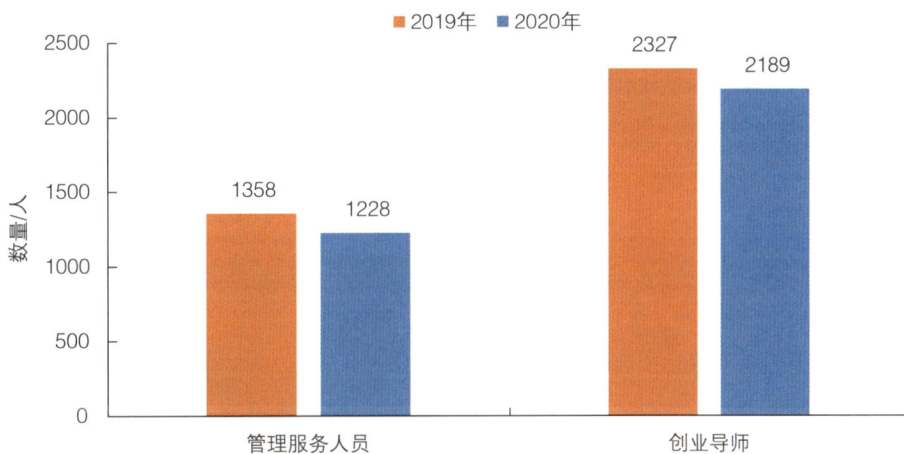

图 4 - 142 宁波市创业孵化机构服务人员情况

3. 创业辅导情况

2020 年，宁波市创业孵化机构共举办创新创业活动 1546 场，同比减少 14.30%。开展创业教育培训 549 场，同比减少 33.05%。创业导师对接企业 1407 次，同比增长 4.30%（图 4 - 143）。

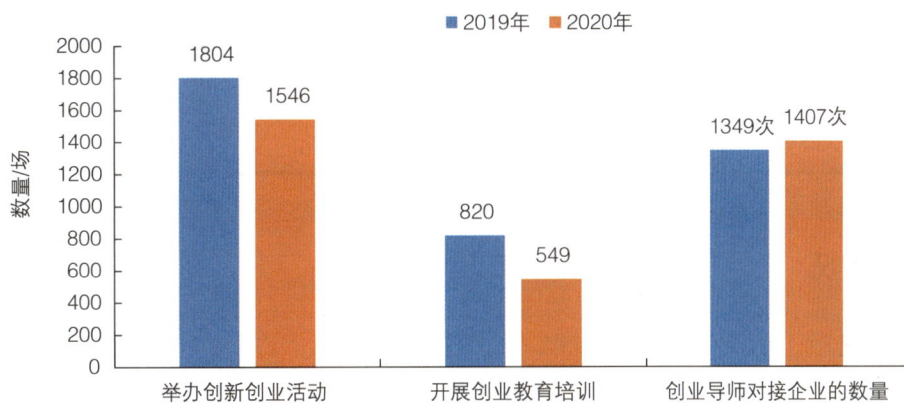

图 4 - 143 宁波市创业孵化机构创业辅导情况

三十七、大连市创业孵化发展情况

（一）总体情况

2020 年，大连市共有创业孵化机构 94 家，同比减少 11.32%。其中，孵化器 35 家，与 2019 年持平，国家级孵化器 12 家，占比为 34.29%；众创空间 59 家，同比减少 12 家，国家备案的众创空间 22 家，占比为 37.29%。

2020 年，大连市创业孵化机构面积达 0.7 百万平方米。其中，孵化器面积 0.5 百万平方米，众创空间面积 0.2 百万平方米（表 4–213）。

表 4–213　大连市创业孵化机构数量及面积情况

分类	2019 年	2020 年
创业孵化机构数量/家	106	94
孵化器数量	35	35
其中：国家级孵化器	12	12
众创空间数量	71	59
其中：国家备案的众创空间	22	22
创业孵化机构面积/百万平方米	1.1	0.7
其中：孵化器面积	0.8	0.5
众创空间面积	0.3	0.2

2020 年，大连市创业孵化机构内在孵企业与团队数量达 5486 家。其中，孵化器当年在孵企业数量 1615 家；众创空间当年在孵企业与团队数量 3871 家（表 4–214）。

表 4–214　大连市创业孵化机构在孵企业与团队情况　　　　　　　　　　　　　单位：家

年份	在孵企业数量			当年上市（挂牌）企业数量		
	总数	孵化器	众创空间	总数	孵化器	众创空间
2019	7920	1666	6254	28	17	11
2020	5486	1615	3871	0	0	0

（二）绩效情况

1. 投融资情况

2020 年，大连市创业孵化机构内当年获得投融资的企业数量为 248 家，同比减少 4.62%；当年获得投融资额达 1.5 亿元，同比减少 59.46%（表 4–215）。

表 4 -215 大连市创业孵化机构内获得投融资情况

获得投融资情况	2019 年	2020 年
当年获得投融资的企业数量/家	260	248
其中：孵化器	85	79
众创空间	175	169
当年获得投融资额/亿元	3.7	1.5
其中：孵化器	3.0	1.2
众创空间	0.7	0.3

2. 知识产权情况

截至 2020 年年底，大连市创业孵化机构内在孵企业拥有有效知识产权数达 4539 件，同比减少 3.63%。其中，众创空间内企业及团队拥有有效知识产权数达 1627 件，同比增长 17.05%。拥有有效发明专利数为 707 件，同比减少 42.66%（表 4 -216）。

表 4 -216 大连市创业孵化机构知识产权情况 单位：件

知识产权情况	2019 年	2020 年
拥有有效知识产权数	4710	4539
其中：孵化器	3320	2912
众创空间	1390	1627
拥有有效发明专利数	1233	707
其中：孵化器	882	474
众创空间	351	233

3. 吸纳就业情况

2020 年，大连市创业孵化机构内在孵企业共吸纳就业 2.7 万人，同比减少 37.76%。其中，应届毕业大学生创业就业共 2551 人，同比减少 22.91%（表 4 -217）。

表 4 -217 大连市创业孵化机构吸纳就业情况 单位：人

年份	在孵企业吸纳就业情况			其中：应届毕业大学生		
	总数	孵化器	众创空间	总数	孵化器	众创空间
2019	43 815	21 270	22 545	3309	1532	1777
2020	27 271	15 528	11 743	2551	1105	1446

4. 研发强度

2020 年，大连市创业孵化机构在孵企业研发经费支出 3.3 亿元，研发经费占主营业务收入比重为 9.06%，同比减少 6.78 个百分点（图 4 -144）。

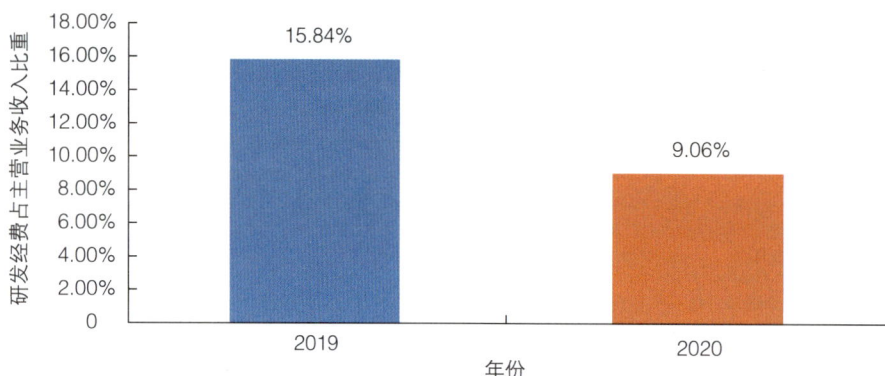

图 4 –144　大连市创业孵化机构研发强度情况

（三）自身建设情况

1. 收入和运营成本情况

2020 年，大连市创业孵化机构总收入 1.9 亿元，同比减少 26.92%。其中，房租及物业收入最多，占比达 44.94%；其次是综合服务收入，占比为 36.93%。

2020 年，大连市创业孵化机构总成本 2.3 亿元，同比减少 14.81%。其中，管理费用占比最高，达 33.62%；其次是人员费用，占比为 23.56%（表 4 –218、图 4 – 145）。

表 4 –218　大连市创业孵化机构收入和运营成本情况　　　　　　　　　　　单位：亿元

年份	收入			运营成本		
	总收入	孵化器	众创空间	总成本	孵化器	众创空间
2019	2.6	1.8	0.8	2.7	1.6	1.1
2020	1.9	1.3	0.6	2.3	1.5	0.8

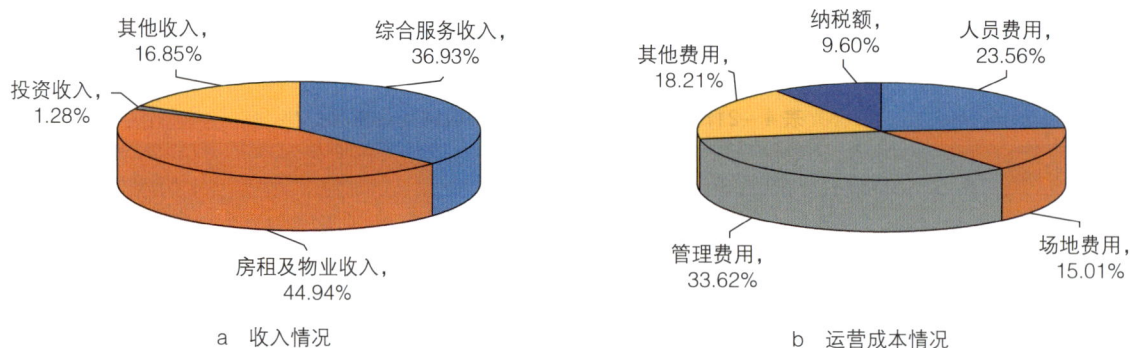

a　收入情况　　　　　　　　　　　　　　b　运营成本情况

图 4 –145　大连市创业孵化机构收入和运营成本情况

2020 年，大连市创业孵化机构纳税额达 0.2 亿元，同比增长 48.1%。其中，孵化器纳税额 0.19 亿元，众创空间纳税额 0.01 亿元。

2. 服务人员情况

2020 年，大连市创业孵化机构共有管理服务人员 869 人，同比减少 23.77% 。

2020 年，大连市创业孵化机构共有创业导师 1493 人，同比减少 23.79% （图 4 - 146）。

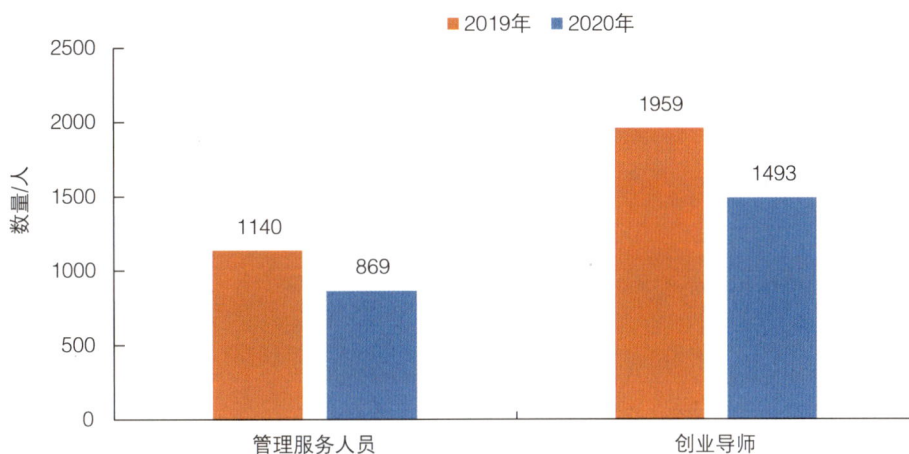

图 4 - 146 大连市创业孵化机构服务人员情况

3. 创业辅导情况

2020 年，大连市创业孵化机构共举办创新创业活动 2071 场，同比减少 31.40% 。开展创业教育培训 963 场，同比减少 24.82% 。创业导师对接企业 1319 次，同比增长 1% （图 4 - 147）。

图 4 - 147 大连市创业孵化机构创业辅导情况

中国创业孵化发展报告2021

专题篇

第五章　中国创业孵化行业"十三五"总结与未来展望

一、"十三五"时期中国创业孵化发展情况回顾

"十三五"期间，按照党中央、国务院部署，全国各地方深入实施创新驱动发展战略，大力推进大众创业创新，创业孵化日益成为国家科技创新体系的重要环节和区域创新发展的重要抓手。围绕构建创新创业生态基本实现了"六大提升"，完成了从服务初创企业到培育新经济源头的提升，从集聚创业要素到促进资源开放共享的提升，从注重综合服务能力到打造专业化服务能力的提升，从侧重服务供给导向到侧重服务需求导向的提升，从推动国际合作到融入全球创新创业网络的提升，从营造局部创业氛围到引领全社会创新创业文化提升。截至"十三五"末期，中国创业孵化事业形成了孵化器类型多元、服务高效、资源共享、机制灵活、区域协同、氛围浓厚的发展态势，构建多种力量、多种模式、多种机制共同促进的全链条、多层次创业孵化新格局。

"十三五"期间，我国创业孵化机构不断汇聚新领域、新产业，创造新业态新模式、形成新技术新产品、释放新经济新动能，催生了大量市场主体和优秀企业家，逐渐强化企业的技术创新主体地位，积极推动了国家高新技术产业不断向中高端水平迈进，科技创新创业带动高质量就业，充分发挥了科技创新对经济社会发展的引领作用。

1. 孵化器的社会经济贡献不断增强

"十三五"期间，全国孵化器注重从服务初创企业向培育新经济源头提升，出现一批新兴产业领域的专业孵化器。这五年，全国科技企业孵化器的规模与质量不断提升，公共技术服务平台持续发挥更大作用。2020年，全国孵化器公共技术服务平台年总收入达49亿元，是"十三五"期初的1.8倍。这五年，孵化器的人才队伍建设逐渐增强，从业人员数量和接受专业培训人员情况都有不同程度的提高。这五年，全国孵化器不断夯实科技服务的重要功能，整合各类科技服务资源。其中，孵化基金总额从"十三五"期初的365.25亿元增加到1894亿元，增长超过4倍。这五年，全国孵化器的在孵企业和毕业企业体量增幅明显。其中，在孵企业拥有知识产权数量从"十三五"期初的15.54万件增加到72.79万件，增幅约3.68倍；毕业企业中上市企业数量从"十三五"期初的1434家增加到5897家，增幅约3.11倍（表5-1）。

表 5-1 "十三五"期初与期末孵化器主要发展指标情况

序号	统计指标项		"十三五"期初	"十三五"期末	变化情况/倍
	发展指标	具体指标			
1	孵化器规模与质量	数量/家	2533	5843	2.31
2		使用总面积/百万平方米	86.80	130.89	1.51
3		总收入/亿元	316.85	497.69	1.57
4		公共技术平台总收入/亿元	27.28	49	1.80
5	从业人才队伍	从业人员/万人	4.21	7.65	1.82
6		接受专业培训人数/万人	1.90	3.97	2.09
7	所整合资源与提供服务情况	签约中介机构数量/万个	1.32	5.74	4.35
8		孵化基金总额/亿元	365.65	1894	5.18
9		聘请创业导师人数/万人	2.13	8.06	3.78
10		创业导师对接企业情况/万次	5.25	19.90	3.79
11		对企业培训情况/万人次	167.46	499.96	2.99
12	在孵企业经济社会效益	在孵企业数/万个	10.22	23.34	2.28
13		其中：大学生科技企业/万个	1.52	3.33	2.19
14		高新技术企业/万个	0.65	1.20	1.85
15		在孵企业从业人员/万人	166.25	296.87	1.79
16		在孵企业总收入/亿元	481.04	1025.66	2.13
17		在孵企业（R&D）经费/亿元	31.56	80.86	2.56
18		累计获得财政资助额/亿元	17.36	26.72	1.54
19		拥有有效知识产权数/万件	15.54	72.79	4.68
20		其中：发明专利/万件	3.90	11.43	2.93
21		累计获得投融资总额/亿元	84.73	388.67	4.59
22	毕业企业经济效益	累计毕业企业/万个	7.49	18.87	2.52
23		其中：上市（挂牌）企业数量/万个	0.14	0.59	4.21
24		当年毕业企业/万个	1.16	2.69	2.32
25		当年上市（挂牌）企业数量/个	463	980	2.12
26		当年营业收入达 5 千万元企业/个	1750	4370	2.50

2. 众创空间的双创放大作用逐渐突显

"十三五"期间，全国众创空间纷纷采取"网络化、智能化"等科技手段，管理水平和效益不断提升，呈现出良性发展局面。这五年，全国众创空间的场地规模和经营状态大幅提升，2020 年全国众创空间总数达 8507 家，是"十三五"期初的 1.98 倍，从运营主体性质来看，民营性质的有 7174 家，占比 84.33%，民营社会资本逐渐成为众创空间投入的绝对主体。这五年，全国众创空间面向创业团队和初创企业积极开展各类创新创业活动,如聘请创业导师人数从"十三五"期初的8.30万人增加到16.10万人,增长94%。这五年,全国众创空间的服务对象规模和效益持续提高,表明众创空间的服务能力和水平逐渐提升,如当年服务的创业团队数量和初创企业数量分别从"十三五"期初的15.43万个和11.96万个增加到22.13万个和21.82万个,分别增长43%和82%。众创空间已经成为全国双创事业的重要抓手(表5-2)。

表5-2 "十三五"期初与期末众创空间主要发展指标情况

序号	众创空间统计指标项		"十三五"期初	"十三五"期末	变化情况/倍
	发展指标	具体指标			
1	空间规模情况	数量/家	4296	8507	1.98
2		使用总面积/百万平方米	22.59	36.50	1.62
3		总收入/亿元	150.66	227.32	1.51
4		提供工位数/万个	77.68	149.27	1.92
7	提供服务情况	举办创新创业活动/万场次	10.90	13.02	1.19
8		开展创业教育培训/万场次	7.76	9.80	1.26
9		聘请创业导师人数/万人	8.30	16.10	1.94
10	服务对象情况	当年服务的创业团队数量/万个	15.43	22.13	1.43
11		其中:常驻创业团队数量/万个	7.72	12.72	1.65
12		大学生创业团队和企业的数量/万个	6.28	13.14	2.09
13		留学归国人员创业团队和企业数量/万个	0.54	0.85	1.57
14		科技人员创业团队和企业的数量/万个	2.84	8.20	2.89
15		大企业高管离职创业团队和企业数量/万个	1.02	1.95	1.91
16		国外创业团队和企业的数量/万个	0.25	0.29	1.16
17		当年服务的初创企业数量/万个	11.96	21.82	1.82
18		其中:常驻初创企业数量/万个	6.35	14.21	2.24

3. 孵化服务体系逐渐健全完善

"十三五"期间,全国创业孵化机构初步实现从注重综合服务能力向注重专业化服务能力转变,从侧重服务供给导向向侧重服务需求导向转变,创业孵化对科技创新创业的服务效能和社会影响力持续扩大。全国范围内统筹协调、责任明确的运行管理机制日渐完善,行业的规范化管理向标准化、精准化迈进,国家标准《科技企业孵化器服务规范》(GB/T 39668—2020)正式发布。创业孵化机构持续推进创投、培训、咨询等服务专业化,推进精准孵化、生态打造、区域协同、资源对接等服务不断深入,加速新产业、新企业和新产品生成,不断激发经济发展新动能。

4. 创业孵化生态不断优化

"十三五"期间,全国创业孵化行业日益向体系化、专业化、标准化、网络化、生态化发展,逐渐从集聚创业要素向促进资源开放共享提升。以空间区域、服务载体、品牌活动为主要着力点，形成了"链条孵化""循环孵化""产业孵化""众包孵化"等新模式，科技创新创业生态环境稳步优化。2020 年年底，全国建立了 2069 家集研发、转化、孵化功能于一体的新型研发机构，出现了概念验证、循环孵化、产业孵化、离岸孵化、反向孵化、生态链孵化、数字孵化等新型孵化模式，极大地提高了科技成果转化和科技创业效率。各地创新环境更加优化，创新引领创业，创业促进创新，区域创新体系逐渐完善，企业创新主体地位日益增强，全社会崇尚创新创业、勇于创新创业的文化价值全面提升。

5. 形成创业孵化纵深发展新格局

"十三五"期间，创业孵化行业全面建成国家—省市—区县（含高新区）三级管理体系，在国家级孵化器的年度考核指标引导下，围绕企业全生命周期的创业孵化链条正普遍开展，不断向产业链、创新链融合深化。2020 年度创业孵化机构覆盖了全国 95% 以上的县级地区，广度向香港、澳门持续推进、深度向区县村镇渗透、密度向经济发达省区集聚，创业孵化机构的空间布局逐步优化，支撑建设区域创新创业体系。2020 年年底，香港有 2 家国家级孵化器、澳门有 2 家国家备案众创空间，在一些中心城市兴起了创业大街、创业小镇、创孵社区等形态各异的创新创业生态集聚区，成为区域创新创业体系重要组成。创业孵化机构积极搭建跨区域交流协作网络。目前，80% 以上的省级地区建立行业组织，成立了东、南、北片区域孵化网络，初步搭建全行业联动自律的协作体系。

6. 带动中小企业获得感显著提升

"十三五"期间，《国家创新驱动发展战略纲要》《国务院关于强化实施创新驱动发展战略进一步推进大众创业万众创新深入发展的意见》等政策法规为创业孵化机构的高质量发展提供强有力的政策保障，中央财政资金支持科技资源支撑型和高端人才引领型特色孵化载体 99 家、特色载体 1543 家，拨付专项资金 41.79 亿元，"十三五"期间，全国各地方累计向孵化机构提供财政资金超过 324.8 亿元。2018 年，国家将国家级科技企业孵化器和国家大学科技园税收优惠范围扩大至省级，国家备案众创空间全部纳入免税范围，实际享受税收优惠的孵化机构数量快速增加。2020 年，全国实际享受税收优惠的孵化机构达到 1835 家，是上一轮税收政策执行期末享受税收优惠机构数量的 7.5 倍；享受减免税金额达到 9.9 亿元，是上一轮税收政策执行期末税收优惠金额的 3.6 倍；间接惠及 12.6 万家科技创业企业和团队。

7. 积极融入全球创业创新资源网络

"十三五"期间，全国创业孵化事业从国际合作向融入国际创新创业网络转变。我国创业孵化机构"走出去"，迎来广阔发展空间，开展联合研发、跨境加速孵化、跨国技术转移、跨国天使投资等多元形式的创新创业合作，推动了全球创新创业资源优化配置和深度融合。国外孵化机构"引进来"成果显著，数十家知名海外机构在我国设立分支机构，积极与国内孵化机构、资本、企业等开展交流合作，为我国创业企业提供投资、人才引进、技术指导、海外市场拓展等服务。积极参与亚太经济合作组织（APEC）孵化器论坛、亚洲孵化器网络年会、中外创业孵化合作论坛等多边合作活动，与 IASP、UBI Global、InBIA、EBN 等全球行业组织保持着密切联系，极大地拓展了中国科技创新创业合作的空间。

二、"十三五"时期创业孵化行业典型经验

"十三五"期间，创业孵化行业实现了孵化器类型多元、服务高效、资源共享、机制灵活、区域协同、氛围浓厚的发展态势，形成多种力量、多种模式、多种机制共同促进的全链条、多层次创业孵化新格局。各种创新的孵化模式竞相登场，在激烈的市场竞争中百花齐放、蓬勃发展。在"十四五"启程之际，回望来路，新的孵化模式依然层出不穷，那些能促进科技自立自强和产业加速发展的模式将迎来更广阔的成长空间。

1. 海尔海创汇打造开放式创新创业平台

【摘要】

海尔海创汇开放式创新创业平台重点针对智能家居、健康医疗、节能环保、新消费升级、智慧教育、海尔产业链等领域的创新创业者，为其搭建涵盖"创意—设计—制造—销售"的服务平台。

【基本情况】

海尔海创汇成立于 2014 年 5 月，是海尔集团打造的孵化创客的创业平台，是一个开放的分享式创业平台，海创汇创立之初是面向海尔的内部员工，后期不断地进行资源整合与服务扩展。到 2020 年，平台上先后涌现出雷神科技、小帅影院、海融易、易冲无线、涂鸦智能等明星项目。截至目前，平台中的项目已有 2 个公司成功上市，还出现 2 个独角兽企业，4 个准独角兽企业及 12 个瞪羚企业。

将企业产业资源全面开放。海尔海创汇全面开放海尔的研发、供应链、销售网络、物流、服务等资源，为创客提供全面产业资源对接服务，如海尔开放供应链资源和激光测距仪、扫地机器人等项目，为创客降低至少 30% 的成本；海尔开放线上、线下销售渠道（3 万家实体店、30 万线上微店），为创客迅速抢占市场；海尔开放目前已具备的 24 小时送达全国的物流网络能力，为创业者提供实时准确的物流服务；海尔开放遍布到户的服务网点，为创业企业提供零等待的上门服务。

围绕企业需要集成服务资源。海尔海创汇从创客群体的需求出发，围绕创客的创新创业，开展了分享服务、产业服务和生活服务，其中分享服务包括针对创客的创客学院、创客金融、创客空间和创客服务四部分内容；产业服务包括创新技术、创客工厂、创客渠道和创客营销等，生活服务包括："向日葵来了"、"全掌柜"和"U＋智慧平台"，可以为创业者提供基于物联网技术的 O2O 育儿、养老和家政服务、保险规划服务和基于 U＋智慧生活平台提供物联网时代智慧家庭全场景生态解决方案。

获取创业对象的多元渠道。在分析创新创业者不同特点的基础上，海尔海创汇形成了 4 种不同

的创客孵化模式。一是集团内部孵化团队，主要是针对海尔集团内部员工，创新创业也是围绕海尔集团内部的业务而展开；二是离群孵化，主要针对原海尔集团员工，他们在离开企业后，可以成立创业团队，依托海尔海创汇的资源进行创新创业，达到一定标准后海尔集团进行回购；三是众筹孵化对象，一般与创业者和拥护、投资者等合作伙伴共同众筹，根据用户的需求，匹配市场痛点，"把用户变成合伙人"。以上孵化对象，都完全开放创新创业资源，帮助创新者借助平台的资源优势把创新技术转变为市场化产品，最终帮助创业者成为创业家和企业家。

【行业启示】

海尔海创汇作为一个开放的创业平台，依托海尔集团的上下游优势，向所有创业者开放其创新、产业、营销和用户等各种资源，为创业者提供投融资、培训、产业加速等一站式服务。海尔海创汇的创新创业平台发展表明，构建创新创业的良好生态，既需要从资源供给上提供丰厚的营养，也需要内部运转有效的体制机制。具体而言，需要对入驻者提供全方位的融资支持、全要素的创业链条、全周期的陪伴帮扶、全开放的组织运营和全流程的交互共享。

2. 创新工场天使投资加快技术创业项目向市场产品推进

【摘要】

创新工场是一家致力于早期投资阶段并提供全方位创业培育的投资机构及创业平台，培育创新人才和新一代高科技企业，围绕自身熟悉的移动互联网领域组建运营团队，聚焦该领域的创业企业孵化，有效推动入孵企业快速形成技术资源"抱团"，实现企业技术协同效应，由此形成创新工场内部的技术集群生态圈。

【基本情况】

把邀请制与差异化投资、阶段考核淘汰机制相结合。无论是创立初期内部提出创意、寻找创业团队入驻孵化，还是后续"大孵化、小投资"的外部创业团队筛选，创新工场始终坚持邀请制，即运营团队深入创业企业或团队内部，经过对比筛选，邀请符合要求的企业或团队入驻创新工场。对于入驻项目，创新工场根据团队或创业企业的成熟度设定不同孵化计划，依据"助跑计划""加速计划"给予阶梯性种子资金支持，之后则实施 18 个月为 1 个周期的制度考核。在创新工场的协助下，只有完成当前周期孵化目标且排序前 2 名的项目，才能够获得下一轮投资。

"保姆式"服务促使创业团队专注技术孵化创业。企业能否获得下一轮融资的关键在于技术产品的市场竞争力。因此，创新工场采用"保姆式"服务，即为创业企业提供全面的财务、法务、公关、招聘等规范服务和培训，使创业团队能够聚焦于技术产品，加快创业企业孵化进程。对于带创意入孵的团队或个人，创新工场将创意孵化与团队建设并行。当创意孵化过程中需要某一专业人员时，创新工场会寻找合适的人员加入创业团队。这既有利于提高创意孵化的专注度，又利于团队的全面建设，从一定程度上提高了技术创业型企业孵化成功率。

【行业启示】

第一，坚守入孵企业选择的专业领域原则。自创办以来，始终以移动互联网领域的高成长性创业企业为邀请对象，据此营造出入孵企业群聚协同效应并实现技术反哺资源，无疑提高了孵化成功率、降低了孵化资金的投入风险。第二，严格的入孵筛选和递进的孵化投入是实施孵化资金风险管控的有效保障措施。创新工场"寻找→对比、筛选→邀请"的筛选程序和分类别、阶段性的择优资助程序，皆是坚持了严格入门筛选、择优递增资助原则，从管控措施上降低了孵化资金风险。第三，明晰技术创业型企业孵化的时间窗口和风险特点，准确定位并匹配孵化资本属性，是有效利用政府创业投资引导基金降低孵化期资金投入风险、保障民间资本溢价退出的关键环节。

3. 合肥高新创业园推动构建"双创雨林"新生态

【摘要】

合肥高新创业园通过"数字化＋专业化"不断优化在孵企业创新创业服务环境，积极打造创新创业生态社区，促进服务机构多元共生、企业创新动力内生、孵化服务需求协同派生，合力构建"双创雨林"。

【基本情况】

合肥高新创业园运营单位——合肥高创股份有限公司，成立于 2003 年 9 月，是合肥高新区管委会直属的科技企业孵化器、加速器和创新平台的运营管理机构。2017 年 1 月，合肥高创成功登陆新三板，成为全国首家在新三板挂牌的国有孵化器管理机构。合肥高新创业园发展至今，已拥有较强的资源整合能力、齐全的创业服务品牌、众多的优质项目集群及庞大的孵化管理面积。

植入数字基因，催生"双创土壤"。合肥高新创业园运用互联网、人工智能等技术，打造了全国领先的智慧孵化标杆——"智慧高创"平台，并提出构建"数字驱动型孵化器"模式，为企业提供更加精准、便捷的服务，打造智慧化、智能化的创新创业服务环境。平台通过绘制企业全景数字图谱，为企业提供个性化服务，并及时监测企业发展情况，主动为企业提供帮助。同时，企业全景数字图谱可以打通高新区各类政策申报及企业服务信息化系统，让政府与企业孵化器管理运营机构实现数据共享。

资源集聚溢出，加速"光合作用"。合肥高新创业园构建了载体、项目、服务、机构"四位一体""土壤丰沃"的创新创业生态社区。通过"智链生态圈"品牌活动，为企业搭建沟通桥梁，促进产业链上下游精准合作；通过打造服务联盟，集聚创新创业多元资源；通过龙头企业带动，实现大中小企业共通互融，让跃动的创新因子在园区加速聚合、碰撞、裂变，促进多方机构多元共生、协同发展的"光合作用"。

阶梯培育体系，提供"充足养料"。合肥高新创业园把"菜单式"与"订单式"相结合，为创业团队提供人才赋能，打造"集思讲堂＋创新学院＋研学营地"三大阶梯式人才培育体系。"集思讲堂"主要面向企业基层管理人员，涉及政策解读、项目申报、财税法律、人力资源、市场营销等实务性讲座和培训，2020 年全年举办 40 余期，参加人员超 4000 人次；"创新学院"主要为企业中高层管理人员开设名师讲坛、导师行动、高管开讲等专业课程，2020 年全年举办 10 余期，600 多位园区企业管理人员参与；"研学营地"则为园区企业家开办研修班、创业训练营和创业沙龙等高端交流活动，2020 年全年举办了"苏州行"等 6 期专场活动，为园区 150 余位企业家拓展了视野，启发了思路。

【行业启示】

围绕在孵企业长期发展需求，不断优化创新创业生态服务环境。合肥高新创业园的做法能为相关孵化机构带来以下启示：一是探索数字化服务手段，搭建共享服务平台，为在孵企业提供便利化、集成式服务系统，降低服务成本。二是开展阶梯式、定制化创业辅导服务，为企业提供差异化服务内容，重点抓住"人才"二字为创业团队赋能。三是创新创业生态最大的特点是活跃多元、资源聚合，这对于做好孵化机构也是重要的。

4. 北大创业训练营深度辅导培育优秀创业者

【摘要】

通过建立丰富的创业导师计划和专业的创业指导服务，严格筛选创业者进入创业训练营，匹配人才培养、科技创新、科技创业、投资金融、成果转化等创新服务资源，深度辅导创业者。

【基本情况】

北大创业训练营是以"创业教育、创业研究、创业孵化、创投基金"四位一体的综合性创新创业扶持平台，旨在培养和扶持中国优秀的创业青年，发现并转化优秀的科技创新成果，提升创新创业平台服务能力，助力创新创业软环境建设发展，发展至今已成为中国最大的公益性开放式创新创业教育、扶持与服务平台。

企业导师计划和创业服务联盟相结合的品牌特色。通过培养创新思维、弘扬创业精神、帮扶创业实践，综合帮扶创业者解决企业创建和发展期的战略规划设计及实际经营问题，为优秀创业项目和成果转化提供软硬件环境支撑，以实际行动服务于青年创新创业和国家"双创"战略。目前，北京大学创业训练营已聚集超过 400 位资深导师，发展了 500 余门创新创业课程，在全国开设 19 个众创空间与孵化器，链接 28 家北大系投资机构，资金总规模超过 1000 亿元。

全方位多层次系统性的专业指导与服务。在战略、财务、股权、营销、法务等十几个专业领域开设创业工坊，截至 2021 年 11 月，北京大学创业训练营共举办了 241 期各类创新创业特训营，通过导师一对一辅导、投资对接、公益孵化、产业合作等多种形式，深入服务了超过 23 000 名优秀创业者。通过新青年创客学堂云平台的专题课程、点播课程、直播公开课等线上服务，以及每年在全国各地举办的各类投资路演、创业大赛、城市峰会、创新论坛、主题沙龙等线下活动，服务了超过500 万人次青年创客。

建设大学生创新创业中心极客实验室。依托北京大学科研资源，建设"北京大学全球大学生创新创业中心极客实验室"，免费向在孵创业项目开放。同时，与北京大学软件工程国家工程研究中心、北京大学产业技术研究院等科研院所在人才培养、科学研究、科技创新、科技创业、成果转移转化等方面合作共建产学研协同创新联合体，培养创新型技术人才，培育高精尖产业创业项目，共同支持科研成果转移转化。

【行业启示】

北京大学创业训练营依托优势资源，汇聚各地政府及大型企业合作伙伴，发挥各自优势，在人才培养、创业孵化、投融资、产业培育等方面，共同促进创新创业优势资源的整合互动与交流合作，加速人才、资金、技术、平台等创新创业要素不断聚集，释放整合资源的"合动力"。目前已经与超过200个各地政府部门、大型企业、高新园区、投资机构及服务平台建立了深度战略合作伙伴关系，赋能优秀青年创客成长，服务国家创新创业发展。

5. 创客总部深度对接高校院所，促进创业孵化向成果转化延伸

【摘要】

创客总部深度挖掘企业技术需求和实验室项目，搭建起实验室技术创新与产业应用之间的桥梁，突出创业孵化的中间作用，并提供资金、市场和人才等要素支撑对项目团队进行重点孵化，构建起以产业需求引导创业的科技成果转化模式，在促进了高校院所成果转化的同时，建立起自身可持续发展模式。

【基本情况】

创客总部成立于2013年，是一家由北大校友、联想之星创业联盟成员企业联合发起，专注于开展高校院所科技成果转化的科技企业孵化器。创客总部通过提供实验室技术挖掘、项目孵化、天使投资、产业需求对接等全流程服务，在运营过程中搭建起实验室技术创新与产业应用之间的桥梁，探索出市场化的科技成果转化模式，其独创性表现在科技成果创业以科学家的团队为主导，科学家提供技术指导，以产业对接为抓手促进成果熟化落地，以资本为推进剂提升转化效率。

广泛链接技术源，建立技术资源库和入孵项目库。创客总部为更好地服务高校院所的科技成果，先后与北大科技开发部、清华科威、北航丹阳院、首都医科大学等签订科技成果转化战略协议，与中电科创新院、北科院控股、中科院力学所、北京射线中心等签订合作共建协议，为高校和科研院所的人工智能相关成果项目提供技术评估、市场分析、公司组建方案、CEO养成与团队建设、知识产权处理、技术服务、产品打磨、市场营销、公司注册、办公场地等基础孵化服务。目前，创客总部联络和服务实验室技术人员570人，高校和科研院所成果转移转化人员70人。

挖掘在孵企业需求建立需求库，推动科技成果落地推广。创客总部通过组建专业团队汇集大企业需求，促进成果与市场对接，加快技术市场验证和成果落地推广。先后对接了世界五百强玛氏集团、京东物流、京东方、拜耳、普洛斯、施耐德等30多家国内外知名企业，与嘉兴、晋江等10多个全国百强县市企业集群建立起技术合作关系，建立起稳定的需求渠道，每年组织数十次不等的需求对接活动，既促进了成果转化落地，也为成果方带来可观的收入。

搭建专业平台，围绕成果落地匹配专业服务资源。为促进成果转化落地，创客总部不仅投资实验设备，充分利用高校院所实验室资源，还投资参与了实验集成领域的科邦实验室、半导体领域的米格实验室、软件算法开发领域的智网易联、知识产权领域的八月瓜等，联合音频数字研发及传播领域的新奥特、数据存储与计算领域的光环新网等，汇聚80位创业导师，共同搭建专业的协同创新

服务平台，为创客总部孵化的硬科技企业和高校院所的专家服务。目前，协同创新服务平台累计为200 余家企业提供产品研发、检验检测、工业设计等服务，提供产业对接、投融资、创业咨询等累计服务 500 余次。

【行业启示】

充分发挥其孵化作用，搭建高校院所科技成果转化落地的桥梁。创客总部的做法能为相关孵化器提供 3 个方面的经验：一是多渠道对接技术源头，借助校友网络、合作科研平台紧盯高校院所早期科技成果。二是面向产业需求建立孵化桥梁，通过大企业对接、市场场景应用推广等方式，为成果转化建立稳定的需求渠道。三是为成果创新孵化提供全流程服务方案，包括技术评估、市场分析、公司组建、知识产权处理、产品打磨、市场营销等孵化服务，同时整合金融资源破解初创企业早期融资难题，提高早期孵化成功率。

6. 瀚海领航中国创业孵化国际化建设

【基本情况】

瀚海控股集团在美国、加拿大、德国置业投资并运营海外科技文化园区，链接全球创新资源、实现跨境加速。作为中国第一家走出去建立海外园区的科技孵化器，经过海外布局，形成了以硅谷为圆心，辐射洛杉矶、温哥华、覆盖北美的科技园区体系，构建了国际化创新创业生态网络和全球孵化跨境加速体系。

构建全球孵化 & 跨境加速生态。瀚海依托构建的国内孵化器与海外孵化器网络，深耕孵化器国际化、专业化，赋能企业利用全球优势资源，以全球化视野催化企业跨境加速成长。目前北美园区累计孵化企业超过 600 家，投资初创项目 200 余个，组织创新创业活动 400 余场，组织 350 多个优质项目中国行，跨境加速 100 余个项目落地中国，20 余个企业走出去国际化发展。

跨境项目中国行。瀚海先后组织 40 余次跨境项目中国行活动，行业领域涉及电子信息、文化创意、大数据、清洁能源、大健康等。创新项目中国行让海外创业团队深入了解中国产业、资本和市场情况，并加速项目合作与落地，100 余个项目通过瀚海平台落地国内。

构建开放共享的城市国际创新中心。2017 年瀚海开始启动归巢计划，构建开放共享的城市国际化创新赋能平台，和地方政府合作建立国际创新中心，链接全球资源，助力城市国际化创新创业和产业转型升级。目前已在中国佛山高新区、无锡惠山区、杭州拱墅区、天津武清区、嘉兴秀洲区等建立国际创新中心，通过系列国际化创新创业活动，协助中国城市融入国际创新生态，提升区域国际化品牌。

【行业启示】

通过瀚海走出去海外布局，建立全球孵化 & 跨境加速的创新生态体系，构建开放共享的城市国际化创新赋能平台，以全球化资源催化创业项目的加速成长，以国际生态体系落地中国城市，有效加速了中国城市创新创业的国际化进程，推进了中国城市的全球化发展。

7. 中科创星高举硬科技孵化，推进科技自立自强水平

【摘要】

西安中科创星科技孵化器（简称"中科创星"）专注孵化人工智能、航空航天、生物医药、光电芯片、信息技术、新材料、新能源、智能制造等领域的硬科技企业和项目。硬科技区别于互联网商业模式创新，是需要长期研发投入、持续积累才能形成的原创技术，具有极高技术门槛和技术壁垒，难以被复制和模仿。中科创星较早提出硬科技孵化理念，逐渐探索出人才、技术、资本、服务"四位一体"与"四融合"孵化模式，将合适的领军人才、成熟的创新技术、专业的天使资本、贴身的孵化服务高度统一，实现科技与金融、科技与服务、科技与市场、研究机构与社会的有效融合。

【基本情况】

中科创星依托中国科学院西安光学精密机械研究所设立，在西安和北京设立了双总部，是专业从事硬科技产业孵化和创业投资的专业化平台，致力于打造"研究机构＋天使投资＋孵化服务＋创业培训"于一体的硬科技创业生态。同时，联合高校及研究所，建设专业的人才培养基地，积极引进国内外知名高校人才资源，为硬科技发展提供全方位的人才智库支撑。

投资助力科技创新，搭建科研成果与市场桥梁。中科创星通过探索"科技＋金融、科技＋服务、科技＋市场、科技＋社会"融合发展模式，构建了"政－产－学－研－资－用－孵"相结合的协同创新体系，发起设立"陕西先导光电集成科技基金"（总规模10亿元，由中科创星管理），通过"平台支撑＋基金引领"的模式加快科研成果转化，发挥科研人员做投资的独特优势，坚持投早期项目和团队，助力解决科技领域"卡脖子"问题。同时搭建了集芯片研发、设计、生产、封装、测试及应用等于一体的公共技术服务平台，吸引国内外最优秀的团队和项目落地。"十三五"期间，服务硬科技初创企业60余家，硬科技天使基金投资项目274个，投资金额36.51亿元，有效地在科研和产业之间架起桥梁。

提升科技研发实力，兼顾人才培养与创业孵化。中科创星积极和清华大学、中国科学院大学、西安交通大学、西北工业大学、西安邮电大学等高校院所合作，搭建产学研联动机制。在与科研院所的合作，中科创星共承担科研项目6项，累计投入经费超过800万元；承担陕西省重点研发计划"科技型中小企业服务平台关键技术研发"等项目，累计投入经费超2000万元。此外，与清华大学、西北工业大学、西安邮电大学等高校签订合作协议，共建校外实践基地，在理论研究、实践实习、项目研发等方面开展多形式、多层次的合作与交流，实现了人才培养与孵化服务的全面提升。

【行业启示】

中科创星带给孵化器行业的发展启示主要有：一是孵化器将面临服务于科技自立自强的攻坚期，技术平台、研发实力成为发挥技术支撑作用的重要保证，高校、科研院所建设的孵化载体，以及新型研发机构将处于领跑位置。二是硬科技与金融的紧密结合预示新的投资策略，投资标的可以是创业企业不同阶段，还可以是技术成熟的不同阶段。三是科技研发和人才培养相结合，在面向产业需求的研发项目中培养高层次创新创业人才，这也是火炬创业学院正在尝试的新途径。

8. 北航天汇搭建数字孵化云平台，开启精准服务新高度

【摘要】

北京北航天汇科技孵化器（简称"北航天汇"）突破传统孵化模式，依托自主研发的 SaaS 云孵化平台，构建"一平台三体系"的"汇·创"云端数字孵化模式，采用数据信息处理技术实时呈现创业企业发展，以企业画像为依据实时匹配孵化服务。

【基本情况】

北航天汇于 1999 年 4 月由北京市科委、北京航空航天大学共同创立，是全国高校首家企业化运行的专业孵化器，是北航的成果转化孵化平台，依托航空、航天、动力、信息、材料、仪器、制造等学科领域具有明显的比较优势，拥有独特的项目资源优势和技术优势。截至 2020 年年底，北航天汇在孵企业数 240 家，主要集中在新一代信息技术、集成电路、智能制造领域，孵化了"志翔科技""云狸科技""知存科技"等一批中关村瞪羚企业。

开启数字孵化，实现个性化精准服务。北航天汇基于孵化标准业务流程数据，推出自主研发的"汇·创云"服务平台，对在孵企业进行动态服务管理，建立孵化企业入驻、服务与辅导、发展评价、市场匹配、毕业全程周期数字化管理机制，通过自动化信息提取、关系发现、知识推理与知识计算、自动问答等技术，围绕双创服务领域进行数据挖掘、语义识别和关系发现，自动生成导航分析报告，形成 7 个领域的千万级数据规模数据库。"汇·创云"平台以在孵企业成长数据为基础，通过入孵管理、投融资管理等服务实现线下孵化服务带动线上企业数据的实时更新，构建创业企业成长画像，通过人工智能分析算法，呈现企业孵化成长数据图谱，为有效精准匹配双创资源和服务提供必备信息，加速孵化企业成长。

孵化方案与服务精准匹配，线上线下服务深度融合。北航天汇借助云服务平台，在融资能力、管理能力、财务能力、企业资质、研发能力、团队架构等 6 个方面对企业进行评估，根据企业多维度信息及系统采集的相关数据，综合运用大数据等技术，精准匹配企业在政策、研究、人力资源、法律等方面服务需求，开展"线上 + 线下"咨询服务。同时，以在孵企业的成长画像为依据，制订从"暖箱—换羽—亮羽"的三阶段计划，为企业量身定制创业"目标 + 计划"的孵化方案。

数字孵化拓展了孵化服务范围和手段。北航天汇利用数字孵化平台分析在孵企业开发及交付能力，并邀请专业投资机构及行业专家参与，以市场为导向，协助在孵企业对接大企业客户渠道，促进了产业链上下游企业集群发展的趋势。同时，积极与阿里云、有孚网络联合设计"企业云计算产品"，为物联网、智能手游、3D 数字、大数据等领域几十家成长型企业提供云产品服务包，通过龙头企业辐射新技术、新产品，实现上下游产业的聚集效应。

【行业启示】

北航天汇打造数字孵化云平台的经验，使其孵化服务向高质量发展迈进了一步，对众多国内同行也具有启示作用。首先，数字孵化需要在线下服务标准化和高效流程深刻理解的基础上，才能充分发挥其最大效用。其次，数字孵化要与线下服务深度融合，使其成为服务倍增器，而不能将两者

分隔。第三，数字孵化要根据每个孵化器进行定制化设计，领导带头、全员参与，凡涉及人员行为方式改变的举措就要倍加重视，否则很容易半途而废、徒劳无功。

9. 上海杨创依靠服务整合，推进产业集聚发展

【摘要】

上海杨浦科技创业中心（简称"上海杨创"）依托"技术转移、孵化服务、科技金融"三大版块，以技术转移转化为切入，以技术产业化为目标，围绕旗下各园区主导特色产业（涵盖电子信息、节能环保、人工智能等），从大中小企业融通互补出发，将技术、数据、人力、资本等要素进行系统配置，实现资源整合互通，协同发展，形成充满活力、种类丰富、多方共赢的产业生态体系。

【基本情况】

上海杨创成立于 1997 年，目前设有 12 家科技园区，21 家专业化职能子公司，运营管理百万平方米科技园区，拥有数千家在孵企业资源，紧紧围绕"做全球卓越的产业集群孵化器"战略目标，以提升产业集群孵化能力为核心，不断优化组织结构，细化专业管理，激发内生动力，通过积极布局热点产业领域，深挖服务内涵，助力创新生态建设。

打造产业导向孵化器，依靠优质服务集聚科技企业。上海杨创开创"植入质量因子的孵化全链条"杨浦模式，"创业苗圃＋孵化器＋加速器"阶梯式孵化，对应初创企业成长的三个重要阶段。针对科技型企业在不同发展阶段的融资需求，整合银行、保险、金融担保、创投基金等多方资源，为园区企业提供银行低息贷款和产业基金融资支持，而且以创新思维与地方园区协同，打造科技、金融与服务资源对接的服务体系，拓展了科技金融发展渠道，强化了沿孵化链完善产业链的功能，兼顾上下游企业，加强特色基地建设，先后投资了复旦科技园创业中心、上海临港科技创业中心、上海湾谷科技园、上海同济科技园孵化器等一批具有产业化特色的科技园区和孵化器。上海湾谷科技园作为其中最大的园区，形成集研发创新、高新技术和新兴产业、现代服务业等于一体的湾谷科技特区。

依托技术转移平台，赋能孵化服务延伸。上海杨创建成并运营"科技成果转移转化服务功能型平台——国家技术转移东部中心"和上海技术交易所，运用市场化手段，建立跨区域技术转移的常态化机制，围绕功能型服务平台建设，不断完善成果数据库、技术商城协同平台及交易服务平台的功能，提升成果汇聚加工评析能力，提供成果供给、供需精准匹配和技术转移项目跟踪服务，以上海为中心，江浙沪皖联动，最终形成辐射全国的技术转移转化渠道网络。新时期，上海杨创提出"打造全球卓越的产业集群孵化器"战略目标，以"技术转移、孵化服务、科技金融"三大业务为基础，紧盯产业孵化新目标，加快技术转移引领的新技术、新产业、新项目挖掘，将创业服务体系向前端后端延展，形成"技术转移＋众创空间＋孵化器＋加速器＋大企业服务"全新创业服务体系，更好地服务于企业发展，进而实现从孵化企业到培育产业的战略目标。

【行业启示】

上海杨创以技术转移服务赋能孵化体系建设，进而推进产业集聚发展的经验，将对专业孵化器

发展带来一些启示：一是孵化器要担负起区域产业链升级和高端化的重任，结合地方主导产业定位，瞄准细分产业门类，完善科技金融、培训辅导等多种服务功能，能够通过努力走出一条综合孵化器向专业孵化器转型升级的路径。二是强化技术成果转移转化和技术经理人作用，将技术作为重要的生产要素通过市场化手段实现其价值，对科技自立自强需求和上海打造科创中心的定位都具有重要意义。三是孵化器不仅可以孵化企业，更可以孵化技术，需要具备更专业的资源和能力。

10. 苏州火炬服务升级，驱动企业高质量发展

【摘要】

苏州火炬创新创业孵化管理有限公司（简称"苏州火炬"）致力于不断提升服务专业化水平，以定制化服务提升孵化效益，以标准化服务提升孵化效率，共同促进在孵企业存活和高速成长。苏州火炬通过打造专业孵化服务团队和服务资源，根据在孵企业不同发展阶段的实际需求，以"创业资金＋创业导师＋增值服务"孵化模式，为企业精准匹配多层次的孵化服务，降低企业风险，提升企业成长速度。同时，苏州火炬加强孵化服务的标准化制度和流程建设，建立了一套线下线上相结合、可拓展可复制的、适用于连锁经营的服务标准体系，极大地提高了孵化器的运营效率和规模扩张速度。

【基本情况】

苏州火炬创办于 2005 年 12 月，位于苏州高新区，是一家以科技创业企业引进、孵化、管理服务为核心的科技创业服务机构。由最初招商＋物业为主，不断提升服务层次和水平，经过十几年的砥砺奋进，苏州火炬已发展成江苏省乃至全国知名的孵化器品牌，建立了基础服务和增值服务互补、线上和线下结合的服务体系，并积极向全国输出服务品牌，形成连锁经营的规模扩张势头。

持续优化金融服务，加速推进企业成长。苏州火炬设立有种子基金、大学生专项创投基金、创投基金，采取科技园担保、反担保、统贷统还、股权质押、持股孵化等多种创新形式，为中小企业提供灵活性、多样化投融资服务，形成以中小企业为主体、孵化服务为基础、科技园为担保、创投基金为纽带的市场化投融资服务体系。同时，配套建设了中小企业融资数据库系统，全程跟踪服务企业成长的过程，提高了风险预警能力，也大幅提升了企业绩效。

不断强化培训辅导，为企业成长保驾护航。苏州火炬建立了"联络员、辅导员、创业导师"三级辅导体系，联络员定期走访、及时反馈企业需求，创业导师定期开展一对一辅导，对企业遇到的各类问题做专业解析，并通过上门拜访、电话沟通等方式对企业进行跟踪诊断、辅导，而且苏州火炬还通过举办"博济成长杯""博济大讲堂""海纳计划"等活动，加强创业导师与在孵企业间的交流，帮助企业少走弯路，提升成功创业的能力。苏州火炬与上海交通大学海外学院共同组建了博济商学院，开设博济企业家训练营，为企业家提供企业管理升级、营销管理等专业培训，采用前沿的"讲授研讨＋案例分析＋集体讨论＋情景模拟"等授课模式，提升企业家的领导力、决策力和创新力等综合能力，成为孵化服务的一大亮点。

搭建公共技术平台，实现企业服务标准化。苏州火炬与园内企业共建了检测实验室，为电子类

企业提供能效、安规、电磁兼容测试服务，并组织技术对接会，帮助在孵企业对接科技成果，与同济大学等高校建立紧密合作关系。同时，苏州火炬将公共技术平台建设与信息化、标准化相结合，自主开发的 O'park 园区在线系统，重点打造了融资服务、创业辅导、创新营销、技术服务等四大体系，同时结合线下企业服务，形成了从企业引进、入驻、孵化，到毕业整个过程的服务标准化体系，细化了企业基础服务和企业成长服务 2 套标准。针对服务品牌向全国不断扩展的需要，逐步摸索出孵化园区实施连锁经营的服务标准体系，通过对项目策划、人员培训、策划定位、企业招商、物业管理等一系列工作标准化，降低了园区因地域、人员不同带来的运营风险。

【行业启示】

苏州火炬通过提升服务质量，推动在孵企业成长和自身效益改善的努力，对孵化器寻求高质量发展具有如下启示：一是苏州火炬的起点是从科技园招商做起，较早地借助资本的力量实现规模扩张，在站稳脚跟后，对服务质量和服务范围进行持续升级，"十三五"期间几乎每年都会有新的服务升级举措，足够的努力带来服务质量迅速提升。二是投融资、技术创新服务是孵化器最重要的两种专业服务手段，但专业服务也包含标准化服务的内涵，两者互为补充。三是孵化器开展连锁经营，需重视服务体系和管理体系的标准化规范化，重视人才培养、资源共享等方面的协调。

11. Plug & Play 发掘大企业创新需求，反向孵化创业企业

【摘要】

Plug & Play 中国凭借对科技创新和产业趋势的深刻洞察，积极参与大企业开放式创新过程，帮助大企业梳理创新需求，根据企业需求精准对接和筛选科技创业企业与技术项目，以创新加速营等形式为初创企业和项目提供加速孵化，促成大企业与创业企业的股权投资、技术合作等，通过获取服务费用和投资参股等盈利途径，形成"先有需求、后找项目"的反向孵化模式。

【基本情况】

Plug & Play 中国（简称"PNP"）是硅谷知名孵化器 Plug & Play 在中国设立的创新生态平台。2016 年，PNP 正式落户北京"中关村智造大街"，把握大企业开放式创新日益深化趋势，积极探索产业创新加速新模式，开展企业创新服务、创业投资、创新生态运营等业务。截至 2020 年年底，PNP 已服务超过 100 家行业领军企业，累计孵化加速 4000 余家创业公司，投资超过 150 家初创企业。

聚焦细分产业，积极参与大企业开放式创新生态建设。PNP 聚焦新材料、金融科技、物联网等10 余个垂直细分产业，通过紧密联结大企业、创业企业、投资机构等利益相关方，为行业领军企业提供需求评估、技术对接、项目孵化加速等创新服务，帮助潜在的大企业投资者与初创企业建立联系并提供资源。同时，PNP 聚集了超过 400 位的导师资源，拥有庞大的投资机构联盟资源，邀请投资机构参与丰富持续的路演日活动，帮助创业企业获得辅导与融资。大企业投资者不必再费力四处寻找可供投资的项目，只需参加路演日、对接活动等，便可接触到优质的投资对象，初创企业的初期筛选和审查工作则由 PNP 的服务团队完成，从而与创新技术需求方、技术提供方形成三者相互补

充的创新生态。大企业通过施行开放式创新策略，与优质孵化器合作，在技术上与创业企业协同研发，把最新的技术整合到自身产品中，规避部分研发风险，降低试错成本，通过开展轻量级的战略投资和产业扶持，为后续并购做好准备。

从创新需求出发，打造日益精炼的孵化新模式。 PNP 业务逻辑从大企业技术创新需求入手，在与上汽集团东华公司联手共建"移动出行＋"时，借助 PNP 产业创新领域的成功经验，识别公司内部创新需求，梳理技术关注点及业务痛点，为上汽东华提供了超过 200 家初创备选项目，协助筛选出最匹配的 50 余家项目开展精准对接，协调双方建立深度合作模式，协助试点项目落地实施与效果跟踪，并帮助上汽东华内部优化流程和管理机制，在企业文化上赋能创新思路。PNP 服务团队还举办了"Mobility＋"为主题的加速营活动，10 家初创企业从近 100 个项目中获选入营，由加速营 4 家基石合作伙伴与它们进一步聚焦创新合作，探究多条赛道落地场景。PNP 发挥创新优势持续推进"概念验证"合作，助力其中 5 家入营初创企业与 3 家大企业基石合作伙伴达成 5 个"概念验证"合作意向，探索资本创新的新路径、新模式，对具有产业战略协同潜力的优质项目进行联合投资和孵化。最终，实现产业链协同、跨界创新、资本创新、国际创新联动等优质资源和能力向中国移动出行赋能。

业务持续扩展，重度依赖专业资源和服务能力。 PNP 刚落地中国时，专业优势在于拥有硅谷创投经验和国际大公司业务联系，最初几年，客户也主要以国内的外资大企业为主。随着业务逐渐拓展，PNP 将外资大企业创新服务经验逐渐本土化，同时建立起一支中国本土的专业服务团队，每个垂直细分产业领域都会配置一个专门的产业研究和投资小组，并配备自有创投基金和合作伙伴基金针对有前景的项目进行早期投资，建立起大企业和创业企业之间的桥梁。针对国企创新、城市创新等特有问题，PNP 依托产业资源和技术视野优势，拓展了孵化加速模式的适用范围，助力企业进行数字化转型和开放式创新，在上海、南京等多个城市与地方政府合作开展面向全市企业的创新服务。

【行业启示】

PNP 的反向孵化模式，对孵化器同行的借鉴意义主要有以下几方面：一是从大企业创新需求出发，能更精准地寻找目标企业，更顺畅地实现大小企业融通发展。二是面向市场需求开展孵化，极大地拓展了从技术创新源头到创业企业再到高成长企业的线性孵化思路，为人们带来一种新的视角。三是为综合孵化器向专业化转型升级，提供了一种可供借鉴的途径和模式，即使关注多个产业技术领域，也能做到相当程度的专业化。

12. 西安嘉会坊打造孵化集聚区，推进双创生态高质量发展

【摘要】

西安嘉会坊以建设孵化载体集聚区为起点，以构建灵活高效的区域创新创业生态为目标，通过孵化载体的创新资源和能力汇聚，不断配套完善政策、人才、科研、生活等基础条件和支撑要素，持续激发创新创业活力，几年之内就打造出具有相当规模和产出效率的区域创新创业生态系统。

【基本情况】

西安嘉会坊是西安高新区以创业咖啡街区为核心,经过升级拓展而成的国际化智慧创新共生区,是具有"政产学研用金介才媒"九位一体的创新创业生态综合体,形成 11.2 万平方米的综合体,3 万平方米的中心花园广场,区域内 41 栋楼宇外立面进行改造和泛光照明建设,提升景观道路9 万平方米,建成总长度 1100 米的 4 条步行街,已成为以创新创业为核心,以商业业态、文化创意为支撑的"大西安城市新地标"。

积极汇聚孵化载体,打造创新创业汇聚平台。嘉会坊开街以来,先后引进 41 家创业孵化服务机构。其中有全球知名硬件领域孵化加速和投资机构 HAX,导流国内外知名机构、企业资源的汇湖国际创新生态空间等特色孵化机构 21 家;以引进高端人才、促进科技成果转化的西电石头众创空间等院校众创平台 7 家;聚合盈峰创投、金服时空等金融服务机构 5 家;各类文创机构 8 家。嘉会坊不断优化创业服务资源配置,引导各类机构协作发展,为创业者和初创企业提供专业化的创业服务,打造创新创业新生态。

依托载体汇聚资源,形成多维度产业孵化链条。嘉会坊引进了以数字经济、互联网＋、信息技术为孵化特色的车库咖啡;以协同打造产品与服务、办公与生活、平台与运营相结合的高效办公解决方案的 3W 共享办公空间;以依托国际资源优势、符合本地产业特色、匹配本地企业需求的加速服务机构联才工坊;关注高性能医疗器械、基因测序、3D 打印、细胞治疗、创新药物、健康管理、移动医疗、医疗服务 8 大细分领域的联创智荟生物医药孵化器等;HAX 硬件加速器对于嘉会坊引进国际创新资源及海外资本将产生助推作用,在智能硬件产业方向将展现集群优势。

多方链接创新资源,打造创新创业生态。除了借助孵化载体的资源聚集作用,嘉会坊根据打造创新创业生态系统的思路,聚集了思宇信息、海尔数字、康奈网络科技等 15 家产业企业;以西安交通大学、西北工业大学、西安电子科技大学的创孵机构,逐步形成资源与资本联合驱动,物理空间、创业服务、产业承接、投融资及平台建设等要素齐备的开放创新生态,聚合了西安顶尖院校资源及校友资源,深度对接政策、科研、技术、产业、资本等力量,聚焦"人才培养""成果转化""社会服务""资本对接""政策落地",促进高校、科研院所和高新区优秀企业进行有效对接、协同创新,形成独具特色的创新创业示范区。

【行业启示】

西安嘉会坊对孵化器行业发展具有的启示在于:一是打造区域创新创业生态在起始阶段,政府的积极参与和推动必不可少,虽然嘉会坊启动比中关村创业大街、深圳湾广场等孵化集聚区迟了很多,但发展速度之快令人惊叹。二是建设孵化集聚区要注重选址和众多生态要素匹配,仅把孵化载体集中在同一区域还远远不够。三是注重孵化集聚区与城市功能更新的协同配套,孵化集聚区同样应该是高品质文化和生活的集中地,实现科技与生活协调发展的产城一体发展路径。

三、"十四五"未来发展展望

当今世界正经历百年未有之大变局，国际格局都在发生深刻调整，新一轮科技革命和产业变革深入发展，世界进入动荡变革期。面对新形势新挑战，党中央对科技创新工作寄予厚望，进行了一系列重大决策部署，特别是近期习近平总书记"四个面向"的重要指示及党的十九届五中全会决定把"科技自立自强"作为国家发展的战略支撑的重大决策，为新时期科技工作的开展明晰了底层逻辑。展望"十四五"，中国创业孵化事业也将加快向高质量发展方向迈进。

未来五年，要推动我国创业孵化机构促进科技创业高质量发展，将构建全球领先的创新创业生态作为总基调，从重视服务体系建设转向全面提升科技创新创业高质量发展；从注重孵化全链条建设转向扩延产业链贯通发展；从重视企业孵化生态建设转向侧重提升产业孵化生态高质量发展；从注重整合国内国际创新资源转向加速推进双循环发展格局高质量发展；从重视专项政策制定转向集成优化政策供给体系高质量发展。

1. 深化对国家战略和区域发展的支撑作用

我国创业孵化机构应主动响应国家和区域的各项战略部署，借助新型举国体制的制度优势致力于科技自立自强，推进创新驱动和高质量发展，探索创新科研成果转化和产学研协同创新机制，积极参与融入所在省市及地方的区域和产业发展战略，深入研究本地特有发展问题并贡献创新性解决方案，尤其在数字经济、绿色发展、前沿产业领域、区域协调等方面，更要立足长远，坚定为企业服务的初心，不断强化对科技企业的技术创新支撑和市场服务能力。

2. 持续优化科技创新创业治理结构

以问题为导向，创业孵化行业管理部门将推动科技创新创业治理结构的优化升级，全面推进科技工作深度融入经济社会发展主战场，实现科技创新对经济的引领支撑。一方面，政府及主管部门将加快新举措、新政策的出台速度，落实扩大科技创业孵化载体和高新技术企业的税收优惠、研发费用加计扣除等政策普惠面，提高科技型企业和科技创业者政策获得感，释放市场活力和社会创造力，真正把企业置于科技创新主体地位，促进科技创业企业量质齐升和不断成长壮大；另一方面，积极探索科技创新创业新的治理模式，加速科教资源优化配置速度，在孵化器、高新区等现有组织体系基础上，鼓励各类产业横向联合和共治理事会等治理模式涌现并发挥作用，努力促进产业结构调整、产业链再造和重构。

3. 构建对未来产业的孵化和加速功能

创业孵化机构要积极围绕国家和地方战略性新兴产业和未来产业进行前瞻性布局，瞄准某个产业细分领域，打造专业孵化器和孵化链条，深度融入在孵企业、上下游企业产业链和价值链的关键增值环节，建设日益专精的新型孵化器。大企业、科研院所等依托产业链、创新链方面优势建设专业孵化器，将有利于打造科技服务支撑平台等产业基础能力，促进科技孵化等生产性服务业向专业化方向发展，开展技术验证熟化、专利运营、技术咨询及服务等技术密集型服务，不断培育专精特新及高成长企业。面对未来企业自主创新能力增强的趋势，创业孵化机构需要创新服务手段，可通过投资于技术成熟不同阶段而拓宽投资领域，也可通过硬科技平台加强技术支撑能力，同时建立与高水平创新创业人才相匹配的服务队伍，重视机会型创业带来的高质量就业。

4. 构建开放包容的创新创业生态

面对当前复杂的国际形势，推动形成"双循环"的发展新格局，以国际循环提升国内循环的效率和水平，推动各级政府部门对科技创业企业和创业者采取包容审慎的支持态度，在国内加速构建更加开放包容的创新创业生态。以科学家和企业家两类创新创业人才为服务重点，在促进产业链和创新链融通过程中实现科学家和企业家的知识融合与共创价值，促进各类创新创业服务机构集聚创新创业资源并开放共享，打造专业化整合服务能力。在科技创新活跃的高新区、城区等加大推进创孵社区建设，打造涵盖创业孵化机构、各类技术服务机构、高校、院所等技术创新机构及大企业在内的创新型产业集群，鼓励飞地经济、共建园区等符合加速构建国内大循环的跨区域合作模式。创业孵化机构要自觉吸引海外高端人才来华创业、归国创业，积极重塑全球创新链和产业链，与发达国家特别是关键小国在新兴产业领域形成扭抱态势，与"一带一路"沿线国家开展深度合作，为创业者开拓国际市场。

5. 升级科技创新创业专业化服务体系

为了鼓励各类主体参与科技创新创业服务工作，推动科技创业创新创业服务朝着标准化、专业化、体系化方向迈进，创业孵化行业管理部门将持续推进服务标准化建设，统筹设计服务标准化体系，当前正积极推广《科技企业孵化器服务规范》（GB/T 39668—2020）国家标准，以标准化带动服务能力提升。服务专业化既包括标准化内涵也包括精准定制内涵，创业孵化机构需要在服务标准化和精准定制化权衡基础上，建设具有自身特色的服务体系，实现服务效率和效益的最佳结合。推广"循环孵化"发展模式，鼓励毕业企业成长壮大后，按照自身产业链部署创新链建立孵化器，形成成功科技创业企业带动高质量创业就业的循环。创业孵化机构要利用新一代信息技术赋予的服务机会，对园区及企业服务进行数字化、智能化赋能，增加多样化的服务手段，提高服务效能。

中国创业孵化发展报告2021

附 录

附录 A 港澳地区部分创业孵化机构发展情况

1. 香港科技园创业培育及企业加速计划

香港科技园是香港特别行政区政府设立的法定机构，于 2001 年 5 月 7 日正式开始运作，园区总面积达 40 多万平方米，其主要工作是为科技公司提供创业孵化和一站式综合配套服务，在推动香港的科技企业发展方面发挥了重要作用。作为香港最大的创业培育基地，2017 年，香港科技园被科技部评定为"国家级科技企业孵化器"，成为香港首家被授予此称号的机构。

截至 2021 年 3 月，香港科技园内在孵企业数量为 520 家，在孵企业大专以上学历人数占企业总人数的比例超过 75%，累计毕业企业超过 750 家；园区租户及其培育企业 2017—2020 年累计募资超过 297 亿港币。

香港科技园通过一系列战略举措，不断完善香港的创新和科技生态系统，积极推动研发成果商业转化。香港科技园与各类专业机构、公益组织、同行业者紧密合作，针对本地和海外市场进行转化研究、产品开发和市场推进的工作，为企业成长各环节提供全面支援。例如，与香港四大国际会计事务所、英特尔投资、奥睿律师事务所等建立伙伴关系，为在孵企业提供财税、投融资、法律等方面的专业支持。与北京、上海、大湾区城市等地的众创空间或高新园区开展合作，搭建两地创业交流合作平台，拓宽与内地创业者、投资者的合作渠道。

香港科技园为全球创业者和创业企业提供全面的培育计划，帮助创业者更好地应对各阶段的发展挑战，不断努力，实现创业梦想，以科技造福社会。

前期培育计划，助力创业者实现从想法到商机的跳跃。前期培育计划为期一年，专门培育科技领域的未来之星。除了为创业者提供 10 万港币的种子资金和共创办公空间外，该计划主要透过分析市场现状、讲解香港的创业环境，帮助创业者提升专业技能，发掘商业契机；截至 2020 年年底，前期培育计划已经吸引累计超过千个年轻创业者的提交申请。

创业培育计划，助力培育企业实现研发成果商业转化。培育计划为涉及科技应用、深科技及生物医学科技领域的企业量身打造，提供技术和管理支援、发展支援、商务辅助，资金资助及世界一流的基础配套（包括办公场地和各类实验室）。香港科技园公司积极与世界领先的行业伙伴推出共同培育计划（Co - Incubation），在特定技术领域及商务领域为培育企业提供加速资源，推进商业化进程，包括人工智能计算机视觉加速营、半导体芯片设计加速营、网络通信科技人才培训营、硬件开发加速计划等。合作伙伴包括中国移动、华为、台积电晶圆制造服务联盟、艾睿电子、辉达、赛灵思、罗德史瓦兹（R&S）等知名企业。

企业加速计划，助力科技初创快速扩展海外市场。企业加跃计划为潜力不凡的创业公司提供企业管理、战略咨询、营销咨询、投融资等服务，帮助创业公司扩展规模，快速进军海外市场。从2018 年开始，该加速计划帮助参与企业融资超过 4 亿港币，业务版图横跨超过 20 个经济体，包括美国、英国、俄罗斯、澳大利亚和东南亚等。

香港科学园创科会，持续联系科技创业同侪，互助发展。香港科学园创科会成立于 2020 年，主要由企业培育及加速计划的毕业公司创始人及核心成员组成，成为香港初创生态圈不可或缺的新生力量。截至 2020 年，会员人数超过 300 位，透过创科会，会员企业即使扩展到世界各地也可与香港创科生态圈保持脉搏相通，实现资源互助的同时，也为后进创业者分享无比宝贵的实战经验。

香港科技园正在紧锣密鼓地建造港深创新及科技园，将为伙伴企业提供更宽裕的成长空间。港深创科园的战略地理位置优越，坐落在落马洲河套区，打造接近香港科学园 4 倍之大的运行空间。它与深圳仅"一步之遥"，其地域优势将带给企业更坚实的供应链、完善的生产力和丰富的顶级人才资源。创新斗室是专为香港科学园创科人才建造的智能生活及协作空间，旨在鼓励创科协作。创新斗室是香港首个以组装合成建筑法建成的建筑物，展现高规格、安全又环保的创新高效建筑模式，获得 2020 年度 Rethinking The Future 奖项"房屋及公共机构（概念）"类别的亚军殊荣。该智能生活社区预计于 2021 年中全面投入使用。

2. 香港数码港建蓬勃科创生态圈

数码港多年来推出一系列培育计划，为初创企业在不同阶段的发展需要提供合适的支持，数码港社群中更有 5 家初创企业跻身"独角兽"之列，分别为 GOGOX、WeLab、KLOOK、TNG 及 Animoca Brands。"数码港培育计划"自 2005 年开始运作，截至 2021 年 3 月，数码港已培育超过 890 家初创企业，73% 的企业在完成培育后继续经营三年或以上，初创企业更获得了超过 930 个业界奖项，开发了超过 330 个知识产权专利，并获得了超过 190 个加速器计划的成功录取。

香港数码港管理有限公司为香港特别行政区政府全资所有，愿景是成为数字科技的枢纽，为香港提供新经济动力。数码港致力于培训科技人才、鼓励年轻人创业、扶植初创企业，创造蓬勃的科创生态圈；通过与本地及国际战略伙伴的合作，促进科技产业发展；同时加快公私营机构采用数字科技，推动新经济与传统经济融合。数码港作为香港的数字科技旗舰，汇聚逾 1650 家初创及科技企业，一直积极培养数字科技及科创人才、推动行业发展及促进新旧经济融合。

端到端全面支援，降低科创创业门槛。数码港针对初创企业在不同阶段发展的需要，提供一系列创业扶持计划，由概念验证、业务发展，到拓展海外市场、集资及扩大规模，数码港都与初创企业并肩同行，及时提供最适当的帮助。实施"数码港大学合作伙伴计划""数码港创意微型基金""数码港培育计划""数码港加速器支援计划""数码港投资创业基金"等，支持不同阶段的创业项目快速发展。

专业网络庞大雄厚，全方位扶持科创成长。数码港利用其庞大的网络和资源，为初创企业与传统公司和投资者建立联系，促进行业协作，增加初创企业成功的机会。"数码港企业网络"善于利用环球传统企业的网络，促进初创企业与传统企业合作交流；"数码港投资者网络"是专为协助数码港社群初创企业融资而设的独家平台；"数码港科技网络"连接科技服务龙头企业成为技术伙伴，为数码港园区初创进行培训、举办讲座及工作坊；"数码港专业服务网络"为数码港初创社群对接专业的服务顾问公司。

紧接内地与国际市场，初创尽握发展机遇。数码港近年积极拓展粤港澳大湾区合作伙伴网络，推动粤港科技创新交流，加强两地企业、初创企业家和青年之间的沟通。"数码港大湾区青年创业计划"涵盖粤港澳地区，获选青年参与线上创业营，接受创业及商业培训；"数码科技实习计划"让粤港澳青年通过参与创业培训及创业营，累积经验及寻找合作伙伴，了解两地的创业生态及商业环境。数码港也非常鼓励初创企业突破地域界限，把握全球商机，通过"海外及内地市场推广计划"为已毕业于"数码港培育计划"及"数码港创意微型基金"的培育公司提供资助，以进行市场研究和推广、参与商贸考察团及展销会、使用落户配套服务等。

3. 澳门大学创新创业中心服务初创团队初见成效

澳门大学于 2017 年在协同创新研究院下成立创新创业中心，共同推动澳门大学与两地政府、学校、企业、孵化器、创投机构、创业导师等形成良好互动。创新创业中心以教学及孵化培育创业项目的定位，提供场地、创业辅导和资源对接等服务，期望创业项目可在入驻孵化期内完成技术开发并投入市场。

2019 年，澳门大学创新创业中心纳入国家备案众创空间管理服务体系，获批为"国家级众创空间"，充分体现了科技部对澳门大学产学研发展的充分肯定。中心继续致力于在知识创新、技术创新方面做出更多贡献，汇聚资源以开拓科技创新和促进产业多元化，为粤港澳的青年开辟广阔的成长和事业发展空间。2020 年，中心已接纳约 30 个孵化团队入驻。

在澳门大学创新创业中心的鼓励和支持下，有一大批优质创业团队取得卓越表现。在文创项目方面：2048（澳门）有限公司的手工精酿啤酒项目已从摊档售卖的经营模式发展到拥有实体店和生产基地，负责人更在首届粤港澳大湾区青年企业家评选活动（以下简称"评选活动"）中荣获"最佳文化创意奖"，并曾经接受中央广播电视总台等知名媒体的采访；印蕉（澳门）有限公司的平面设计手机及网上一站式平台项目已扩展到香港等邻近地区，负责人同样在评选活动中荣获"最佳创业奖"。在科技项目方面：紫电科技有限公司的空气消毒项目负责人除在评选活动中荣获"杰出青年企业家"外，在第六届"中国国际'互联网＋'大学生创新创业大赛"港澳台赛区比赛荣获金奖。项目拥有自主研发的空气消毒技术专利，公司已取得广东省卫生和计划生育委员会的消毒产品生产企业卫生许可证。优创译科技有限公司推出的"在线中葡英辅助翻译平台"测试版和翻译机，让客户可以进行中文、葡语及英语的文件和语音即时翻译，目前广泛地应用在政府部门、报社、律师事务所等企业及机构，其精准互译功能，已经成功协助处理多个中英葡翻译项目。看透你科技有限公司项目成功开发出为急重症患者提供创新的血液荧光检测方法，获华发集团超过 280 万元的投资，未来将会进行更多的临床试验，以取得更多临床试验的数据，以便为将来的医学应用服务。

附录 B 2020 年创业孵化大事记

2 月 28 日，科技部火炬中心针对全国新材料产业孵化共同体开展线上疫情防控调研，积极推动创业企业有序复工复产。

3 月 4 日，科技部火炬中心印发《科技部火炬中心关于做好创业孵化机构科学防疫推进创业企业有序复工复产保持创新创业活力的通知》，引导创业孵化机构和创业企业在切实做好疫情防控的同时，有序推动复工复产。

4 月 16 日，科技部印发《科技部关于印发 2020 年度国家备案众创空间的通知》，确定 498 家众创空间为国家备案众创空间。

7 月 3 日，由科技部火炬中心开展的"科技创业带动高质量就业行动"首场活动在上海启动，通过挖掘孵化机构、在孵企业的大学生招聘需求，促进高校毕业生就业。

7 月 10 日，科技部火炬中心推动中西部首场"科技创业带动高质量就业行动"分别在武汉光谷、成都高新区线上线下同时举行。两地高新区联合高校、科研院所及科技企业等机构分别提供近万个就业岗位。

7 月 22 日，科技部火炬中心推动"科技创业带动高质量就业行动"大学生招聘广东专场成功举办。此次活动涵盖科技企业、孵化载体、科研院所、大学科技园等 1.2 万余家招聘单位，面向大学毕业生为主的就业群体提供 6 万多个高质量就业岗位。

7 月 24 日，科技部火炬中心推动"科技创业带动高质量就业行动"西安专场暨"人才夜市"活动成功举办。活动汇聚铂力特、交大捷普、飞秒光电、美光半导体、点云生物等大批具有科技实力的优质企业，提供了就业岗位 1200 个。

9 月 3 日，科技部火炬中心在科技部扶贫点四川省宜宾市屏山县举办"屏山县科技企业孵化器建设大会暨中国火炬创业导师屏山行活动"。中国火炬创业导师团首次走进县域，与创业者进行面对面交流，分享创业心得，为创业者们分析创业发展中可能遇到的困难和问题，并现场答疑指路，助力屏山县科技扶贫工作。

9 月 11 日，科技部火炬中心推动"科技创业带动高质量就业行动"大学生招聘合肥高新区专场活动成功举办，此次活动汇聚知名企业 200 余家，提供近万个招聘岗位。

10 月 15 日，全国大众创业万众创新活动周首日，科技部火炬中心主办"科技创业带动高质量就业专场"活动，科技部秘书长苗少波出席活动并致辞。活动重点展示了科技创新创业在促进高质量就业方面的工作成效，交流了新形势下高校院所、高新区、孵化载体及科技企业等主体在带动大学生就业方面发挥的积极作用，发布了"2020 百家特色载体"，全国孵化载体代表 200 余人参加了活动。

10 月 19—22 日，科技部火炬中心在合肥举办"2020 年度科技企业孵化器主任培训班"，来自全国各地科技主管部门和科技企业孵化器的负责人共计 200 余人参加了培训。

10 月 28 日，科技部火炬中心联合上海市科委在 2020 年浦江创新论坛期间举办创业者分论坛，聚焦"一体化"，协同构建共生、共享、共赢的孵化生态体系，协力推进长三角一体化创新创业高质量发展。

11 月 4 日，科技部火炬中心推动"北方孵化网络联盟成立大会"在石家庄成功举行，通过网络体系加强北方区域创新创业行业资源互补、协作发展。

11 月 20 日，科技部火炬中心推动"第三届泛珠三角区域孵化联盟年会暨中国创业孵化'十四五'发展高峰论坛"在重庆成功举办，论坛就泛珠三角区域孵化联盟跨地域、跨业务的协同创新，扎实推进泛珠三角区域创新创业高质量发展工作进行经验交流分享。

11 月 27 日，火炬中心在厦门举办"中国留学人员创业园建设 25 周年座谈会暨第二十一届全国留学人员创业园网络年会"，发布《2020 中国留学人员创业园区孵化基地竞争力报告》，为留学人员创业报国提供了支撑平台。

12 月 3 日，科技部火炬中心在云南昆明举办"2020 年度全国创业孵化机构统计工作培训班"，来自全国各地科技部门及孵化管理机构约 240 余人参加了培训。

12 月 10 日，科技部火炬中心印发《科技部火炬中心关于公布国家级科技企业孵化器 2019 年度评价结果的通知》，235 家国家级孵化器被评为优秀（A 类），474 家国家级孵化器被评为良好（B 类），428 家国家级孵化器被评为合格（C 类），36 家国家级孵化器被评为不合格（D 类）。

12 月 14 日，由科技部火炬中心牵头联合多家单位编制的《科技企业孵化器服务规范》（GB/T 39668—2020）国家标准正式发布实施，标志着我国创新创业服务行业向标准化、体系化建设又迈出重要一步。

12 月，科技部火炬中心启动 2020 年度国家级科技企业孵化器认定工作，经地方组织推荐、火炬中心组织专家审核、公示等环节，最终由科技部发文确定 133 家单位为国家级科技企业孵化器。